TERRE SILENCIEUSE

DU MÊME AUTEUR

L'Appel de la prairie, carnets d'un naturaliste en France, Rouergue, 2022
Le Jardin Jungle, arche de biodiversité, Rouergue, 2019
Ma Fabuleuse Aventure avec les bourdons, Gaïa, 2019

Graphisme de couverture : Cédric Cailhol
Illustration de couverture : © Sergio Aquindo

© Dave Goulson, 2021
© Éditions du Rouergue, 2023, pour la traduction française
www.lerouergue.com

DAVE GOULSON

TERRE SILENCIEUSE
Empêcher l'extinction des insectes

Traduit de l'anglais par Ariane Bataille

ROUERGUE

À mon extravagante,
agaçante, merveilleuse famille
et surtout à Lara,
mon adorable épouse.

SOMMAIRE

Introduction
Une vie avec les insectes 11

PREMIÈRE PARTIE :
DE L'IMPORTANCE DES INSECTES 19
1 Une brève histoire des insectes 21
2 Le rôle majeur des insectes 33
3 Le monde merveilleux des insectes 51

DEUXIÈME PARTIE :
LE DÉCLIN DES INSECTES 63
4 Les preuves de la baisse du nombre d'insectes 63
5 Les références changeantes 88

TROISIÈME PARTIE :
LES CAUSES DU DÉCLIN DES INSECTES 95
6 La perte de leur habitat 97
7 L'empoisonnement des terres 109
8 Le désherbage 154
9 Le désert vert 174
10 La boîte de Pandore 186

11 La tempête qui s'annonce...................... 200
12 La Terre, véritable boule de Noël 221
13 Les invasions................................ 228
14 Les inconnues connues et inconnues........... 240
15 La mort à petit feu 255

QUATRIÈME PARTIE :
OÙ VA-T-ON ?.................................. 265
16 Un tableau du futur 267

CINQUIÈME PARTIE :
QUE POUVONS-NOUS FAIRE ? 289
19 Sensibiliser les citoyens 291
18 Végétaliser nos villes 311
19 L'avenir de l'agriculture 327
20 La nature partout............................ 356
21 Tout le monde peut agir 369

Remerciements 388
Bibliographie 389
Index 390

Introduction

Une vie avec les insectes

Les insectes me fascinent depuis toujours. Un de mes premiers souvenirs est la découverte, à l'âge de cinq ou six ans, de plusieurs chenilles à rayures jaunes et noires en train de grignoter les mauvaises herbes qui poussaient dans les fissures du macadam, autour de la cour de récréation de l'école. Je les ai ramassées, posées dans ma boîte à déjeuner vide, au milieu des miettes de pain, et rapportées à la maison. Avec l'aide de mes parents, j'ai cueilli les feuilles qui leur convenaient ; mes chenilles ont fini par se changer en superbes papillons de nuit noir et magenta (connus sous le nom d'écaille du séneçon, goutte de sang, ou carmin). Ça m'a paru magique – aujourd'hui encore. J'étais mordu.

Depuis, j'ai réussi à faire de cette passion d'enfance mon gagne-pain. À l'adolescence, tous mes week-ends et mes vacances étaient occupés à chasser les papillons diurnes avec un filet, attirer les papillons nocturnes avec du sucre, attraper les scarabées dans des pièges-fosses. J'achetais des œufs de papillons exotiques par correspondance à des fournisseurs spécialisés ; je les regardais se transformer en de bizarres chenilles multicolores puis devenir de gigantesques papillons magnifiques : papillon lune à longue queue en provenance de l'Inde, grand paon de nuit de Madagascar, atlas géant brun chocolat d'Asie du Sud-Est (le plus grand de tous les papillons nocturnes). Évidemment, j'ai choisi la biologie comme discipline lorsque j'ai pu entrer à l'université d'Oxford et, plus tard, l'écologie des papillons comme sujet de doctorat – soutenu à Oxford Brookes, la moins chic des deux universités, perchée à l'est sur une colline. Ensuite, j'ai obtenu différents postes de chercheur : d'abord à l'université d'Oxford, pour observer les extraordinaires habitudes d'accouplement de la grosse vrillette, ensuite dans un laboratoire gouvernemental de la ville d'Oxford pour étudier les moyens de lutter contre les parasites en pulvérisant des virus sur les cultures. Moi qui n'aime pas tuer les insectes, j'ai détesté ce boulot et je me suis senti infiniment soulagé quand on m'a proposé un poste de professeur permanent au département de biologie de l'université de Southampton.

C'est là que j'ai commencé à me spécialiser dans l'étude des bourdons, qui sont pour moi les insectes les plus attachants (et la concurrence est rude). Fasciné par la manière dont ils choisissaient les fleurs qu'ils visitaient, j'ai mis cinq ans à comprendre comment ils évitaient les fleurs vides en les reniflant pour y déceler des traces d'odeurs laissées par les pattes d'un autre bourdon. J'ai ainsi appris que, sous leur allure de nounours empotés, les bourdons sont des créatures intelligentes, les géants intellectuels du monde des insectes, capables de s'orienter, de mémoriser des points de repère, des emplacements de parcelles de fleurs, d'extraire avec efficacité les récompenses cachées dans les fleurs plus complexes, enfin de vivre en colonies sociales élaborées où se trament des complots et où les régicides sont courants. À côté d'eux, les papillons que je chassais dans ma jeunesse me paraissaient désormais des créatures splendides mais écervelées.

Ma quête des insectes m'a offert la chance de parcourir le monde, des déserts de Patagonie jusqu'aux cimes

Introduction

glacées du Fiordland de Nouvelle-Zélande en passant par les pentes humides et boisées des montagnes du Bhoutan. À Bornéo, j'ai observé des nuages de papillons à ailes d'oiseaux en train d'aspirer des minéraux sur les rives boueuses d'une rivière, et en Thaïlande des milliers de lucioles lancer la nuit leurs flashs synchronisés. Chez moi, dans mon jardin du Sussex, j'ai passé des heures et des heures à plat ventre, à regarder des sauterelles en quête de partenaire repousser leurs rivales, des perce-oreilles s'occuper de leurs petits, des fourmis pomper le miellat des pucerons, des abeilles mégachiles découper les feuilles dont elles garnissent leurs nids.

Je me suis énormément amusé. Aujourd'hui, le fait de savoir ces créatures sur le déclin m'obsède. Depuis que j'ai ramassé mes premières chenilles dans la cour de l'école, il y a cinquante ans, le nombre de papillons, de bourdons, de presque toutes les myriades de petites bêtes qui font tourner le monde, décroît un peu plus chaque année. Ces belles créatures fascinantes sont en train de disparaître, fourmi après fourmi, abeille après abeille, jour après jour. Les estimations varient et demeurent imprécises, mais il est fort probable que les insectes aient diminué de 75 % ou davantage depuis mes cinq ans. La preuve scientifique de ce phénomène se renforce d'année en année tandis que de plus en plus de publications décrivent l'effondrement des populations de monarques en Amérique du Nord, la disparition des insectes des bois et des prairies en Allemagne, ou le recul apparemment inexorable des variétés de bourdons et de syrphes au Royaume-Uni.

En 1962, trois ans avant ma naissance, dans son livre *Printemps silencieux*, Rachel Carson nous alertait déjà sur les terribles dommages que nous infligions à notre planète. Elle pleurerait de voir à quel point la situation a empiré. Des habitats sauvages riches en insectes, tels que les prairies de fauche, les marais, les landes et les forêts tropicales humides, ont été détruits à grande échelle par les bulldozers, les brûlis, le labourage. Les problèmes sur lesquels elle mettait l'accent en parlant des pesticides et des engrais n'ont cessé de s'aggraver, avec les trois millions de tonnes estimées de ces substances déversées chaque année dans l'environnement planétaire. Certains d'entre eux sont des milliers de fois plus toxiques pour les insectes que ceux de 1962. Les sols sont dégradés, les rivières obstruées par la vase ou polluées par des produits chimiques. Le changement climatique, phénomène ignoré des contemporains de Rachel Carson, menace à présent de ravager encore davantage notre planète en danger. Ces modifications sont toutes survenues de notre vivant, sous nos yeux, et elles continuent à s'accélérer.

Si le déclin des insectes est terriblement triste pour ceux d'entre nous qui affectionnent ces petites créatures et leur accordent une grande importance, il menace également le bien-être de tous les humains puisque nous avons besoin d'eux pour polliniser nos cultures, recycler nos déchets, assainir le sol, contrôler les nuisibles, et bien d'autres choses encore. Beaucoup d'animaux de plus grande taille, comme les oiseaux, les poissons, les grenouilles, comptent sur les insectes pour se nourrir. Les fleurs sauvages comptent sur eux pour la pollinisation. La raréfaction des insectes entraînera la paralysie progressive de notre monde car celui-ci ne peut pas fonctionner sans eux. Comme le disait Rachel Carson : *L'homme fait partie de la nature et sa guerre contre la nature est fatalement une guerre contre lui-même.*

Je passe désormais beaucoup de temps à essayer de persuader les autres qu'il faut aimer les insectes et veiller sur eux, ou tout au moins les respecter pour toutes les

Introduction

choses essentielles qu'ils accomplissent. C'est bien sûr la raison pour laquelle j'écris ce livre. Je veux que vous voyiez les insectes à travers mes yeux : beaux, surprenants, parfois terriblement étranges, voire malfaisants et inquiétants, mais toujours merveilleux et dignes de notre estime. Vous serez stupéfaits, je crois, par certaines de leurs habitudes spéciales, certains de leurs comportements ou styles de vie auprès desquels les fantasmes des auteurs de science-fiction paraissent plutôt banals. Cette expédition à la découverte du monde des insectes, de l'histoire de leur évolution, de leur importance et des nombreuses menaces qui pèsent sur eux, est entrecoupée de courts interludes – de brèves explorations dans la vie de quelques-uns de mes préférés.

Le temps a beau nous être *compté*, il n'est pas encore trop tard pour sauver la situation. Nos insectes ont besoin de notre aide. La plupart n'ont pas encore disparu et si nous leur accordons juste un peu d'espace ils pourront se régénérer rapidement car ils se reproduisent vite. Ils sont partout autour de nous : dans nos jardins, nos parcs, nos fermes, dans le sol sous nos pieds et même dans les fissures des trottoirs des villes ; nous pouvons tous veiller sur eux en faisant le maximum pour empêcher que ces créatures essentielles disparaissent. On peut se sentir impuissant face à de nombreux problèmes environnementaux qui se profilent à l'horizon, mais on peut prendre des mesures simples pour protéger les insectes.

J'affirme que nous avons besoin d'un changement profond. Nous devrions inviter plus d'insectes dans nos jardins et nos parcs, transformer les zones urbaines, les accotements des routes, les tranchées ferroviaires et les ronds-points en un réseau d'habitats remplis de fleurs et vierges de pesticides. Nous avons besoin de modifier radicalement notre système d'approvisionnement alimentaire défaillant, de réduire le gaspillage de nourriture et la consommation de viande afin de pouvoir laisser à la nature de larges portions des terres les moins productives. Nous avons besoin de développer des systèmes d'agriculture réellement durables, axés sur le travail en coopération avec la nature afin de produire une nourriture bonne pour nous au lieu de mettre en place ces immenses monocultures de produits de base, stériles, imbibées de pesticides et d'engrais. Nous pouvons tous participer à ces changements de plusieurs manières : en achetant et en mangeant des fruits et légumes locaux, saisonniers, bio ; en cultivant nos propres aliments ; en votant pour des politiciens qui prennent vraiment l'environnement au sérieux ; en sensibilisant nos enfants à l'urgence qu'il y a à mieux prendre soin de la planète.

Imaginez un avenir où nos villes sont vertes, chaque espace rempli de fleurs sauvages, d'arbres fruitiers, d'arbres à fleurs, les toits et les murs végétalisés, les enfants habitués au gazouillis des oiseaux, à la stridulation des criquets, au vrombissement des bourdons, à l'éclat coloré des ailes de papillons. Autour des villes, des petites fermes produisent de bons fruits et légumes pollinisés par une grande variété d'insectes sauvages, privilégient la biodiversité, tiennent en échec les parasites avec une armée d'ennemis naturels, conservent un sol sain et des stocks de carbone grâce aux innombrables micro-organismes présents dans la terre. Loin des villes, les nouveaux projets de réensauvagement offrent le loisir de découvrir des zones humides ponctuées de barrages construits par des castors, regorgeant de libellules et de syrphes, des prairies couvertes de fleurs, des patchworks de forêts grouillant de vie. Cela peut ressembler à un fantasme, pourtant il y a assez de place sur notre Terre pour y mener une existence épanouie, manger sainement, avoir une planète verte dynamique,

Introduction

intensément vivante. Nous devons juste apprendre à vivre dans la nature et non en dehors. Et le premier pas consiste à veiller sur les insectes, ces petites créatures qui font tourner ce monde que nous partageons avec elles.

PREMIÈRE PARTIE

DE L'IMPORTANCE DES INSECTES

Je crains que la majorité des humains n'aiment pas beaucoup les insectes. En fait, je dirais même qu'ils sont nombreux à les détester ou à en avoir une peur bleue, ou les deux. On traite souvent les insectes de « petites bestioles » et aussi de « vermines », un terme qu'on associe aussi aux organismes pathogènes. Pour la plupart, ces mots évoquent des créatures dégoûtantes, déplaisantes, qui se déplacent très vite, vivent dans la saleté, propagent des maladies. De plus en plus de personnes habitent dans des villes et grandissent sans avoir jamais vu autre chose que des mouches domestiques, des moustiques et des cafards ; il n'est donc pas si surprenant que les insectes leur inspirent de l'aversion. Nous redoutons souvent ce qui nous est inconnu, étranger. C'est pourquoi très peu de gens comprennent à quel point les insectes sont importants pour notre propre survie, et encore moins à quel point ils sont beaux, intelligents, fascinants, mystérieux, merveilleux. Ma mission dans la vie est de convaincre les autres qu'ils doivent aimer les insectes, ou au moins les respecter pour tout ce qu'ils font. Je veux expliquer ici pourquoi chacun devrait apprendre dès son plus jeune âge à apprécier ces minuscules créatures ; pourquoi elles sont essentielles.

1
Une brève histoire des insectes

Commençons par le commencement. Les insectes sont là depuis très, très longtemps. Il y a un demi-milliard d'années, leurs ancêtres, étranges créatures cuirassées au squelette externe et aux pattes articulées, à qui les scientifiques ont donné le nom d'arthropodes (qui signifie « pieds articulés »), se sont développés dans la soupe primordiale des fonds marins. On possède peu de fossiles de cette époque, mais ceux qui existent, comme les fossiles du schiste de Burgess dans les Rocheuses canadiennes, nous donnent un aperçu alléchant de ce monde primitif. Ils sont extrêmement variés, répartis en de nombreuses catégories dont les plans d'organisation, le nombre et la forme des membres, des yeux et autres mystérieux appendices diffèrent complètement de ce qu'on peut trouver aujourd'hui. Comme si Mère Nature avait découvert un concept réussi et joué avec, tel un enfant avec un Meccano, en testant les différentes façons d'assembler une créature. Prenons, par exemple, le bien dénommé *Hallucigenia* à l'allure de ver : il a d'abord été supposé marcher sur des pattes en forme d'épines, le dos orné d'une coiffure délirante de tentacules ondulants, mais ensuite, sur des illustrations plus récentes, il a été retourné dans l'autre sens pour marcher sur ses tentacules et utiliser peut-être ses épines comme moyen de défense. *Opabinia*, lui, avait cinq yeux sur pédoncules et une espèce de pince de homard dans le prolongement de la tête, tandis que *Leanchoilia* ressemblait à un cloporte équipé, à l'avant, de deux longs bras divisés chacun en trois tentacules. Et puis il y avait aussi *Anomalocaris*, un animal décrit à l'origine en trois créatures distinctes – la première une espèce de crevette, la deuxième une méduse, la troisième un concombre de mer – or, aujourd'hui, on pense qu'il s'agit plutôt des trois parties d'une même créature, le concombre de mer formant le corps, la méduse les parties buccales, et la crevette l'une des paires de pattes. D'une cinquantaine de centimètres de long, *Anomalocaris* est le plus grand des fossiles du schiste de Burgess ayant été décrit jusqu'à maintenant. On ne peut qu'émettre des suppositions sur les comportements et les cycles de vie de ces minuscules monstres marins qui datent d'il y a cinq cents millions d'années. Les mers primitives étaient alors peuplées de ces étranges et merveilleuses créatures ; elles ont toutes disparu mais certaines ont dû fonder des lignées encore présentes aujourd'hui au fond des mers.

Ce dont nous sommes certains, c'est que quelques-uns de ces premiers arthropodes ont fini par essayer de rejoindre la terre ferme, peut-être pour échapper à des rivaux ou à des prédateurs, ou pour chercher des proies.

Posséder un squelette externe s'est révélé pratique sur terre : la plupart des petites créatures marines telles que les méduses et les limaces de mer, tributaires de l'eau pour se soutenir, s'avachissent en une pauvre masse impuissante si la marée descendante les abandonne sur place ; avec leur squelette rigide les premiers arthropodes, eux, pouvaient marcher, et c'est ce qu'ils ont fait en sortant de la mer pour aller voir toujours plus loin. Ils fondèrent ainsi la dynastie la plus prospère des créatures foulant le sol. À ce jour, ils constituent de loin le groupe qui a le mieux réussi si l'on considère le nombre de ses espèces ou de ses membres (et non sa capacité à détruire la planète). *Ils* étant, bien sûr, les insectes.

Une brève histoire des insectes

Créatures du schiste de Burgess, animaux vivant dans la mer il y a 500 millions d'années. Ces étranges créatures incluent de nombreux arthropodes, ancêtres des insectes : éponges *Vauxia* (1), *Choia* (2), *Pirania* (3) ; brachiopodes *Nisusia* (4) ; polychètes *Burgessochaeta* (5) ; priapulides *Ottia* (6), *Louisella* (7) ; trilobites *Olenoides* (8) ; autres arthropodes *Sidneya* (9), *Leanchoilia* (10), *Marella* (11), *Canadaspis* (12), *Molaria* (13), *Burgessia* (14), *Yohoia* (15), *Waptia* (16), *Aysheaia* (17) ; mollusques *Scenella* (18) ; échinodermes *Echmatocrinus* (19) ; chordés *Pikaia* (20) ; ainsi que *Haplophrentis* (21), *Opabinia* (22), lophophoré *Dinomischus* (23), proto-annélide *Wiwaxia* (24) et anomalocaridé *Laggania cambria* (25).
(Tableau diffusé sur Wikimédia Commons.)

Il y a environ 450 millions d'années, différentes lignées d'arthropodes ont donc tenté leur chance sur la terre ferme. Des arachnides primitifs se sont traînés hors de l'eau pour finir par devenir des araignées, des scorpions, des tiques et des acariens – peut-être pas les créatures les plus glamour à nos yeux d'humains, mais très réussies dans leur genre. Les diplopodes ont déambulé lentement à leur tour, occupé des habitats humides et ombragés, grignoté sans bruit la matière organique en décomposition trouvée dans le sol, sous les branches, les pierres, et y sont restés paisiblement à l'abri jusqu'à nos jours. Ils ont été suivis par des cousins plus rapides, des prédateurs farouches, les chilopodes, eux aussi habitués aux coins sombres et humides.

Quelques crustacés (crabes, homards, crevettes, etc.) se sont essayés à la vie terrestre, mais la plupart n'ont pas tenu le coup. Ce groupe, qui demeure aujourd'hui extrêmement diversifié et abondant dans les océans, possède néanmoins un représentant terrestre très florissant : l'humble cloporte, créature attachante et importante à sa façon, mais sans aucune prétention sérieuse à dominer le monde.

On présume que les premiers arthropodes aventuriers sur la terre ferme étaient, comme les cloportes et les mille-pattes d'aujourd'hui, confinés dans les endroits humides, au bord de l'eau, dans la boue, sous des pierres ou dans des touffes de mousse. Sorties de leur milieu, les créatures aquatiques ont tendance à mourir très vite de déshydratation, surtout quand elles sont aussi petites que la majorité des arthropodes. Pour explorer réellement la terre, l'étanchéité est une condition vitale. Les araignées ont vite pigé le truc en développant une cuticule cireuse qui leur permet même de vivre dans les lieux les plus arides ; j'en ai vu rester patiemment au milieu de leurs toiles délicates tissées sur un buisson décharné et sans feuille en plein milieu du désert du Sahara. Néanmoins, ce sont les insectes qui ont le mieux maîtrisé la vie terrestre. Leur origine précise demeure mystérieuse : on pense qu'ils se sont développés sur Terre il y a environ 400 millions d'années[1], peut-être à partir d'un

---

[1] Une créature assez proche de l'homme moderne est apparue il y a approximativement un million d'années ; donc, en gros, les insectes sont quatre cents fois plus anciens que nous. Ils étaient déjà là depuis longtemps lorsque les dinosaures ont vu le jour (il y a environ deux cent quarante millions d'années) ; et ils ont survécu à quatre des cinq extinctions de masse que la Terre a connues jusqu'ici, y compris celle qui a anéanti les dinosaures.

crustacé primitif, peut-être à partir d'un diplopode, ou plus probablement à partir d'un autre groupe archaïque d'arthropodes qui n'a pas survécu et dont on n'a pas encore découvert de fossiles.

Mais comment définir ou identifier un insecte ? La réponse est la suivante : tous les insectes partagent des caractéristiques communes qui les distinguent des autres arthropodes. Leur corps est divisé en trois parties : tête, thorax, abdomen. À la différence des autres groupes d'arthropodes, les insectes possèdent six pattes rattachées au thorax. Et ils ont développé une cuticule étanche scellée par des cires et des huiles, comme l'ont fait les araignées.

Dotés de cette configuration de base, les insectes sont partis à la conquête de la Terre, mais ils ne seraient probablement pas allés très loin sans un gigantesque bond en avant dans leur évolution, clé de leur succès planétaire. Un premier insecte s'empara des cieux. Si certains insectes primitifs inaptes au vol survivent encore aujourd'hui – les poissons d'argent étant peut-être les plus connus (en fait, pas bien connus du tout), ceux qui peuvent voler ont remporté un immense succès.

À notre connaissance, le vol propulsé n'a évolué que quatre fois en trois milliards et demi d'années depuis l'origine de la vie, et les insectes furent les pionniers des airs il y a environ 380 millions d'années (suivis par les ptérosaures, 228 millions d'années, les oiseaux, environ 150 millions d'années, les chauves-souris, environ 60 millions d'années). Pendant 150 millions d'années, ils ont eu le ciel pour eux tout seuls. La manière dont le vol a d'abord évolué n'est pas claire, mais une théorie en vogue veut que les ailes fussent originellement des branchies en forme de volets, comme on le voit aujourd'hui chez beaucoup de nymphes d'éphémères. Au début, elles les ont peut-être simplement aidés à planer, puis elles ont fini par devenir mobiles, et le premier vol propulsé a commencé.

La capacité de voler offre de sacrés avantages. Tout en permettant d'échapper aux prédateurs cloués au sol, elle facilite la recherche de nourriture ou de partenaire puisqu'on avance plus vite en volant qu'en marchant. La migration devient alors possible ; certains insectes tels que les papillons monarque et belle-dame ont évolué de manière à pouvoir couvrir en volant des milliers de kilomètres afin d'éviter chaque année le froid de l'hiver. Quand on est un cloporte ou un mille-pattes, la migration n'est pas une solution viable.

Forts de leur nouveau superpouvoir, les insectes volants ont proliféré à la période du Carbonifère (de -359 à -299 millions d'années) : de nombreux nouveaux groupes d'insectes sont apparus, dont les mantes, les cafards et les sauterelles peu doués pour le vol, mais aussi des créatures volantes très talentueuses comme les éphémères et les libellules.

Pendant que les insectes apprenaient à voler, les plantes ne se reposaient pas sur leurs lauriers. Elles développaient de leur côté une meilleure étanchéité des feuilles et rivalisaient pour capter la lumière, si bien qu'elles ont poussé de plus en plus haut, jusqu'à créer des forêts de fougères arbustives géantes (dont certaines devaient se fossiliser sous forme de charbon en sombrant dans le sol marécageux des forêts). Même s'il y avait déjà des amphibiens, ainsi que les premiers lézards, la vie sur Terre était sans doute très largement dominée par les insectes – certains ont pu atteindre une taille dépassant celle de n'importe quelle espèce actuelle, probablement parce que l'air était plus riche qu'aujourd'hui en oxygène. Si l'on pouvait remonter le temps, on pourrait apercevoir à l'époque de ces forêts primitives une *Meganeura* – sorte de libellule géante d'une envergure de plus de 70 cm – voleter entre les arbres.

Certes, l'innovation la plus importante des insectes fut le vol, mais ils avaient encore deux ou trois autres tours dans leur sac. Tout d'abord, juste après la fin du Carbonifère, il y a environ 280 millions d'années, une espèce a réussi à accomplir la métamorphose, cette capacité extraordinaire à passer du stade immature de larve à celui d'adulte à l'apparence entièrement différente : c'est-à-dire se changer de chenille en papillon, ou d'asticot en mouche.

La métamorphose est aussi magique que la transformation d'une grenouille en prince charmant dans les contes de fées, sauf qu'elle est réelle et se produit continuellement autour de nous. Imaginez que vous êtes une chenille mature. Vous digérez votre dernier repas de feuilles avant de tisser autour de vous un cocon de soie pour vous cramponner à une tige. Au bout d'un moment, vous quittez votre vieille enveloppe qui dévoile une nouvelle peau brune et lisse. Vous n'avez plus d'yeux, plus de membres ni d'orifices externes à l'exception de ces trous minuscules baptisés spiracles qui vous permettent de respirer. Vous êtes complètement impuissante ; vous le resterez encore pendant des semaines, peut-être des mois, tout dépend de l'espèce à laquelle vous appartenez. À l'intérieur de votre chrysalide brillante, votre corps se dissout ; les cellules de vos tissus et organes sont préprogrammées pour mourir et se désintégrer ; bientôt vous vous retrouvez à peu près réduite à l'état de soupe. Alors, les quelques amas de cellules embryonnaires restants prolifèrent et se développent en organes et structures entièrement nouveaux pour vous construire un corps tout neuf. Une fois qu'il est prêt, et seulement au moment opportun, vous fendez votre chrysalide ; dessous, vous êtes intégralement renouvelée, et complète cette fois, avec de grands yeux, une longue trompe enroulée qui vous permettra de boire, de superbes ailes couvertes d'écailles irisées que vous devez gonfler en pompant du sang dans leurs veines pour qu'elles durcissent.

On débat beaucoup sur la manière dont ce phénomène étonnant a pu arriver. Selon une théorie récente et un peu bizarre, la métamorphose serait le fruit d'un accouplement anormal mais réussi entre un insecte volant, comme un papillon, et un Onychophore ou vers de velours (cousin des arthropodes ressemblant à une chenille). Une hypothèse plus plausible veut que les chenilles soient le résultat de l'émergence prématurée d'un insecte embryonnaire de son œuf. Quoi qu'il en soit, la métamorphose est un phénomène remarquable et les insectes qui en possèdent la capacité sont devenus les plus prospères de tous : mouches, coléoptères, papillons diurnes et nocturnes, guêpes, fourmis, abeilles.

À première vue, on pourrait avoir du mal à saisir pourquoi la capacité de se transformer d'asticot en mouche est un talent tellement utile, aussi impressionnant soit-il. Cela semble demander beaucoup d'efforts, et quiconque a élevé des papillons peut témoigner que l'émergence de la chrysalide est une opération délicate et précaire qui tourne souvent mal, surtout quand les ailes ne se déploient pas correctement et laissent le pauvre insecte infirme et condamné. Une théorie sur la raison pour laquelle la métamorphose est une stratégie d'une grande efficacité soutient qu'elle permet aux stades immatures et aux adultes de se spécialiser dans des tâches différentes et d'avoir un corps conçu à cet effet[2]. La larve est une machine à manger, à peine plus qu'une bouche et un anus reliés par un boyau, ce qu'est d'ailleurs

---

2 Notez, s'il vous plaît, que je ne sous-entends absolument pas le dessein intelligent d'un être suprême. « Conçu » est un raccourci pour désigner le bricolage aveugle de l'évolution étalé sur des millénaires.

Une brève histoire des insectes

en gros un asticot. Elle n'a pas besoin de se déplacer vite ni de voyager loin car sa mère aura pris soin de pondre dans un endroit où la nourriture est abondante. Les larves, avec leur mauvaise vue et leur absence d'antennes, n'ont généralement que des sens rudimentaires. Les adultes, eux, ont tendance à vivre assez peu de temps et à se nourrir à peine, en dehors des quelques gouttes de nectar indispensables pour alimenter leur activité[3]. Leur tâche principale consiste à trouver un ou une partenaire, à s'accoupler et, dans le cas des femelles, à pondre. Chez certaines espèces, ils peuvent aussi migrer. Les adultes ont besoin d'être mobiles et d'avoir des sens aiguisés, de voyager pour repérer leur partenaire en s'aidant de la vue, de l'odorat ou de l'ouïe, ce qui explique pourquoi ils ont souvent de grands yeux et de longues antennes. Parfois, ils sont également dotés de couleurs vives pour impressionner leurs partenaires potentiels.

À titre de comparaison, pensez au grand nombre d'insectes qui ne subissent pas la métamorphose. Les sauterelles ou les cafards, par exemple. Une sauterelle, ou un cafard, immature est quasiment une version miniature de l'adulte, avec des petits « bourgeons » d'ailes à la place des ailes opérationnelles. À la différence des insectes qui se métamorphosent, ces jeunes sauterelles peuvent être obligées de se battre avec des adultes pour manger, ce dont n'aura pas à se soucier un asticot ou une chenille. Le corps d'une sauterelle est en substance un modèle fragilisé qui doit être capable de tout faire : se nourrir, grandir, se disperser, chercher un partenaire, trouver un endroit où pondre ses œufs. Pour être juste avec les sauterelles, reconnaissons qu'elles

---

[3] Les insectes étant nombreux et variés, il y a toujours des exceptions. Alors que les papillons de nuit adultes n'ont pas de parties buccales et vivent trois ou quatre jours, certaines abeilles peuvent vivre plusieurs années. Le record de longévité est battu par les termites capables de vivre au moins cinquante ans, peut-être même plus longtemps.

se débrouillent assez bien, comme en témoignera n'importe quel fermier africain s'étant retrouvé confronté à une nuée de locustes affamées, mais leurs cousins doués de la capacité de se métamorphoser les surpassent nettement en matière de nombres d'espèces. Il existe environ 20 000 espèces connues d'orthoptères (sauterelles et proches) et 7 400 espèces de blattoptères (cafards). En revanche, les insectes subissant une métamorphose comptent 125 000 espèces de diptères (mouches), 150 000 espèces d'hyménoptères (abeilles, fourmis, guêpes), 180 000 espèces de lépidoptères (papillons diurnes et nocturnes) et pas moins de 400 000 espèces de coléoptères (scarabées). Ensemble, ces quatre groupes d'insectes représentent à peu près 65 % de toutes les espèces connues sur notre planète.

En dehors du vol et de la magie de la métamorphose, le dernier tour de force accompli par les insectes au cours de leur évolution est l'élaboration de sociétés complexes au sein desquelles les individus travaillent efficacement en équipe, presque comme un unique « super-organisme ». Les termites, les guêpes, les abeilles et les fourmis adoptent cette stratégie, en vivant dans un nid avec une ou plusieurs reines qui pondent des œufs en quantité plus ou moins grande, et des filles ouvrières qui accomplissent différentes tâches spécialisées : soigner la reine, veiller sur sa progéniture, défendre le nid, etc. En se spécialisant, chaque individu peut devenir un expert dans son domaine particulier et même avoir parfois un corps spécialement adapté – comme les castes de soldats aux puissantes mandibules que l'on trouve dans certains nids de fourmis, et qui se chargent principalement de défendre le nid contre les attaques des grands prédateurs tels que les fourmiliers ou les oryctéropes du Cap. Le célèbre biologiste américain E. O. Wilson, spécialiste des fourmis, estima qu'il y avait sur Terre entre un et dix millions de milliards de fourmis (1 000 000 000 000 000 à

Une brève histoire des insectes

10 000 000 000 000 000). Dans certains écosystèmes, elles peuvent représenter 25 % de la totalité de la biomasse animale ; et, surtout, leur poids équivaut, à peu de chose près, au poids total des humains sur notre planète. À elles seules, les fourmis nous surpassent en nombre d'un million contre un. Jusqu'à une période relativement récente, disons deux siècles avant le nôtre, un extraterrestre qui aurait observé la planète au cours des derniers quatre cents millions d'années en aurait conclu que c'était le royaume des insectes.

LUCIOLE « FEMME FATALE »

Les lucioles, qu'on appelle aussi vers luisants dans plusieurs pays, comptent sans nul doute parmi les insectes les plus magiques. C'est un groupe de coléoptères au postérieur lumineux. Ils utilisent cette lumière pour attirer leur partenaire ; selon les espèces, ils peuvent briller en vert, jaune, rouge ou bleu ; certains produisent une lueur fixe tandis que d'autres clignotent. Chez les vers luisants européens, par exemple, la femelle émet une lueur verte, douce et constante qui attire les mâles. De nombreuses autres espèces produisent de brefs éclairs tout en volant, ce que, dans le noir, un œil humain perçoit comme un trait de lumière. Aux États-Unis et en Asie tropicale, certaines lucioles synchronisent leurs flashs, offrant alors un spectacle extraordinaire lorsqu'elles sont des milliers à allumer leur postérieur à l'unisson.

Les lucioles sont des insectes prédateurs qui se nourrissent d'autres insectes, de vers ou d'escargots. Certaines femelles ont même développé l'astuce d'imiter le flash de la femelle d'une autre espèce pour attirer non pas un partenaire mais un bon repas. Les malheureux mâles amoureux qui mordent à l'hameçon sont promptement dévorés, d'où ce surnom de « femme fatale » parfois donné aux lucioles.

2

Le rôle majeur des insectes

Si les êtres humains disparaissaient, le monde se régénérerait et retrouverait son équilibre d'il y a dix mille ans. Si les insectes disparaissaient, le monde sombrerait dans le chaos.
  E. O. Wilson, biologiste américain

À l'automne 2017, je me suis retrouvé en train de donner une interview en direct sur le déclin des insectes pour une radio australienne. Posée sur un ton enjoué, la première question du présentateur de l'émission fut : « Alors, les insectes disparaissent. C'est une bonne chose, non ? » Je suis presque certain qu'il plaisantait, mais comme j'étais à vingt mille kilomètres de lui, à l'autre bout d'une ligne téléphonique, il m'était difficile d'en être sûr. Quelle qu'ait été sa motivation, cette question exprime au fond l'avis de beaucoup de gens pour lesquels les insectes sont avant tout des créatures nuisibles, agaçantes, porteuses de maladies, qui piquent et qui mordent. Peu d'automobilistes se plaignent aujourd'hui de l'absence d'insectes écrasés sur le pare-brise de leur voiture. La plupart d'entre nous vivent dans des villes (83 % de la population du Royaume-Uni est citadine, selon la Banque mondiale, avec un chiffre mondial de 55 % grimpant à toute vitesse[4]), et à moins de partir à

---

[4] En France, neuf personnes sur dix vivent dans l'aire d'attraction d'une ville selon l'INSEE (NDE).

la recherche des insectes dans nos parcs et jardins, nous sommes plutôt confrontés à ceux qui envahissent les maisons, notamment les cafards, les mouches domestiques, les mouches vertes ou bleues, les mites et les poissons d'argent. Ce sont des créatures fascinantes et merveilleuses, mais on a besoin de prendre son temps, comme avec un bon whisky pur malt, pour s'y accoutumer et se rendre compte qu'ils gagnent à être connus. Généralement, on voit en eux des hôtes indésirables qu'il faut chasser ou tuer le plus vite possible. L'espace d'un instant, j'ai été dérouté par la question de l'interviewer australien, et en même temps distrait car je me tenais alors debout devant un urinoir et un homme venait d'entrer pour se soulager.

Je dois préciser qu'en temps normal je n'accorde pas d'interviews dans les toilettes ; mais ce soir-là, je me rendais dans la ville anglaise de Dorchester où je devais donner une conférence le lendemain, et je m'étais arrêté en route pour dîner dans un pub quand cette requête urgente était arrivée sur mon portable. Comme dans la salle la musique était assourdissante et que dehors il tombait des cordes, j'avais opté pour les toilettes où je serais au calme et au sec. Donc, rassemblant mes esprits du mieux que je le pouvais, je me suis lancé dans un plaidoyer bien maîtrisé sur les nombreux rôles essentiels que jouent les insectes. Des interviews de ce genre sont toujours déconcertantes car, ne voyant pas l'expression de son interlocuteur, on ne peut pas savoir si ce que l'on veut dire est bien compris – au moins, l'homme qui urinait dans son coin hochait-il la tête d'une manière encourageante.

Bien entendu, les animateurs radio australiens ne sont pas les seuls à manquer d'enthousiasme à l'égard des insectes. Récemment, sur la BBC, l'éminent médecin britannique et présentateur télé Lord Winston, interrogé sur le déclin mondial de la faune sauvage, a répondu : « Il y

Le rôle majeur des insectes

a beaucoup d'insectes dont nous n'avons pas besoin sur la planète. » Pourquoi lui a-t-on demandé son avis sur un sujet dont il est loin d'être un expert demeure un mystère, mais en ces temps étranges il semble assez courant de tenir compte des opinions des célébrités, quelles que soient leurs qualifications ou leur expérience. Néanmoins, sa réponse reflète la position d'un grand nombre de gens.

Écologistes et entomologistes, nous devrions tous nous sentir profondément inquiets de ne pas avoir su expliquer au grand public l'importance vitale des insectes. Ces derniers constituent la majorité des espèces connues de notre planète ; si nous devions en perdre un nombre important, la biodiversité mondiale s'en trouverait considérablement réduite. En outre, vu leur diversité et leur abondance, ils ont forcément un lien étroit avec toutes les chaînes alimentaires et tous les réseaux trophiques terrestres ou aquatiques. Les chenilles, les pucerons, les larves de trichoptères et les sauterelles, qui sont herbivores, transforment la matière végétale en une savoureuse protéine d'insecte facilement digérée par des animaux plus gros qu'eux. Les guêpes, les carabidés et les mantes, qui sont les prédateurs des herbivores, occupent le palier suivant sur la chaîne alimentaire. Et tous sont les proies d'une multitude d'oiseaux, de chauves-souris, d'araignées, de reptiles, d'amphibiens, de petits mammifères et de poissons qui, sans les insectes, n'auraient plus rien ou presque à manger. À leur tour, les grands prédateurs comme l'épervier d'Europe, le héron et le balbuzard pêcheur, qui se nourrissent d'étourneaux, de grenouilles, de musaraignes ou de saumons insectivores, seraient affamés s'il n'y avait plus d'insectes.

La disparition des insectes de la chaîne alimentaire ne serait pas seulement catastrophique pour la faune sauvage. Elle aurait également des conséquences directes sur notre alimentation. L'idée d'avaler des insectes dégoûte la plupart des Européens et des Nord-Américains, ce qui est étrange puisqu'on se régale volontiers de crevettes (créatures similaires, à segments et à squelette externe). Nos ancêtres en mangeaient certainement. Mais partout ailleurs dans le monde, il est normal de se nourrir d'insectes ; dans certains pays, ils représentent une part importante du régime alimentaire. À peu près 80 % de la population mondiale en consomme régulièrement ; c'est une pratique habituelle en Amérique du Sud, en Afrique, en Asie, et chez les populations indigènes d'Océanie. Environ deux mille espèces différentes d'insectes sont ainsi régulièrement avalées, incluant chenilles, larves de hanneton, fourmis, guêpes, pupes de papillons de nuit, punaises diaboliques, sauterelles et criquets. Juste pour vous donner une idée, on estime à 1 600 tonnes la quantité de vers mopane (très grosses chenilles juteuses d'une espèce de petit paon de nuit) vendus chaque année en Afrique du Sud pour la consommation humaine, sans compter ceux qui sont ramassés et consommés en privé. Au Botswana voisin, le commerce de ces vers mopane représente annuellement 8 millions de dollars. En général, les chenilles sont séchées et mangées en guise d'en-cas croustillants, ou mises en conserve, ou encore cuisinées fraîches, sautées avec des oignons et des tomates. Les exportations de pupes de vers à soie de Thaïlande en boîte tournent autour des 50 millions de dollars. Au Japon, l'inago (sorte de sauterelle) en conserve est largement vendu comme un mets de luxe ; les guêpes bouillies accompagnées de riz constituaient le plat favori de feu l'empereur Hirohito. Au Mexique, le ver du maguey (chenille d'un grand papillon de la famille des hespéridés) et l'*ahuahutle* (œufs de punaise d'eau, parfois baptisé « caviar mexicain ») sont depuis longtemps récoltés en grosses quantités dans la nature et même exportés aux

États-Unis et en Europe. Mais le commerce de ces insectes régresse depuis quelques années car le petit paon de nuit se raréfie en raison d'un ramassage excessif et la punaise d'eau à cause de la pollution de l'eau.

Voilà des exemples de consommation d'insectes pour la plupart récoltés dans la nature ; mais on peut facilement démontrer que l'homme aurait intérêt à élever des insectes à la place des vaches, des porcs et des poulets. Le bétail conventionnel gaspille une grosse partie de l'énergie qu'il engloutit rien que pour entretenir sa chaleur corporelle ; par conséquent, il n'est pas très performant en ce qui concerne la conversion de matière végétale en viande consommable – les vaches étant pires que les poulets car une vache produit approximativement 1 kg de masse corporelle mangeable pour 25 kg de matière végétale avalée. Comme ils sont à sang froid, les insectes se révèlent beaucoup plus productifs : les criquets, notamment, peuvent fournir 1 kg de masse corporelle mangeable en avalant seulement 2,1 kg de matière végétale, ce qui les rend douze fois plus rentables. Et ils sont également plus avantageux que les vaches à bien d'autres égards : pour 1 kg de viande fournie, une vache exige cinquante-cinq fois plus d'eau et quatorze fois plus d'espace qu'un criquet. En outre, les insectes constituent une source plus saine de protéine animale, riche en acides aminés essentiels et beaucoup plus pauvre en graisses saturées que le bœuf.

En tant qu'aliment, les insectes offrent encore bien d'autres avantages. Le risque de tomber malade en les mangeant, par exemple, est moins élevé – nous ne partageons avec eux aucune maladie connue, ce qui n'est pas le cas des vertébrés (pensez à la maladie de la vache folle, la grippe aviaire ou la Covid-19, cette dernière provenant peut-être des chauves-souris ou des pangolins utilisés en médecine chinoise).

Enfin, à la différence des vaches, la plupart des insectes émettent peu ou pas du tout de méthane[5], ce puissant gaz à effet de serre, et grandissent beaucoup plus vite que les mammifères. Par ailleurs, on éviterait sans aucun doute les problèmes liés au bien-être animal puisque la plupart des insectes supportent d'être stockés à une densité élevée sans préjudice apparent ; en tout cas la capacité d'un insecte à ressentir la douleur est probablement plus faible que celle d'une vache (même si certaines personnes de ma connaissance ne sont pas d'accord).

Le fait est que si nous souhaitons pouvoir nourrir les dix à douze milliards d'individus prévus sur la planète vers 2050, nous devrions prendre très au sérieux l'élevage des insectes comme solution de remplacement durable au bétail conventionnel. Le seul ennui, pour moi, c'est que de tous les insectes que j'ai essayé de manger, aucun n'était très bon – à part les fourmis enrobées de chocolat, mais c'était certainement à cause du chocolat. Néanmoins, mon expérience étant très limitée, je m'efforcerai de faire preuve d'ouverture d'esprit le jour où j'aurai l'occasion de goûter des vers mopane ou du caviar mexicain.

Si, dans nos sociétés occidentales, il est rare de manger directement des insectes, nous les consommons régulièrement via une étape ou une autre de la chaîne alimentaire. Des poissons d'eau douce comme la truite et le saumon se nourrissent largement d'insectes, de même que des oiseaux comme la perdrix, le faisan et la dinde. Au Japon, l'éperlan et l'anguille constituent une proportion importante du

---

5 Une exception : les termites. Un termite ressemble un peu à une vache miniature à six pattes, avec une panse spéciale remplie de micro-organismes qui l'aident à digérer la cellulose et autres matières végétales dures. Il se passe à l'intérieur des termites la même chose que dans la panse de la vache où des bactéries produisent du méthane ; mais les scientifiques ne se sont pas encore mis d'accord sur la quantité produite, ni sur le fait que leur contribution aux émissions de gaz à effet de serre puisse être un sujet d'inquiétude.

régime alimentaire humain. Ces poissons étant essentiellement insectivores, l'approvisionnement dépend étroitement de la quantité d'insectes présents dans l'eau. Cette relation a été mise en évidence en 1993 lorsque l'un des plus grands lacs du pays, le lac Shinji, fut pollué par des insecticides néonicotinoïdes qui s'écoulaient des terres agricoles. Brusquement, les populations d'invertébrés du lac diminuèrent, conduisant à un effondrement spectaculaire de l'industrie locale de la pêche et à la suppression de centaines d'emplois. La production annuelle moyenne d'éperlans tomba de 240 tonnes, entre 1981 et 1992, à seulement 22 tonnes entre 1993 et 2004, et la production d'anguilles de 42 tonnes à 10,8 tonnes sur la même période.

Hormis leur rôle dans l'alimentation, les insectes rendent une pléthore de services cruciaux aux écosystèmes. 87 % des plantes ont besoin de la pollinisation animale, en grande partie effectuée par les insectes. C'est-à-dire presque toutes les plantes, hormis les herbes et les conifères (pollinisés par le vent). Les pétales colorés, le parfum et le nectar des fleurs ont évolué de façon à attirer les pollinisateurs. Sans pollinisation, les fleurs sauvages ne produiraient pas de graines, et la plupart finiraient par disparaître. Il n'y aurait ni bleuets, ni coquelicots, ni digitales, ni myosotis. On pourrait regretter que notre monde perde peu à peu ses couleurs, mais l'absence de pollinisateurs aurait un impact écologique beaucoup plus dévastateur que la simple perte de ces jolies fleurs. Car si la majeure partie des espèces de plantes ne produisaient plus de graines et mouraient, chaque communauté vivant sur terre en serait profondément altérée et appauvrie étant donné que les plantes constituent la base de toute chaîne alimentaire.

D'un point de vue humain égoïste, la perte des fleurs sauvages pourrait passer pour le cadet de nos soucis alors que les trois quarts, ou presque, des cultures plantées exigent elles aussi une pollinisation par les insectes. Souvent, l'importance des insectes est justifiée par les services qu'ils rendent aux écosystèmes, services auxquels on peut attribuer une valeur monétaire ; ainsi, la seule pollinisation est évaluée entre 235 et 577 milliards de dollars par an à l'échelle mondiale (les calculs ne sont pas très justes, d'où l'énorme différence entre les deux chiffres). Ces aspects financiers mis à part, il serait impossible de nourrir la population croissante des humains sans pollinisateurs. On pourrait produire suffisamment de calories pour les maintenir en vie car les cultures pollinisées par le vent, comme le blé, l'orge, le riz et le maïs, représentent la majeure partie de notre alimentation, mais un régime exclusivement composé de pain, de riz et de porridge nous ferait très vite souffrir de carences en vitamines et minéraux indispensables. Imaginez un régime sans fraises ni pommes, piments, concombres, cerises, cassis, citrouilles, tomates, café, framboises, courgettes, haricots et myrtilles, pour n'en citer que quelques-uns. Le monde produit déjà une quantité de fruits et de légumes inférieure à celle qui serait nécessaire pour que, sur la planète, chaque individu puisse bénéficier d'une alimentation saine (alors qu'on surproduit céréales et oléagineux). Sans pollinisateurs, il serait impossible de produire où que ce soit les « cinq fruits et légumes par jour » recommandés.

En plus de la pollinisation, les insectes sont d'importants agents de lutte biologique (un argument qui tourne un peu en rond sur l'importance des insectes puisque la plupart des nuisibles contre lesquels ils luttent sont eux aussi des insectes)[6]. Néanmoins sans des prédateurs comme les

---

6 Dans un souci d'équilibre, je devrais mentionner que, même si les insectes jouent un rôle essentiel, ils rendent aussi de « mauvais services » à l'écosystème. Beaucoup d'entre eux, vecteurs de maladies pour l'homme ou le bétail, sont des ravageurs de cultures ou des parasites des animaux. Les termites accomplissent un sacré travail en décomposant le bois mort, par exemple, mais ce sont aussi de sacrés nuisibles qui dévorent les maisons à pans de bois des pays chauds.

Le rôle majeur des insectes

coccinelles, les carabidés, les perce-oreilles, les névroptères, les guêpes, les syrphes, et bien d'autres, le problème des nuisibles dans les cultures serait beaucoup plus difficile à maîtriser et obligerait à utiliser encore plus de pesticides. Sans les pollinisateurs, on devrait compter davantage sur les quelques cultures pollinisées par le vent qui peuvent s'en passer, mais cela compliquerait encore la rotation culturale d'une année sur l'autre, et ne ferait qu'aggraver le problème.

Le rôle des insectes dans la lutte contre les nuisibles est sans éclat, parfois horrible, généralement méconnu. Les guêpes, par exemple, arriveraient sans doute en mauvaise place dans un sondage sur les insectes préférés des gens, mais c'est peut-être parce qu'on ignore trop souvent que la majorité des espèces de guêpes sont des parasitoïdes très efficaces pour réduire le nombre des nuisibles[7]. Dans mon jardin, mes cultures de brassicacées – choux, brocolis, choux-fleurs, etc. – sont régulièrement attaquées par les chenilles voraces de la piéride du chou et de la piéride de la rave, qui percent des trous dans les feuilles et peuvent, si je ne m'en aperçois pas à temps, réduire une plante à une tige et un réseau de nervures de feuilles dures immangeables. Heureusement pour moi, l'arrivée des *Cotesia glomerata* limite généralement les dégâts. Les femelles de ces guêpes noires à pattes jaunes, de la taille d'une fourmi, injectent leurs grappes d'œufs dans les chenilles à l'aide de leur longue trompe pointue. Les larves qui en naissent dévorent les chenilles de l'intérieur et finissent par sortir *en masse* pour tisser un monceau de minuscules cocons jaunes autour du cadavre tout frais de leur hôtesse. Même les grosses guêpes à rayures jaunes et noires qui deviennent

---

[7] Le mot guêpe fait tout de suite penser aux guêpes sociales à rayures jaunes et noires, or la plupart sont beaucoup plus petites, souvent entièrement noires et guère plus grosses qu'une fourmi. Elles comptent parmi elles le plus petit insecte du monde, une espèce de *mymaridae* qui mesure 0,14 mm de long.

le fléau des pique-niques à la fin de l'été sont beaucoup plus utiles qu'on ne pourrait le croire. Non seulement elles pollinisent les fleurs sauvages mais elles dévorent les pucerons et les chenilles ; alors, peut-être ne faut-il pas trop leur en vouloir de grappiller quelques miettes dans nos assiettes.

Les insectes peuvent aussi se révéler précieux dans la lutte contre les plantes invasives ou indésirables telles que l'oponce stricte, ce cactus des régions arides d'Amérique introduit en Australie dans les années 1900 pour créer des haies vives résistant au bétail. Personnellement, je trouve ces plantes atroces car elles sont couvertes d'épines pointues extrêmement douloureuses et difficiles à retirer de la peau – il m'est arrivé une fois de tomber dans un buisson de figuiers de Barbarie en Espagne en voulant étudier des guêpes cartonnières –, ce choix me paraît donc très bizarre pour une haie. En tout cas, une fois en place, cette plante ne s'est pas contentée de pousser en ligne droite ; elle s'est rapidement propagée de manière incontrôlée en recouvrant d'un impénétrable maquis piquant 40 000 kilomètres carrés de l'État du Queensland, au nord-est du continent. Et puis, en 1925, un petit papillon de nuit beigeâtre d'Amérique du Sud, le *Cactoblastis cactorum*, fut introduit à son tour en Australie, et il les ravagea presque tous en un clin d'œil.

Les insectes sont aussi étroitement liés à la décomposition des matières organiques telles que les feuilles, le bois, les cadavres et les excréments animaux. C'est un travail d'une importance vitale car il recycle les nutriments en les rendant à nouveau assimilables par les plantes. La plupart des décomposeurs ne se remarquent même pas. Le sol de votre jardin – notamment votre tas de compost, si vous en avez un – contient presque à coup sûr plusieurs millions de collemboles *(Collembola)*. Ces minuscules arthropodes, cousins primitifs des insectes, mesurent souvent à peine 1 mm de long ; pour échapper à leurs prédateurs, ils ont

Le rôle majeur des insectes

la capacité de se propulser en l'air à l'aide de leur furcula, un appendice sauteur normalement replié sous l'abdomen qui peut, en cas d'urgence, les catapulter à une distance de 100 mm. Cette armée de sauteurs en hauteur miniatures accomplit un travail important en grignotant de minuscules fragments de matière organique qu'ils aident à se désagréger en miettes encore plus infimes qui, décomposées ensuite par des bactéries, relâchent les nutriments utiles aux plantes. Les collemboles constituent un élément vital et ignoré des sols sains. Certains sont même très mignons, l'espèce la plus rondelette ressemblant à un petit mouton potelé (avec un peu d'imagination).

Si les décomposeurs se font rarement remarquer, leur absence risque d'avoir de sérieuses conséquences, comme l'ont découvert les éleveurs de bovins australiens au milieu du XXe siècle. Presque partout dans le monde, des armées d'insectes s'attaquent aux bouses de vache et se les disputent ; par conséquent, elles ne font pas long feu. Quelques secondes ou quelques minutes, tout au plus, après leur mol atterrissage sur l'herbe, apparaissent en premier les mouches à merde et les bousiers, attirés par un panache d'odeurs alléchantes. Les mouches y pondent leurs œufs d'où sortent très vite des asticots prêts à dévorer la matière organique en décomposition bourrée de bactéries ; un cycle de vie de mouche complet dure environ trois semaines. Certains bousiers adultes, dont les ancêtres étaient des créatures aquatiques, nagent dans la bouse liquide à l'aide de leurs pattes en forme de pagaie, tant qu'elle est fraîche. Beaucoup y pondent leurs œufs tandis que d'autres creusent dessous un terrier où ils gardent cette manne pour leur progéniture. D'autres encore en font des boulettes qu'ils roulent ensuite sur une distance de plusieurs mètres dans l'espoir de les sauver de la foule des insectes. Puis arrivent les staphylins et les carabidés qui mangent les coprophages, et les oiseaux, comme les huppes et les corbeaux, venus chercher des larves. L'enfouissement de ces très nombreux insectes a pour effet d'aérer et assécher la bouse qui finit par se désintégrer, une fois ses nutriments recyclés avec succès.

Outre le fait de libérer des nutriments, la destruction efficace des bouses par les insectes rend un précieux service aux fermiers, celui d'éliminer les parasites intestinaux du bétail. En passant d'un animal infecté à sa bouse, les œufs des vers parasites risquent de contaminer l'herbe et d'être ingérés par une vache ou un mouton. En l'enterrant et en la dévorant, les insectes éliminent rapidement ces œufs. Paradoxalement, les traitements antiparasitaires que l'on administre aujourd'hui aux bêtes rendent leurs excréments toxiques pour les insectes, ce qui ralentit leur recyclage et amplifie le problème même qu'ils étaient supposés régler.

Au XIXe siècle, les premiers éleveurs australiens durent faire face à un problème de manque d'insectes natifs du continent capables de venir à bout des bouses molles. Adaptés aux conditions arides, les mammifères australiens – des marsupiaux comme les kangourous et les wombats – produisent des excréments d'une consistance très différente de celle des bouses de vache : des crottes dures en forme de boulettes. Habitués depuis toujours à se nourrir de cette matière, les bousiers australiens se révélaient quasiment impuissants devant les excréments du bétail importé par les premiers colons européens. Résultat, les bouses mettaient des années à se désintégrer et s'accumulaient sur les pâturages en laissant de moins en moins d'herbe au bétail. Chaque vache produisant environ une douzaine de bouses par jour, on estima que la surface de l'Australie recouverte par celles-ci dans les années 1950 augmentait de 2 000 kilomètres carrés par an.

Au milieu des années 1960, le Dr George Bornemissza, récemment immigré de Hongrie, proposa une solution : l'importation de bousiers aptes à éliminer les bouses de

Le rôle majeur des insectes

vache. C'est ainsi que l'*Australian Dung Beetle Project* (Projet australien du bousier) vit le jour. Bornemissza passa les vingt années suivantes à parcourir le monde afin de trouver des espèces appropriées de bousiers à introduire en Australie, en concentrant surtout ses recherches sur l'Afrique du Sud à cause de la similitude de son climat. Antérieurement, certaines importations volontaires d'espèces non-natives d'Australie avaient tourné au fiasco : le crapaud buffle d'Amérique du Sud, par exemple, introduit pour lutter contre les ravageurs de la canne à sucre, était devenu lui-même un véritable fléau en proliférant à tel point qu'ils ne seraient actuellement pas loin de 200 millions, dévorant tout sauf les nuisibles qu'ils étaient censés éradiquer. En revanche, l'introduction des bousiers se révéla un franc succès. En tout, vingt-trois espèces furent importées, sélectionnées surtout pour leur promptitude à venir à bout des excréments, et elles réussirent à prospérer dans les diverses régions climatiques du continent. Aujourd'hui, grâce à ces bousiers venus de l'étranger, les bouses de vache d'Australie disparaissent comme par magie en vingt-quatre heures.

D'autres insectes, les croque-morts de la nature, font preuve de la même efficacité pour éliminer les cadavres. D'une rapidité extraordinaire, les mouches bleues et les lucilies soyeuses les repèrent dans les minutes qui suivent la mort et vont y pondre des masses d'œufs d'où sortent en quelques heures des asticots frétillants pressés de dévorer la carcasse avant l'arrivée d'autres insectes. Leurs cousines, les *sarcophagidae*, ont une longueur d'avance dans la course car, sautant le stade de l'œuf, elles donnent directement naissance à des asticots. Comme sur les bouses, les mouches se disputent le festin avec des coléoptères, les nécrophores et les *silphidae*, qui sont plus lents à se montrer mais dévorent à la fois le cadavre et les asticots. Les nécrophores entraînent les corps des petits animaux sous la terre, pondent leurs œufs dessus, et y restent pour s'occuper de leurs rejetons, en les protégeant contre les autres nécrophores mais aussi en en boulottant quelques-uns s'ils les jugent trop nombreux par rapport au volume de nourriture disponible. L'ordre d'arrivée des différentes espèces d'insectes et leur rythme de développement sont suffisamment prévisibles, dans des conditions environnementales données, pour que les entomologistes médico-légaux puissent évaluer grâce à eux le moment approximatif du décès d'un humain lorsque les circonstances de sa mort sont suspectes.

De plus, les insectes fouisseurs, qui vivent sous terre, contribuent à aérer le sol. Les fourmis dispersent les graines en les rapportant dans leurs nids pour les manger, mais souvent elles en perdent en route quelques-unes qui peuvent germer. Les vers à soie nous donnent de la soie, les abeilles nous donnent du miel. Dans l'ensemble, les services écosystémiques rendus par les insectes sont estimés au minimum à 57 milliards par an, rien qu'aux États-Unis, même si cette évaluation est plutôt dénuée de sens car, selon le très honorable et respecté E. O. Wilson, sans les insectes « l'environnement sombrerait dans le chaos » et des milliards de gens mourraient de faim. Quel prix est-on prêt à mettre pour éviter cela ?

Si l'on connaît le rôle essentiel joué par de nombreux insectes, on ignore totalement ce que font tous les autres. On n'a même pas encore donné un nom aux quatre cinquièmes des cinq millions d'espèces d'insectes supposées exister, et encore moins étudié leur rôle écologique potentiel. Ces dernières années, les sociétés pharmaceutiques se sont lancées dans la « bioprospection », l'inventaire des innombrables composés chimiques trouvés chez différents insectes ; elles ont ainsi découvert beaucoup d'éléments susceptibles d'être utilisés à des fins médicales, y compris de nouveaux composés antimicrobiens capables de nous aider à lutter contre les bactéries résistantes aux antibiotiques, ainsi que des anticoagulants, des vasodilatateurs, des anesthésiques et des antihistaminiques. Chaque espèce d'insecte qui s'éteint est une mine de médicaments potentiels disparue à jamais.

Comme l'a dit le défenseur de l'environnement Aldo Leopold : « La première règle du bricolage intelligent est de conserver toutes les pièces. » Nous sommes bien loin de comprendre la multitude des interactions entre les milliers d'organismes constituant la plupart des communautés écologiques, et par conséquent incapables de savoir de quels insectes nous avons « besoin » ou non. Des études effectuées sur la pollinisation des cultures ont démontré qu'elle a tendance à être effectuée par un petit nombre d'espèces, mais devient plus sûre et plus durable s'il y a davantage d'espèces présentes. En fait, le nombre d'espèces d'insectes différentes fluctue naturellement d'une année à l'autre. Certaines espèces supportant mieux un printemps froid, ou une forte pluie, ou une sécheresse, celle qui se révèle la meilleure pollinisatrice une année ne le sera peut-être plus l'année suivante, ni dix ans plus tard. Compter sur un seul pollinisateur comme l'abeille domestique est une stratégie stupide, car s'il lui arrive quelque chose elle n'a pas de remplaçant[8]. Les communautés de pollinisateurs changent en même temps que le climat ; des espèces qui nous paraissent aujourd'hui insignifiantes pourraient devenir les principales pollinisatrices de demain. Ce genre d'argument peut s'appliquer à tout ce que font les insectes ; plus nous en conserverons de types différents, plus leurs tâches vitales auront de chances de continuer à s'accomplir dans notre avenir incertain.

---

[8] Stratégie stupide mais adoptée en Amérique du Nord par de nombreux agriculteurs qui, moyennant finances, se font expédier des abeilles pour polliniser leurs cultures parce que, à cause de leurs méthodes de production, les populations locales d'abeilles sauvages se sont trop réduites pour effectuer une pollinisation correcte.

Terre silencieuse

Le biologiste américain Paul Ehrlich a fort bien comparé la perte des espèces d'une communauté écologique à l'arrachage aléatoire des rivets sur l'aile d'un avion. Ôtez-en un ou deux, l'avion n'en souffrira pas. Ôtez-en dix, vingt, cinquante et, à un moment donné absolument impossible à prédire, une défaillance catastrophique fera tomber l'avion du ciel. Les insectes sont les rivets qui permettent aux écosystèmes de fonctionner. À quel point nous sommes-nous approchés du point de rupture, difficile à dire. Par endroits, il a déjà été dépassé. Dans certaines régions de la Chine du Sud-Ouest, il n'y a presque plus de pollinisateurs ; les agriculteurs sont obligés de polliniser à la main les pommiers et les poiriers, sinon les arbres ne donnent pas de fruits. Au Bengale, j'ai vu des fermiers polliniser à la main des plants de courge, et des rapports signalent qu'au Brésil certains y recourent désormais pour les fruits de la passion. Par ailleurs, un large éventail d'études menées à travers le monde, allant des myrtilles du Canada aux noix de cajou du Brésil, en passant par les haricots verts du Kenya, a montré que le rendement des cultures pollinisées par les insectes est plus faible dans les régions d'agriculture intensive à cause du nombre insuffisant de pollinisateurs, tandis qu'il est plus élevé dans les exploitations proches des forêts primaires ou autres zones riches en faune sauvage, sources d'insectes pollinisateurs. Au Royaume-Uni, il ressort d'une enquête récente sur la production des pommes Gala et Cox que les fermiers perdent actuellement près de 6 millions de livres sterling (7 millions d'euros) de revenu potentiel parce qu'une pollinisation inadéquate dégrade la qualité de leurs fruits. Manifestement, dans beaucoup de régions du monde, nous avons déjà dépassé le stade où le manque de pollinisateurs limite la production agricole. Et si nos cultures ont du mal à attirer suffisamment de pollinisateurs, il paraît vraisemblable que les fleurs sauvages connaissent le même problème. Or si

Le rôle majeur des insectes

les fleurs sauvages continuent à décliner à cause d'une mauvaise pollinisation, cela implique encore une diminution de la nourriture pour les autres pollinisateurs. Des scientifiques ont émis l'hypothèse que cela risquerait de provoquer un « vortex d'extinction » dans lequel un grand nombre de fleurs et de pollinisateurs s'entraîneraient les uns les autres en une spirale descendante aboutissant à l'extinction.

Le travail accompli par les insectes passe en grande partie inaperçu, et semble aller de soi. La plupart des éleveurs n'accordent pas la moindre importance aux bousiers ; récemment encore, très peu d'agriculteurs essayaient de favoriser les pollinisateurs ou les ennemis naturels des ravageurs de leurs cultures. Comme ont pu le constater les éleveurs d'Australie et les planteurs de courge du Bengale, c'est seulement à partir du moment où les insectes ne nous aident plus qu'on est obligé d'y faire attention. Il serait plus sage de commencer dès maintenant à apprécier tous les services qu'ils nous rendent, avant qu'il ne soit trop tard.

LA FOURMI POT-DE-MIEL

Les abeilles, ainsi que certaines guêpes, récoltent le nectar des fleurs et le stockent sous forme de miel dans des alvéoles spéciales, ou dans des pots fabriqués avec de la boue, de la cire ou du papier. Ces provisions sont essentielles pendant les périodes difficiles de l'année pauvres en fleurs. Une fourmi des déserts arides d'Australie, la fourmi pot-de-miel, *Camponotus inflatus*, a trouvé une solution très différente au problème de stockage du nectar. Son astuce est originale : elle fait elle-même office de réservoir en absorbant une telle quantité de miel que son abdomen se gonfle d'une façon grotesque. Bientôt incapable de bouger, elle continue à être alimentée par sa progéniture jusqu'à ce que son abdomen soit si tendu qu'il devient transparent. Les groupes de fourmis pot-de-miel remplies à ras bord et suspendues au plafond de leur nid souterrain ressemblent à des grappes de raisin doré bien mûr. Chaque individu régurgite volontiers un peu de son miel pour nourrir tout membre affamé de la colonie. Ces réserves, si précieuses dans le paysage aride de l'Australie, attirent les voleurs, grands et petits. D'autres espèces de fourmis envoient des corps expéditionnaires maîtriser leurs gardiennes pour pouvoir voler ces malheureux garde-mangers vivants et les emporter vers leurs propres nids. De leur côté, les populations indigènes d'Australie apprécient elles aussi énormément les fourmis pot-de-miel ; elles n'hésitent pas à creuser le sol dur sur deux mètres de profondeur pour les atteindre. Ces délicieuses bouchées de nectar sucré sont tout simplement avalées vivantes.

3

Le monde merveilleux des insectes

Il existe sans aucun doute de solides arguments pratiques et économiques en faveur de la protection des espèces d'insectes qui sont utiles à l'homme ou pourraient prouver un jour qu'elles le sont. Néanmoins, cette approche anthropocentrique passe probablement à côté des arguments les plus convaincants au profit de la sauvegarde de la biodiversité. À la fin de mes conférences, on me demande souvent « À quoi sert cette espèce X ? » – X pour limace, moustique, guêpe ou toute autre créature déplaisante aux yeux du questionneur. Avant, j'essayais de répondre en élaborant une justification écologique à l'existence de l'espèce X, via ses rôles variés, et en incluant idéalement un détail utile pour les humains. Avec les limaces, par exemple, je disais que les orvets en raffolaient, qu'elles faisaient les délices de nombreux oiseaux et mammifères tels que les hérissons et autres créatures généralement appréciées ; que certains types de limaces aidaient en outre la matière organique à se décomposer, quelques-unes mangeant même d'autres limaces, et ainsi de suite. C'était un peu pareil quand j'habitais en Écosse et qu'on me demandait à quoi servaient les *midges*. Visitez les Highlands en fin d'été et vous apprendrez vite à abhorrer ces minuscules moucherons marron à peine visibles à l'œil nu. Ils ont beau être riquiquis, ces petits monstres suceurs de sang réunis en essaim ont vite fait de vous pourrir la vie, à tel point qu'en 1872, la reine Victoria se serait un jour enfuie d'un pique-nique après s'être fait « à moitié dévoré ». Elle n'est pas la seule : on estime que la perte en visiteurs due aux *midges* coûte chaque année 268 millions de livres sterling à l'industrie écossaise du tourisme. Pourtant même les moucherons jouent un rôle important : ils ont beau être microscopiques, 2 mm d'envergure, 2 millièmes de gramme[9], quand il en émerge 250 000 d'un mètre carré de tourbière, cela représente 1,25 tonne de nourriture pour les hirondelles et les martinets, et aussi pour nos espèces de chauves-souris les plus petites. Rien qu'au Royaume-Uni, on dénombre 650 espèces de moucherons dont 20 %, seulement, mordent. On sait très peu de choses sur leur rôle à l'état larvaire ; en fait, chez de nombreuses espèces, cette phase n'a pas encore été décrite. Sous les tropiques, par exemple, l'unique pollinisateur du cacaoyer est un moucheron, donc sans eux nous n'aurions pas de chocolat, preuve que quelques-uns, au moins, ont une importance cruciale.

Récemment, j'ai tenté de retourner la question. Pourquoi l'existence des limaces ou des moucherons aurait-elle besoin d'être justifiée, que ce soit en raison de ce qu'ils font pour nous, ou pour l'écosystème ? Faut-il que les limaces aient une « utilité » ?

Rappelons ici le commentaire d'Aldo Leopold : « La première règle du bricolage intelligent est de conserver toutes les pièces. » Pourtant, il existe bien des insectes et d'autres créatures qui pourraient disparaître sans que

---

9 Les *midges* sont des miracles miniatures de l'évolution. Pour voler, ils doivent battre des ailes mille fois par seconde – battement d'ailes le plus rapide du règne animal. Seule la femelle mord ; elle suit les effluves de dioxyde de carbone que nous exhalons et qui, en dérivant avec le vent, lui permettent de nous repérer même dans le noir. Une fois posée, elle fait tournoyer sa tête et jouer ses mâchoires acérées et dentelées pour les enfoncer dans notre peau à la manière d'une tronçonneuse électrique. Elle peut dévorer et emporter deux fois le poids de son corps en sang.

Le monde merveilleux des insectes

nous en ressentions l'impact, écologique ou économique. Le perce-oreille géant de Sainte-Hélène s'est déjà éteint et personne ne s'en est aperçu. Il y a encore quelques dizaines d'années, il vivait parmi les colonies d'oiseaux de mer de l'île de Sainte-Hélène, au milieu de l'Atlantique ; or depuis 1967, ce splendide animal long de 8 cm n'a plus jamais été vu vivant. On croit pouvoir affirmer qu'il a été éradiqué par des rongeurs importés. Quel que fût autrefois son rôle écologique, sa disparition ne semble pas avoir eu de répercussions notoires, du moins qui aient été remarquées. Le weta géant de Nouvelle-Zélande – énorme criquet cuirassé, un des insectes les plus lourds au monde – pourrait le suivre dans l'oubli, en grande partie pour les mêmes raisons ; et il est vraiment peu probable que cela aurait des conséquences fâcheuses, en dehors de l'immense chagrin causé aux entomologistes néo-zélandais. De même que je suis pratiquement certain que si le dectique verrucivore disparaissait de ses ultimes et rares repaires des South Downs, non loin de chez moi, ainsi que le grand papillon bleu du sud-ouest de l'Angleterre, cela n'entraînerait aucune catastrophe écologique.

Et si Robert Winston avait raison ? Peut-être y a-t-il « beaucoup d'insectes dont nous n'avons pas besoin sur la planète » ? Peut-être pourrions-nous, nous les humains, survivre dans un monde où la biodiversité serait minimale ? Les régions intensément exploitées du Kansas ou du Cambridgeshire n'en sont pas loin. Nous pourrions bientôt avoir le pouvoir d'éradiquer des espèces entières à volonté – la technologie du forçage génétique[10], par

---

10 Cette méthode ingénieuse mais terrifiante consiste à modifier le génome du moustique en introduisant la version détraquée d'un gène nécessaire à la fécondité des femelles. Avec une seule copie de ce gène défectueux, les femelles sont capables de se reproduire, mais avec deux copies, elles deviennent stériles. En même temps que ce gène détraqué, les scientifiques introduisent un « gène forcé », mécanisme

exemple, permet d'exterminer en laboratoire des populations de moustiques *Anopheles gambiae*, ouvrant ainsi la possibilité de l'utiliser un jour pour effacer des espèces entières (heureusement, cette technologie n'a pas encore atteint le stade de l'expérimentation sur le terrain). Si l'on détenait ce pouvoir, devrait-on l'utiliser, et où s'arrêterait-on ? Théoriquement, un seul sujet libéré dans la nature suffirait à éradiquer l'espèce ciblée sur un continent entier, alors comment contrôler une telle technologie au niveau international ? Qui déciderait qui doit vivre et qui doit mourir ? Quelles espèces se retrouveraient dans la ligne de mire après les moustiques ? Les limaces, les cafards, les guêpes ? Et quand déciderait-on qu'on en a éliminé assez ?

La technologie peut également s'appliquer d'une manière très différente. Partant du principe que les vraies abeilles sont en déclin et que nous pourrions bientôt avoir besoin de les remplacer, les ingénieurs en robotique de plusieurs laboratoires ont mis au point des abeilles robots qui pollinisent les cultures. Est-ce là l'avenir que nous souhaitons à nos enfants : un monde dans lequel ils ne verront jamais un papillon voler au-dessus de leur tête, un monde sans fleurs sauvages où le chant des oiseaux et le bourdonnement des insectes seront remplacés par le ronronnement monotone des robots pollinisateurs ?

---

assurant que chaque rejeton héritera du gène défectueux de sorte qu'il se répande rapidement au sein de la population. Au fur et à mesure qu'il progresse, une proportion toujours plus grande de cette population hérite de deux copies et devient stérile. En laboratoire, toutes les femelles moustiques sont devenues stériles au bout de huit générations, et les populations ont ainsi été éradiquées. Théoriquement, la libération dans la nature d'un moustique manipulé (ou de tout autre organisme « indésirable » tel que le rat ou le cafard) pourrait éliminer des populations entières, voire des espèces entières. Néanmoins, il n'est pas certain que cela fonctionnerait aussi bien dans le monde réel car les grandes populations sauvages comprennent quelques individus parfaitement susceptibles de développer une résistance, tout comme ils le font avec les insecticides.

Le monde merveilleux des insectes

Pour ma part, la valeur économique des insectes me sert simplement à frapper les esprits des politiciens. Puisqu'ils ne semblent attacher de l'importance qu'à l'argent, je leur fais remarquer que les insectes participent à l'économie. Mais honnêtement, leur valeur économique n'a absolument rien à voir avec les raisons qui me poussent à défendre leur cause. Je m'y attelle parce que je les trouve merveilleux. La vue du premier papillon citron de l'année, un éclat jaune d'or dans mon jardin dès les premières journées tièdes de la fin de l'hiver, me met le cœur en joie. De même que la stridulation des sauterelles les soirs d'été, le vrombissement des bourdons maladroits au milieu des fleurs, ou la vue d'une Belle-Dame se prélassant au soleil printanier après sa longue migration depuis la Méditerranée – tous apaisent mon âme. Je ne peux imaginer combien le monde serait désolé sans eux. Ces petites merveilles me rappellent à quel point la planète dont nous avons hérité est magnifique et fascinante. Voulons-nous réellement condamner nos petits-enfants à vivre sur une terre où de tels plaisirs leur seraient refusés ?

Les insectes peuvent être beaux, mais pas seulement. Ils sont captivants, mystérieux, totalement différents de nous à bien des égards. Laissez-moi vous citer quelques exemples. Certains membracides – cousins exotiques des pucerons – ont évolué de manière à ressembler exactement à une épine pointue, pour se camoufler sans doute, mais aussi pour être plus difficiles à avaler. Des amas de membracides se nourrissant sur la tige d'une plante peuvent passer pour une ronce redoutable. Le *Bocydium globulare* d'Équateur, lui, a sur la tête une excroissance qui se ramifie en cinq branches supportant chacune une boule poilue, et une longue pique recourbée vers l'arrière. Certains ont suggéré que c'était pour faire croire qu'il était infecté par le *Cordyceps*, un champignon dont les sporocarpes émergent de la tête de leur insecte hôte, parce que ses prédateurs n'aimeraient probablement pas manger une proie malade. Cette théorie n'a jamais été étudiée de près. Pas plus qu'on a cherché à savoir pourquoi une grosse punaise à bouclier de Thaïlande ressemble bizarrement à Elvis. De leur côté, quelques chenilles de papillons du céleri donnent l'incroyable impression d'être des crottes d'oiseaux. D'autres pourraient se confondre avec des araignées, des fleurs, des serpents, des brindilles ou des cosses de graines. Pour des raisons inconnues, le fulgore porte-lanterne, cousin des cigales d'Amérique, a l'air de transporter une coque de cacahuète sur sa tête. Dans la famille des charançons, on est généralement petit et d'un brun terne, sauf les superbes mâles du charançon girafe de Madagascar, noir et rouge vif ; ils ont la tête suspendue au bout d'un cou gigantesque qui leur sert à déloger leurs rivaux de la canopée quand ils se battent maladroitement pour une femelle. Il y a aussi ces papillons de nuit mâles qui font jaillir de leur arrière-train des appendices géants gonflables et poilus par lesquels ils lâchent d'enivrants effluves de phéromones dans la brise nocturne.

En plus d'une variété presque infinie d'apparences mystérieuses et merveilleuses, les insectes ont développé une formidable diversité de comportements et de cycles de vie particuliers. Les mâles de la calyptre du Pigamon du Japon et de Corée, par exemple, apprécient le sang et plantent volontiers leur langue acérée dans la peau humaine dès que l'occasion se présente alors que la plupart des papillons de nuit boivent du nectar. À Madagascar, un autre papillon de nuit, *Hemiceratoides hieroglyphica*, suce les larmes salées sous les paupières des oiseaux endormis. En Amérique du Sud, des scientifiques ont découvert un papillon de nuit qui, à l'âge adulte, vit dans les poils du paresseux ; il pond ses œufs dans les crottes fraîches du mammifère et ses larves s'en nourrissent exclusivement.

Le monde merveilleux des insectes

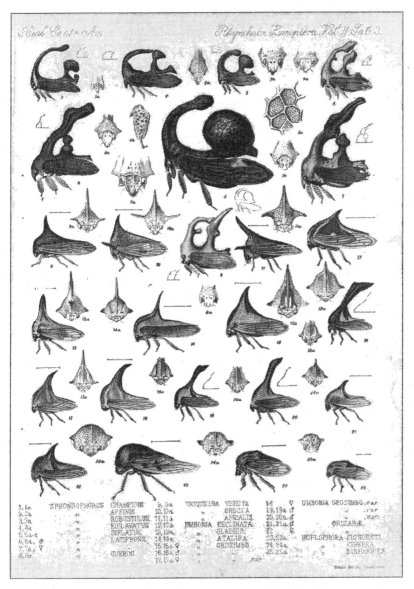

Quelques-uns des nombreux et bizarres membracides d'Amérique centrale décrits et illustrés par William Weekes Fowler (1894).

Terre silencieuse

La mouche du vinaigre, *Drosophila bifurcata*, produit des spermatozoïdes de 5,8 cm de long, soit environ vingt fois plus grands que la mouche elle-même. Tant qu'ils sont à l'intérieur du mâle, ils passent presque toute leur vie roulés en boule tel un impossible nœud gordien, mais une fois dans la femelle ils réussissent à se désentortiller. Il semble que, chez cette espèce, les plus gros supplantent les plus petits dans la course à la fécondation des œufs.

Chez un psoque troglodyte du Brésil, c'est la femelle qui grimpe sur le mâle pour s'accoupler en lui enfonçant dans le corps une longue structure gonflable et piquante, un genre de pénis qui aspire son sperme. Ce pénis en épi bloque ensemble les deux partenaires jusqu'à ce que la femelle ait terminé, ce qui peut prendre plus d'une cinquantaine d'heures. Toutefois, ce rendez-vous galant est relativement bref à côté de celui de certains phasmes, les maîtres du sexe tantrique du monde des insectes, dont la copulation peut durer des semaines, le record atteignant soixante-dix-neuf jours.

Même selon les normes en vigueur chez les insectes, les strepsiptères sont vraiment singuliers. Leur ordre, *Strepsiptera*, est assez obscur, et très peu de gens en ont déjà vu, bien qu'il y en ait dans le monde entier, y compris au Royaume-Uni. La femelle mène une vie de parasite à l'intérieur d'une abeille, d'une guêpe ou d'une sauterelle, selon les espèces. Une fois entièrement développée, elle peut occuper 90 % de l'espace intérieur de son hôte infortuné que cela n'empêche pas, d'ailleurs, de rester en vie et actif. Même au stade adulte, la femelle strepsiptère n'a ni yeux, ni pattes ni ailes, elle ressemble à un asticot ; mais cette créature apparemment désarmée réussit à sortir la tête entre deux segments de l'abdomen de son hôte pour libérer une phéromone et attirer un mâle. Celui-ci, petit insecte délicat volant muni d'une seule paire d'ailes triangulaires foncées,

Le monde merveilleux des insectes

s'accouple à la femelle toujours à l'intérieur de son hôte, et meurt très vite d'épuisement. Ensuite, cette femelle donne naissance à une nombreuse progéniture qui la dévore avant de ramper hors de l'insecte hôte pour en chercher un nouveau. Dans le cas des strepsiptères s'attaquant aux abeilles, les larves parasites attendent dans des fleurs l'arrivée de celle qui leur convient le mieux, puis repartent sur son dos jusqu'à la ruche où elles s'enfouissent à leur tour à l'intérieur des jeunes insectes, complétant ainsi ce cycle bizarre.

Chacune de ces créatures fantastiques pourrait facilement constituer le travail d'une vie entière, ou fournir tout au moins un projet de doctorat amusant. Sur le million d'insectes auxquels on a déjà donné un nom, la plupart n'ont encore jamais été étudiés, alors qui sait combien de découvertes fascinantes restent à faire sur leurs modes de vie ? Étant donné qu'on estime à environ quatre millions le nombre d'espèces n'ayant même pas encore été identifiées, les scientifiques ont sans aucun doute de quoi s'occuper pendant des siècles, tant qu'il restera des insectes à observer. Le monde ne serait-il pas moins riche, moins surprenant, moins merveilleux, si ces créatures insolites n'existaient pas ?

On peut donc affirmer que les insectes sont importants sur un plan pratique et économique, comme on peut soutenir qu'ils nous apportent de la joie, de l'inspiration, de l'émerveillement ; mais ces arguments sont totalement égoïstes car ils se focalisent sur les bénéfices que nous retirons d'eux. Or il existe une autre raison de s'intéresser aux insectes ainsi qu'à toutes les créatures vivantes de la planète, grandes ou petites, et celle-ci ne se polarise pas sur le bien-être des humains : on peut faire valoir que tous les organismes présents sur Terre ont autant que nous le droit de s'y trouver. Si vous avez un penchant religieux, croyez-vous réellement que Dieu a créé toute cette vie extraordinaire juste pour nous permettre de la détruire avec insouciance ? Croyez-vous qu'Il ou Elle a voulu que les récifs de coraux blanchissent et meurent recouverts de débris de plastique ? Vous paraît-il plausible qu'Il ou Elle se soit donné le mal de créer cinq millions d'espèces d'insectes pour que nous puissions provoquer la disparition d'un grand nombre sans avoir même remarqué leur existence ?

En revanche, si vous n'êtes pas croyant et acceptez la preuve scientifique que les espèces ont évolué depuis des milliards d'années et ne sont pas la création d'un être surnaturel obsédé par les insectes[11], vous devez vous rendre compte que nous ne sommes qu'une espèce de singe particulièrement intelligente et destructrice, rien de mieux que l'une des quelque dix millions d'espèces d'animaux et de plantes présentes sur Terre. Vu sous cet angle, personne ne nous a octroyé le pouvoir de dominer les bêtes ; nous n'avons pas reçu du ciel le droit moral de piller, détruire, exterminer.

Croyants ou non, la plupart des humains s'accordent à dire que les riches et les puissants ne devraient pas avoir le droit d'opprimer ou déposséder les pauvres et les faibles (même si, bien sûr, cela se produit sans arrêt). Dans le même ordre d'idées, depuis *La Guerre des mondes*, des douzaines de films de science-fiction mettent en scène l'arrivée d'extraterrestres super intelligents qui décident que la race humaine est superflue et commencent à nous éliminer pour pouvoir piller la Terre à leur aise ou construire une voie express intersidérale. Naturellement, le spectateur perçoit les extraterrestres comme des méchants et se met du côté

---

[11] On a demandé un jour au célèbre biologiste évolutionniste J.B.S. Haldane ce que ses dizaines d'années de recherches sur l'évolution lui avaient appris sur la nature de Dieu. Sa réponse, peut-être ironique, fut : « Il devait avoir un penchant démesuré pour les coléoptères. » Il aurait pu ajouter que Dieu devait aussi raffoler des guêpes et des mouches.

des pauvres humains qui finissent en général par triompher d'une manière ou d'une autre malgré leurs faibles chances.

Quand prendrons-nous conscience de l'hypocrisie de notre position ? Sur notre planète, c'est nous *les méchants* qui détruisons sans réfléchir la vie de toutes sortes d'espèces pour notre propre confort. Nous saisissons intuitivement que les extraterrestres du film *Independence Day* n'ont pas le droit de s'emparer de notre planète ; mais je me demande ce qui se passe dans la tête d'un orang-outang quand il voit les bulldozers abattre sa forêt. La question de « l'utilité des limaces » ne devrait même pas se poser pour que nous les laissions exister en paix. N'avons-nous pas le devoir moral de veiller sur tous nos compagnons de voyage de la planète Terre qu'ils soient beaux ou laids, indispensables à l'écosystème ou dénués de la moindre importance, pingouins, pandas ou poissons d'argent ?

LE COLÉOPTÈRE BOMBARDIER

Pour se protéger des prédateurs, les insectes ont développé de nombreux moyens de défense fascinants. Ce sont parfois de superbes camouflages, comme chez certaines espèces de mantes, de sauterelles et de papillons de nuit, ou alors des faux yeux qui les font paraître plus gros et dangereux, ou encore des couleurs vives signalant que leur corps contient du poison.

Mais il en existe très peu d'aussi spectaculaire et efficace que celui du coléoptère bombardier. Ce carabidé terrestre de taille moyenne à l'allure inoffensive possède un don unique. Son abdomen renferme un réservoir rempli d'un mélange de peroxyde d'hydrogène et d'hydroquinone. Dès qu'il se sent attaqué, ces produits chimiques sont expulsés de ce réservoir vers une cavité aux parois épaisses tapissées de catalyseurs qui déclenchent une réaction violente entre les deux substances : une explosion maîtrisée fuse alors du derrière de l'insecte avec un « pop » assez fort et asperge le malheureux agresseur de benzoquinones toxiques en ébullition. Les petits prédateurs, les insectes par exemple, peuvent être tués sur le coup tandis que les plus grands, comme les oiseaux, se dépêchent de battre en retraite. Ayant eu moi-même les doigts brûlés en ramassant par inadvertance une de ces créatures, je vous garantis que l'expérience est surprenante. Un jour, le jeune Charles Darwin, fervent collectionneur de coléoptères, fourra un carabidé dans sa bouche faute de disposer d'un récipient vide où le ranger. Heureusement pour lui que ce n'était pas un bombardier.

DEUXIÈME PARTIE

LE DÉCLIN DES INSECTES

4

Les preuves de la baisse du nombre d'insectes

Il est communément admis que nous vivons à présent à l'époque de l'Anthropocène, une nouvelle période géologique durant laquelle écosystèmes et climat sont fondamentalement modifiés par les activités humaines. Je déteste ce terme mais je ne peux pas nier sa pertinence.

Une des caractéristiques de cette nouvelle ère dans l'histoire de la Terre est l'accélération du déclin de la biodiversité : la disparition de plantes, d'animaux sauvages, de communautés entières d'organismes. La perception du public se focalise en général sur les phénomènes d'extinction, particulièrement celle des grands mammifères comme le gorille des montagnes et l'éléphant d'Afrique, ou des oiseaux déjà éteints depuis longtemps comme le dodo et la tourte voyageuse. Pour recueillir des fonds, les organisations de protection utilisent largement ces espèces emblématiques et charismatiques qui touchent la sensibilité et l'imagination des gens. Il est certes très émouvant de voir les derniers rhinocéros blancs du Nord (au moment où j'écris ces lignes il n'en reste plus que deux, des femelles), ou la dernière tortue de l'île Pinta, George le Solitaire, se traîner dans leurs enclos en attendant l'extinction.

On sait que 80 espèces de mammifères et 182 espèces d'oiseaux ont disparu au cours de l'époque moderne, c'est-à-dire depuis l'an 1500. Cette période exclut bien sûr la vague d'extinction massive de la mégafaune survenue au Pléistocène supérieur lorsque l'homme a commencé à se répandre à travers le monde, il y a 40 000 ans, en exterminant presque tous les grands mammifères et les oiseaux inaptes au vol qui sillonnaient autrefois la Terre. Cependant, depuis peu commence à émerger la preuve que la faune sauvage mondiale fut en réalité beaucoup plus impactée que ne le laisseraient suggérer les chiffres relativement modestes du nombre de disparitions.

La plupart des espèces ne sont peut-être pas encore éteintes mais il devient évident que les animaux sauvages sont, en moyenne, beaucoup moins abondants qu'autrefois. Dans un article de référence paru récemment, un scientifique israélien, Yinon Bar-On, estime que depuis l'essor de la civilisation humaine, il y a dix mille ans, la biomasse des mammifères sauvages a chuté de 83 % – c'est-à-dire que cinq mammifères sauvages sur six, environ, auraient disparu. Il révèle aussi l'ampleur de l'impact humain dans une estimation ahurissante selon laquelle les mammifères sauvages représentent aujourd'hui un maigre 4 % de la biomasse totale des mammifères, alors que le bétail (principalement les vaches, les cochons et les moutons) en représente 60 %, et nous humains les 36 % restants. C'est difficile à appréhender, mais s'il a raison, les 5 000 espèces de mammifères sauvages du monde

Les preuves de la baisse du nombre d'insectes

entier – rats, éléphants, lapins, ours, lemmings, caribous, gnous, baleines et tant d'autres encore – pèseraient tous ensemble un quinzième du poids de notre bétail, et seraient surpassées à 9 contre 1 par la masse totale de l'humanité. Ce même scientifique a calculé que 70 % de la biomasse globale des oiseaux est aujourd'hui composée de volaille domestique. L'Anthropocène est bien là.

Le rapport Planète vivante, publié en 2018 par le Fonds mondial pour la Nature (WWF) et la Société zoologique de Londres, estimait que l'ensemble de la population mondiale des vertébrés sauvages (poissons, amphibiens, reptiles, mammifères et oiseaux) avait chuté de 60 % entre 1970 et 2014[12]. De mon vivant (je suis né en 1965), plus de la moitié de nos vertébrés sauvages ont donc disparu. Comme on ne fait presque rien pour ralentir ce déclin (mais beaucoup en revanche pour l'accélérer), on peut se demander ce qu'il en restera lorsque cinquante-quatre nouvelles années se seront à nouveau écoulées. De quel monde nos enfants hériteront-ils ?

Aussi catastrophique que soit le déclin des vertébrés, un autre changement encore plus dramatique est en train de se mettre en place sans faire de bruit. Et celui-ci risque d'avoir des répercussions encore plus importantes sur le bien-être humain. L'immense majorité des espèces connues sont bien sûr les invertébrés, c'est-à-dire dénués de squelette, et sur terre les invertébrés sont dominés par les insectes. Ces derniers sont beaucoup moins étudiés que les vertébrés, et nous ne savons pratiquement rien de la majorité du million d'espèces jusqu'ici identifiées ; leur biologie, leur distribution, leur abondance nous sont totalement

---

12 Quand on les sépare par habitat, on constate le déclin le plus important chez les vertébrés d'eau douce, 81 %, contre 36 % chez les vertébrés marins et 35 % chez les vertébrés terrestres.

inconnues. Souvent, nous n'avons rien de plus qu'un « spécimen type » épinglé dans un musée, avec la date et le lieu de sa capture. En plus de ce million de types d'insectes identifiés, il y en aurait au moins encore quatre millions à découvrir[13]. Bien que nous soyons encore très loin de pouvoir dresser un inventaire de la diversité sidérante des insectes de notre planète, des indices montrent que ces créatures disparaissent très vite.

En 2015, j'ai été contacté par des membres de la Société d'entomologie de Krefeld, un groupe d'entomologistes amateurs et professionnels qui, depuis la fin des années 1980, capture des insectes volants dans des réserves naturelles à travers toute l'Allemagne, à l'aide de pièges Malaise. En forme de tente, les pièges Malaise – du nom de leur inventeur, l'explorateur et entomologiste suédois René Malaise – permettent, via une méthode de piégeage passive, d'intercepter tout insecte volant qui a le malheur de les rencontrer. Ces entomologistes allemands avaient amassé l'équivalent de 17 000 jours de collecte sur trente-six sites différents pendant vingt-sept ans, soit un poids total de 53 kg d'insectes (les pauvres). Ils m'ont envoyé leurs données afin que je les aide à en tirer une conclusion et préparer une publication pour une revue scientifique. À la lecture des chiffres et au vu du simple graphique que j'ai tracé, je me suis senti à la fois fasciné et inquiet. En vingt-six ans,

---

13 Compte tenu des centaines d'expéditions scientifiques menées au fil des ans à l'intérieur des régions les plus reculées de la Terre, ce chiffre semble à peine crédible. Agitez un filet dans n'importe quelle forêt tropicale et vous attraperez probablement des espèces nouvelles pour la science ; ça, c'est la partie la plus facile. La plus difficile consiste à repérer celles qui sont nouvelles. Un seul insecte extrait de votre filet exigerait des semaines voire des mois d'étude spécialisée et d'observation au microscope, avant que l'on puisse être sûr qu'il n'appartient pas à l'une du million d'espèces déjà identifiées. Très peu de gens possèdent les compétences spécifiques pour effectuer ce genre de travail ; aussi au rythme actuel du progrès il faudra des centaines d'années avant d'espérer réaliser un inventaire complet de la diversité de la vie des insectes.

Les preuves de la baisse du nombre d'insectes

entre 1989 et 2016, la biomasse totale (le poids) des insectes pris au piège avait chuté de 75 %. En plein été, pic de l'activité des insectes d'Europe, le déclin était encore plus marqué, 82 %. Au début, j'ai pensé qu'il devait y avoir une erreur quelque part car cette baisse me paraissait trop brutale pour être vraisemblable. On savait que l'ensemble de la faune sauvage était en déclin, mais que les trois quarts des insectes aient disparu aussi rapidement suggérait une vitesse et une ampleur jamais imaginées.

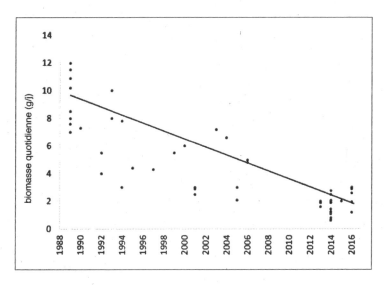

Déclin de la biomasse des insectes volants dans des réserves naturelles allemandes, 1989-2014 : insectes capturés à l'aide de pièges Malaise. Le poids total des insectes attrapés par piège et par jour a décliné de 76 % au cours des vingt-six années de l'étude.

Nous avons rédigé un article et tenté de le faire paraître dans les revues scientifiques les plus prestigieuses, *Nature* et *Science*, mais celles-ci ne l'ont pas jugé suffisamment digne d'intérêt. Puis, après quelques rebondissements, il a fini par être publié dans une revue scientifique en ligne *PLoS ONE*.

Heureusement, cette étude a été l'objet de nombreuses discussions dans le monde entier. Certains scientifiques affirmèrent que l'ensemble des données n'était pas fiable, qu'il ne décrivait que la biomasse – le poids – et que les insectes n'avaient été ni identifiés ni comptés. En bref, les critiques laissaient entendre que la perte en biomasse risquait de ne représenter que la perte disproportionnée de quelques espèces d'insectes lourds ; il est en effet théoriquement possible que le nombre réel des insectes soit resté stable ou ait même augmenté si des espèces de grande taille étaient remplacées par des plus petites. Ils soulignaient aussi que sur les trente-six sites, certains avaient été échantillonnés pendant un an seulement tandis que d'autres l'avaient été à de multiples reprises sur toute la durée de l'étude. Dans une étude parfaite, au financement illimité, chaque site aurait été échantillonné chaque année tout au long de la période des vingt-sept ans. Ian Boyd, à l'époque directeur scientifique du DEFRA (Département de l'Environnement, de l'Alimentation et des Affaires rurales), le département du gouvernement britannique chargé de l'environnement, se montra un peu sceptique en pointant la possibilité d'un biais subtil inhérent aux données démographiques à long terme : en général, les scientifiques sont enclins à effectuer leur surveillance dans des endroits où ils pensent trouver l'objet de leur étude. Toutes les populations d'organismes ont tendance à fluctuer au fil du temps ; certaines augmentent quand d'autres chutent. Les populations plus importantes que la moyenne ont plus de chances de décroître que de croître (un concept que les statisticiens appellent « la régression vers la moyenne »). Le phénomène est peut-être plus facile à comprendre si l'on imagine la situation inverse. Supposez qu'un scientifique installe un réseau de sites de contrôle dans des endroits où l'organisme qu'il a choisi d'étudier n'a jamais été repéré

Les preuves de la baisse du nombre d'insectes

(ce qui, bien sûr, serait un peu dingue) ; au fil du temps, la population de cet organisme ne pourrait que rester stable ou augmenter. Cela dit, l'étude allemande s'était concentrée sur des réserves naturelles demeurées intactes et favorables à la faune sauvage tout au long de la période de surveillance. À cette époque, ces données étaient de loin les meilleures que nous puissions espérer avoir et la tendance est très nette ; dans ces conditions, difficile de ne pas en conclure qu'une baisse importante de la biomasse des insectes s'était produite.

Après la publication de l'étude de Krefeld fin 2017, un débat s'est engagé sur la question de savoir si d'autres déclins d'insectes avaient été observés ailleurs, ou s'il s'était produit quelque chose de spécial dans les réserves naturelles allemandes. Une réponse partielle arriva presque exactement deux ans plus tard, en octobre 2019, lorsqu'un autre groupe de scientifiques allemands publia sous la direction de Sebastian Seibold, de l'université technique de Munich, les résultats d'une étude très rigoureuse sur les populations d'insectes dans les forêts et les prairies d'Allemagne entre 2008 et 2017. Ils avaient étudié 150 prairies, aussi bien des pâtures d'élevage intensif que des prairies riches en fleurs, et 140 forêts allant des plantations de conifères aux vieilles forêts de feuillus. Les prairies avaient été échantillonnées à l'aide de filets fauchoirs pour attraper les insectes au milieu de la végétation, et les forêts avec des pièges en plexiglas capturant surtout les insectes volants. À la différence de l'étude de Krefeld, Seibold et ses collègues avaient rassemblé systématiquement les données des mêmes sites tout au long de leur étude ; comme les sites utilisés incluaient à la fois des endroits où ils s'attendaient à trouver beaucoup d'insectes et d'autres où ils savaient qu'il y en aurait probablement peu, la critique soulevée par Ian Boyd n'avait plus lieu d'être. Ils avaient également eu les moyens de décompter plus d'un million d'arthropodes capturés (dont certains n'étaient pas des insectes : araignées et faucheux, par exemple) et d'identifier environ 2 700 espèces. Vu le peu de temps qu'avait duré cette étude – dix ans seulement – ses résultats étaient profondément troublants, car la vitesse du déclin d'une année sur l'autre se révélait encore supérieure à celle décrite dans l'étude de Krefeld. Les prairies apparaissaient les plus affectées, perdant en moyenne les deux tiers de leur biomasse d'arthropodes (insectes, araignées, cloportes et autres), un tiers des espèces, et les quatre cinquièmes de leur population totale d'arthropodes. Dans les forêts, la biomasse diminuait de 40 %, le nombre d'espèces se trouvait réduit de plus d'un tiers et l'abondance totale d'arthropodes reculait de 17 % (ce dernier chiffre n'étant pas tout à fait statistiquement significatif)[14]. Et, en dehors de quelques applications d'herbicides sur les prairies, aucun de ces sites n'avait été traité avec des pesticides. Cependant, le déclin général avait tendance à s'accentuer davantage sur les sites environnés d'une proportion de terres agricoles plus importante.

Compte tenu de l'étude de Krefeld et des nouvelles données de Sebastian Seibold et de ses collègues, couvrant ensemble environ 350 sites, il ressort de manière quasi certaine que les populations d'insectes en Allemagne ont subi un déclin dramatiquement rapide, au moins depuis les

---

14 Les écologistes passent beaucoup de temps sur des analyses souvent douloureusement complexes pour essayer de déceler si les tendances de leurs données pouvaient être vraisemblablement attribuées au hasard. D'une façon un peu arbitraire, le critère admis est une chance sur vingt. S'il existe plus d'une chance sur vingt que le modèle ait pu se présenter par pur hasard, alors cette tendance est jugée non significative. En revanche, si la probabilité est jugée inférieure à un sur vingt, la tendance est considérée comme susceptible d'être réelle. Dans ce cas précis, toutes les mesures du déclin étaient « statistiquement significatives », sauf le déclin de l'abondance de la biomasse totale des arthropodes dans les forêts.

Les preuves de la baisse du nombre d'insectes

années 1980. Comme l'a écrit le professeur William Kunin de l'université de Leeds dans un commentaire accompagnant l'article de Seibold : « Le verdict est sans appel. En Allemagne, au moins, le déclin des insectes est bien réel et tout aussi grave qu'on le craignait. »

Et ailleurs ? Se passe-t-il quelque chose de spécial en Allemagne ? Cela semble très peu probable. L'utilisation des terres et les méthodes agricoles sont pratiquement les mêmes dans les pays voisins, régis en grande partie par les lois et les politiques communes à toute l'Union européenne. La campagne ressemble à celle de, disons, la France, et les pesticides sont les mêmes partout. Pour autant que je sache, la seule différence notable entre l'Allemagne et nos pays, c'est que les Allemands furent assez clairvoyants pour commencer à surveiller leurs insectes, et pas nous, à l'exception de quelques groupes privilégiés d'insectes. D'où le manque cruel d'autres données précises.

Seuls les papillons, diurnes et nocturnes, ont été étroitement surveillés de manière continue à partir de 1970 dans différents endroits de la planète, de la Californie à l'Europe en passant par l'Ohio, et ils montrent des tendances de déclin généralisé, bien que rarement d'une ampleur aussi saisissante qu'en Allemagne. L'exemple le plus criant est celui du monarque *(Danaus plexippus)*, papillon spectaculaire et emblématique que l'on trouve au printemps et en été aux États-Unis et dans le sud du Canada. Il en existe deux populations plus ou moins distinctes, l'une à l'est des Rocheuses, l'autre à l'ouest. Le monarque de l'Est est célèbre pour ses longues migrations ; en mars, il remonte vers le nord depuis ses aires d'hivernage situées dans les montagnes mexicaines de la Sierra Madre, et se reproduit en chemin, engendrant ainsi des générations successives qui atteignent le Canada au début de l'été. Dès que l'automne s'installe, il refait en sens inverse les 5 000 kilomètres séparant le Canada du Mexique. L'aspect vraiment extraordinaire de cette migration, c'est que chaque automne les papillons retournent exactement sur les mêmes sites, même si ce sont leurs arrière-grands-parents, morts depuis longtemps, qui se sont mis en route au printemps. Comment peuvent-ils connaître le chemin ? Pendant ce temps, le monarque de l'Ouest entreprend un voyage plus court mais tout de même impressionnant du Canada jusqu'à ses sites d'hivernage de la côte californienne. En 1997, trois scientifiques californiens visionnaires, Mia Monroe, Dennis Frey et David Marriott, commencèrent à compter les papillons sur leurs sites d'hivernage – là où ils se regroupent dans des arbres en attendant la fin de l'hiver. Des rendez-vous, fixés à Thanksgiving à la fin novembre et au Nouvel An, réunissent deux cents bénévoles assistés et coordonnés par la Xerces Society (une organisation nord-américaine à but non lucratif consacrée à la préservation des insectes). Hélas, Frey et Marriott sont tous les deux décédés en 2019, mais ils ont tout de même vécu assez longtemps pour être les témoins du terrible déclin de leur monarque bien aimé. En 1997, les papillons de l'Ouest hivernant en Californie représentaient quelque 1,2 million d'individus alors qu'en 2018 et 2019, ils étaient moins de 30 000, soit une diminution de près de 97 %. La population de l'Est s'en était un peu mieux sortie, mais en 2016, le nombre des papillons parvenant jusqu'au Mexique avait chuté de 80 % comparativement à 2006.

Le monarque n'est pas le seul papillon en régression. Les populations d'insectes les mieux étudiées sont peut-être celles des papillons du Royaume-Uni. Comme ils ne se rassemblent pas d'une manière aussi idéale une fois par an pour qu'on puisse les compter, des bénévoles les répertorient au printemps et en été en arpentant des itinéraires

Les preuves de la baisse du nombre d'insectes

fixés par le protocole BMS (*Butterfly Monitoring Schemes*, programme de surveillance des papillons). Ce programme fut mis au point par un entomologiste visionnaire, Ernie Pollard, qui travaillait pour le défunt *Institute of Terrestrial Ecology* (Institut pour l'écologie terrestre) basé en Angleterre au sein de la station de recherche de Monks Wood, dans le Cambridgeshire. Pollard conçut un protocole très simple selon lequel un observateur devait arpenter tous les quinze jours un itinéraire déterminé, au printemps et en été, en comptant les papillons qui se trouvaient à moins de deux mètres de chaque côté du chemin. Désormais souvent surnommé *Pollard's Walk* (la balade de Pollard), ce protocole fut adopté dans le monde entier, et adapté à d'autres groupes d'insectes. Le programme démarra en 1976 avec 134 itinéraires ; aujourd'hui il en compte plus de 2 500 répartis dans tout le Royaume-Uni. C'est le système d'enregistrement national des insectes le plus étendu et le plus ancien du monde. Les tendances qu'il révèle sont inquiétantes. Les papillons des « zones rurales » – les espèces communes trouvées autour des terres cultivées, des jardins, etc., tels que le myrtil et le paon-du-jour – ont diminué de 46 % entre 1976 et 2017. Par ailleurs des espèces plus difficiles occupant un habitat spécifique et tendant à être beaucoup plus rares, comme les Argynnini et les Theclinae, ont diminué de 77 % malgré des actions conjuguées de préservation (mais il faut noter que la première année du programme, 1976, exceptionnellement chaude pour le Royaume-Uni fut particulièrement favorable à ces insectes, ce qui accentue leur recul apparent).

Partout ailleurs en Europe, les papillons semblent peut-être décliner plus lentement. Une analyse des tendances des populations de dix-sept papillons des prés, à l'échelle de l'Europe, a montré par exemple une baisse de 30 % entre 1990 et 2011.

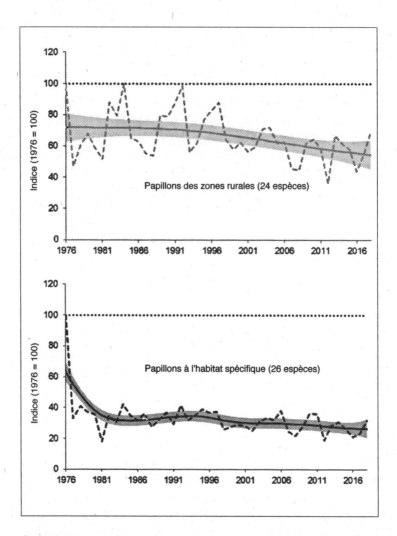

Évolution des populations de papillons au Royaume-Uni, 1976 à 2017 : Le nombre de papillons enregistrés sur les itinéraires du Royaume-Uni varie d'une année à l'autre, mais globalement la tendance est au déclin. Le graphique supérieur concerne les espèces communes largement répandues dont l'abondance a chuté de 46 % ; celui du bas concerne les espèces rares dont l'abondance a chuté de 77 % (Crown copyright, Department for Environment, Food and Rural Affairs, UK 2020).

Les preuves de la baisse du nombre d'insectes

Les papillons de nuit, cousins des papillons de jour, ne peuvent pas être dénombrés le long de ces itinéraires puisque, pour la plupart, ils sont nocturnes. Beaucoup, cependant, peuvent être attirés par des lumières et tomber ainsi dans des pièges. Au Royaume-Uni, ce système de piégeage constitue la base d'un système d'enregistrement à long terme. Les piégeurs de papillons de nuit se concentrent souvent sur les grands spécimens, plus faciles à identifier, mais tout comme chez leurs cousins diurnes, la situation n'est pas très bonne. L'abondance globale des grands papillons de nuit en Grande-Bretagne a chuté de 28 % entre 1968 et 2007, avec un déclin plus marqué dans le sud du pays, très urbanisé et intensivement cultivé, où l'abondance globale a chuté de 40 %. Une analyse plus récente axée sur les papillons de nuit écossais a montré une diminution de 46 % entre 1990 et 2014.

Les seules autres données britanniques à long terme et à grande échelle sur les populations d'insectes nous sont fournies par les pièges à succion qui, conçus pour surveiller les populations de pucerons, aspirent les insectes à l'intérieur d'une tour de 12 mètres de haut. Les pucerons, qui ne volent pas bien, se répandent de culture en culture en s'élevant dans les airs et en se laissant porter par le vent comme un plancton aérien, raison pour laquelle on utilise ces grandes tours pour les prélever. Les insectes aspirés au sommet de ces pièges sont triés et comptés par une petite équipe de collaborateurs qui peuvent ainsi prévenir assez tôt les agriculteurs s'ils détectent une invasion de pucerons. Les données de quatre de ces pièges furent analysées par Chris Shortall entre 1973 et 2002, dans la station expérimentale de Rothamsted, à Harpenden, centre de recherche agricole le plus ancien du monde et possesseur d'une de ces tours de succion. Bien que ces pièges fussent destinés aux pucerons, la biomasse contenue à l'intérieur se composait pour l'essentiel d'une espèce de mouche, *Dilophus febrilis*, un insecte noir volant très mal et ayant manifestement la malheureuse habitude de traîner à 12 mètres du sol. Au début de l'étude, trois des quatre sites récoltaient assez peu d'insectes, et cela ne s'améliora pas. Le quatrième, celui du Herefordshire, avait beaucoup plus de succès, mais la biomasse des insectes y diminua rapidement, de 70 % environ au cours des trente années d'observation.

Depuis la publication de l'étude de Krefeld, des scientifiques du monde entier recherchent d'autres ensembles de données à long terme, depuis longtemps oubliées, susceptibles de dormir dans des carnets jamais publiés ou de vieux dossiers Excel. À présent, les nouvelles publications se succèdent à un rythme soutenu ; presque toutes semblent montrer la même évolution. Aux Pays-Bas, par exemple, la biomasse des carabidés capturés dans des pièges-fosses a chuté de 42 % entre 1985 et 2017, tandis que la biomasse des papillons de nuit pris dans des pièges lumineux a chuté de 61 % entre 1997 et 2017. Toujours aux Pays-Bas, les trichoptères – groupe d'insectes ressemblant aux papillons de nuit mais dont les larves sont aquatiques – ont diminué de 60 % entre 2006 et 2016, alors que le nombre des hémiptères (incluant pucerons, cercopes et punaises) demeure relativement stable. Par ailleurs, de l'autre côté de l'Atlantique, sur la côte californienne, entre 1988 et 2018, le cercope des prés (autre type d'hémiptère) semble s'être quasiment éteint. Dans une rivière du Ghana, les insectes aquatiques ont diminué de 45 % entre 1970 et 2013. Ces données sont encore très incomplètes, mais presque tous les nouveaux indices vont dans le même sens : les insectes sont en train de disparaître, et vite.

Vous vous étonnez peut-être que je n'aie pas mentionné les abeilles. En effet, leur déclin a focalisé l'attention des médias à cause de leur rôle important dans la

Les preuves de la baisse du nombre d'insectes

pollinisation. Malheureusement, il n'existe pas d'ensembles de données à long terme sur l'abondance des espèces sauvages d'abeilles. Jusqu'à présent, personne n'a été en mesure de s'organiser pour commencer à les compter de manière systématique. Néanmoins, nous avons bel et bien des cartes précises de la distribution des espèces ayant été le mieux étudiées, le bourdon en particulier, obtenues principalement grâce aux spécimens des collections de musées, et grâce aussi à la petite armée d'observateurs amateurs experts qui, pendant des décennies, ont enregistré tous les insectes qu'ils voyaient. On peut utiliser ces données pour tracer des cartes de la répartition des différentes espèces à différentes périodes dans le passé, et observer le changement de la taille de leur aire géographique. Des archives et des spécimens de musées montrent, par exemple, qu'on trouvait des grands bourdons jaunes ou bourdons distingués *(Bombus distinguendus)* dans tout le Royaume-Uni, des Cornouailles au Kent et jusqu'au Sutherland. Ces derniers temps, on ne les mentionne plus que dans l'extrême nord et l'ouest de l'Écosse ; ils ont disparu d'Angleterre et du Pays de Galles. On n'a aucun moyen de savoir comment leur population a changé au Royaume-Uni (c'est-à-dire le nombre réel de bourdons par année), mais leur zone géographique s'étant réduite de plus de 95 %, ils sont sûrement beaucoup moins nombreux qu'ils ne le furent autrefois.

Cette approche révèle de sérieuses réductions des aires de répartition de nombreuses espèces. Au Royaume-Uni, les aires géographiques de treize de nos vingt-trois espèces de bourdons ont diminué de plus de 50 % entre 1960 et 2012, et deux espèces se sont éteintes (*Bombus subterraneus* et *Bombus cullumanus*). Il faut cependant considérer ces statistiques avec une certaine prudence car les pièces justificatives sont pour la plupart obtenues à partir des enregistrements ponctuels effectués par des amateurs enthousiastes et non rémunérés (mais souvent très savants). Les tendances observées dépendent beaucoup du nombre d'observateurs, du temps qu'ils peuvent consacrer à leurs enregistrements, de l'endroit où ils habitent ou vont en vacances, etc. (des entomologistes amateurs acharnés sont capables de consacrer toutes leurs vacances à la recherche d'insectes, au grand agacement de leur famille). Si un passionné de mouches vient s'installer dans le Lincolnshire et passe tous ses week-ends à chercher et enregistrer des mouches, ses observations modifieront sans aucun doute la carte des données (car peu de gens enregistrent les mouches). Mais si, par la suite, il meurt ou déménage, ses résultats observés des années plus tard par un scientifique pourront laisser supposer que les mouches ont proliféré dans le Lincolnshire pendant une certaine période avant de disparaître, alors qu'en fait c'est l'amateur de mouches qui est arrivé puis reparti.

Le nombre des gens qui enregistrent les insectes, ainsi que le nombre des données sur les insectes obtenues chaque année, ont l'un et l'autre beaucoup augmenté au fil du temps, ce qui pourrait donner l'impression que certaines espèces prolifèrent, ou bien masquer certains déclins. Très récemment, des analyses détaillées de modèles de modification de la répartition en Grande-Bretagne de toutes les abeilles sauvages (pas seulement les bourdons) et des syrphes ont été effectuées par Gary Powney, du Centre d'écologie et d'hydrologie de l'Oxfordshire, à l'aide de techniques mathématiques complexes afin d'essayer de tenir compte des efforts des rapporteurs. Il en ressort que ces deux groupes d'insectes ont décliné entre 1980 et 2013, avec une moyenne de onze espèces perdues au kilomètre carré. Autrement dit, si vous aviez cherché des syrphes et des abeilles dans un endroit précis du Royaume-Uni en 1980, et que vous ayez décidé de recommencer en 2013, vous auriez alors trouvé onze espèces de moins, en moyenne.

Les preuves de la baisse du nombre d'insectes

Vingt-trois espèces d'abeilles et de guêpes butineuses ont disparu du Royaume-Uni depuis 1850. En Amérique du Nord, cinq espèces de bourdons subissent depuis vingt-cinq ans une forte diminution de leurs aires de répartition, de leur abondance, et l'un d'eux, *Bombus franklini*, est carrément en train de s'éteindre. Une étude américaine plus localisée sur les bourdons de l'Illinois a montré que quatre espèces ont disparu de cet État au cours du XXe siècle. Pendant ce temps, en Amérique du Sud, le plus gros bourdon du monde, *Bombus dahlbomii*, autrefois largement répandu, est arrivé au bord de l'extinction en vingt ans, pas plus, à cause d'une invasion de bourdons terrestres européens porteurs de maladie. Même sur les plateaux reculés du Tibet, les bourdons semblent connaître une régression rapide due au broutage excessif des prairies par les troupeaux de yaks domestiques.

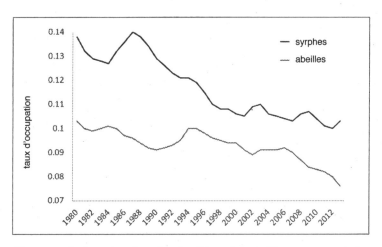

Changements dans les aires de répartition des abeilles sauvages et des syrphes au Royaume-Uni : les lignes montrent la proportion moyenne de mailles d'1 km occupées par chaque espèce en Grande-Bretagne. En gris, les abeilles sauvages (sur la base de 139 espèces), en noir les syrphes (sur la base de 214 espèces). Ainsi, par exemple, en 1980 les syrphes occupaient en moyenne environ 14 % des mailles d'1 km, mais ils n'en occupaient plus qu'environ 11 % en 2013 (d'après Powney *et al.*, 2019).

En outre, bien que la majeure partie des espèces d'insectes – mouches, coléoptères, sauterelles, guêpes, éphémères, etc. – ne soient pas systématiquement surveillées, nous possédons souvent de bonnes données sur l'évolution de leurs populations car les oiseaux dépendent des insectes pour leur nourriture ; or beaucoup connaissent un déclin certain. En Amérique du Nord, entre 1966 et 2013, par exemple, les oiseaux insectivores qui chassent leurs proies en l'air (c'est-à-dire les insectes volants dont la biomasse s'est tellement réduite en Allemagne) ont diminué d'environ 40 %, soit plus qu'aucun autre groupe d'oiseaux. Ces vingt dernières années, les populations d'hirondelles de rivage, d'engoulevents d'Amérique, de martinets ramoneurs et d'hirondelles rustiques ont chuté de plus de 70 %.

En Angleterre, entre 1967 et 2016, le nombre des gobe-mouches gris a baissé de 93 %. D'autres insectivores autrefois très répandus subissent le même sort, comme la perdrix grise (-92 %), le rossignol (-93 %), le coucou (-77 %). La pie-grièche écorcheur, prédatrice spécialiste des gros insectes, a disparu du Royaume-Uni dans les années 1990. Globalement, le *British Trust for Ornithology* estime qu'en 2014, le pays avait déjà perdu 44 millions d'oiseaux par rapport à 1970[15].

Tous ces éléments concernent les populations d'insectes et leurs prédateurs dans des pays hautement industrialisés et développés. Les informations sur les populations

---

15 En France, sur les trente dernières années, on estime que les populations d'oiseaux des milieux agricoles ont chuté de 29,5 %, et celles des oiseaux vivant en milieu urbain de 27,6 % (données du Muséum national d'histoire naturelle, de l'Office français de la biodiversité et de la Ligue pour la protection des oiseaux). (Source : Perrine Mouterde, *La population des oiseaux des villes et des champs en France a décliné de près de 30 % en trente ans*, in Le Monde, 31 mai 2021.) (NDE)

Les preuves de la baisse du nombre d'insectes

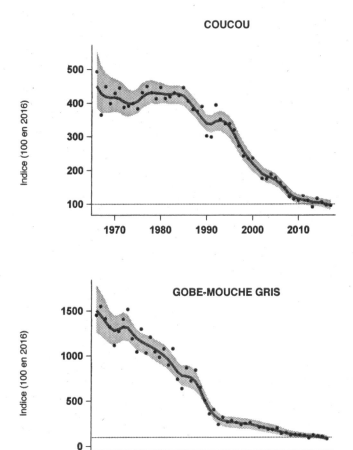

Modification de la population de deux oiseaux insectivores en Angleterre : L'indice de population est ici étalonné par rapport à 2012, et fixé à 100. On peut ainsi constater que la population des coucous était plus de quatre fois supérieure en 1967 par rapport à 2012, et celle des gobe-mouches gris environ quinze fois supérieure. Ces deux espèces, qui se nourrissent surtout d'insectes, ont connu toutes les deux un déclin spectaculaire en Angleterre au cours des cinquante dernières années. Ces oiseaux familiers, très communs dans mon souvenir, sont devenus si rares qu'on trouve aujourd'hui extraordinaire d'en voir un ou d'en entendre un. (D'après Massimino *et al.*, 2020, avec l'autorisation du *British Trust for Ornithology*.)

d'insectes sous les tropiques, où vivent la plupart, sont rares. On ne peut que deviner les impacts de la déforestation en Amazonie, au Congo, ou en Asie du Sud-Est sur la vie des insectes des régions équatoriales humides. On ne saura jamais combien d'espèces se seront éteintes avant même d'avoir été découvertes (la majorité des quelque quatre millions d'espèces non identifiées vivant dans ces forêts). Le biologiste américain Dan Janzen étudie les insectes d'Amérique centrale depuis soixante-six ans et les connaît assurément mieux que personne, mais à son grand regret il n'a pas pu les surveiller de manière systématique. Il est convaincu que des déclins massifs se sont déjà produits. « J'observe le déclin graduel et visible de la densité et de la diversité des espèces du Mexique et d'Amérique centrale depuis 1953, a-t-il écrit récemment. Ce n'est pas d'un thermomètre dont nous avons besoin. C'est d'une lance à incendie. »

Une étude à long terme récemment publiée confirme le point de vue de Janzen en fournissant peut-être la preuve la plus inquiétante du déclin des insectes jusqu'à aujourd'hui. En 1976 et 1977, l'entomologiste américain Bradford C. Lister a échantillonné les arthropodes présents en abondance dans la forêt de Luquillo, à Porto Rico. Il était allé là-bas pour étudier les anolis – une famille de petits lézards insectivores très agiles équipés d'un sac jugulaire extensible qui leur sert à se signaler entre eux ou à impressionner les partenaires potentiels. Au départ, Lister s'intéressait à l'existence d'une concurrence éventuelle pour la nourriture entre les différentes espèces d'anolis ; déterminer le degré de concurrence entre les espèces sauvages était alors un sujet en vogue. Comme les anolis mangent des insectes, il a entrepris de compter les insectes présents à l'aide de filets fauchoirs et de pièges collants. Puis, de retour sur les mêmes sites trente-cinq ans plus tard, entre 2011 et 2013, il a répété l'échantillonnage et découvert que la biomasse des insectes et des araignées pris dans les filets avait diminué de 75 à 88 %, selon la période de l'année. Elle avait chuté de 97 à 98 % dans les pièges collants. La comparaison la plus radicale consista à évaluer des pièges collants identiques, les uns installés en janvier 1977 et les autres en janvier 2013 : la prise passait de 470 mg d'arthropodes par jour à 8 mg, à peine. Au cours d'une interview, Lister a confié : « On n'arrivait pas à croire les premiers résultats. Je me souvenais qu'il y avait des papillons partout après la pluie [dans les années 1970]. Le jour de mon retour [en 2012], je n'en ai presque pas vu. »

L'entomologiste australien Francisco Sánchez-Bayo et son collègue Kris Wyckhuys ont récemment compilé toutes les études à long terme qu'ils ont pu trouver sur les populations d'insectes sauvages – soixante-treize en tout. C'est ainsi qu'ils ont découvert d'énormes lacunes dans les connaissances – presque aucune donnée disponible en provenance de continents entiers tels que l'Afrique, l'Amérique du Sud, l'Océanie et l'Asie, des endroits pourtant extrêmement riches en insectes. La pénurie d'informations sur la situation de nos insectes à l'échelle planétaire est aussi démontrée par le travail de l'Union internationale pour la conservation de la nature (UICN). Cette organisation tente de localiser et de signaler l'état de la faune sauvage courant un risque d'extinction, en mettant en avant les espèces les plus menacées, afin de concentrer sur elles les efforts de préservation. L'UICN a évalué l'état de chaque espèce d'oiseau et de mammifère sur Terre. En revanche, elle n'a pu évaluer que celui de 0,8 % des espèces d'insectes connues (soit sans doute moins de 0,2 % du nombre réel d'espèces d'insectes existantes). Sánchez-Bayo et Wyckhuys ont conclu que, même si les données à long terme des populations d'insectes sont incroyablement incomplètes, et totalement absentes en ce qui concerne la plupart des groupes d'insectes ainsi que de nombreux pays, celles que nous possédons vont toutes dans le même sens : le déclin. Donc, au mieux, les insectes régressent d'environ 2,5 % par an, et 41 % des espèces d'insectes sont menacées d'extinction. Ils ont estimé que les disparitions locales surviennent huit fois plus vite chez les insectes que chez les vertébrés : « Nous sommes témoins de la plus grande extinction sur Terre depuis la fin du Permien » (la plus grande extinction de masse de l'histoire de la Terre survenue il y a 252 millions d'années).

Les travaux de Sánchez-Bayo et Wyckhuys furent critiqués par certains membres de la communauté scientifique qui firent remarquer, à juste raison, que les auteurs avaient effectué leurs recherches en utilisant les mots-clés « insecte » et « déclin », sans jamais utiliser le mot « augmentation », ce qui biaisait les résultats. Les choses s'aggravèrent encore avec la parution, dans le *Guardian*, d'un article qui rendait compte de leur travail et, extrapolant le déclin de 2,5 % par an, en concluait que tous les insectes pourraient avoir disparu d'ici un siècle – affirmation invraisemblable car certaines espèces comme les mouches et les cafards survivront certainement aux humains.

Quelques mois plus tard, au début de 2020, Roel van Klink et ses collègues d'un centre de recherche de Leipzig publiaient une autre analyse globale couvrant cette fois 166 ensembles de données sur les populations d'insectes et incluant des études qui indiquaient des augmentations. Ils concluaient que, d'une manière générale, les insectes terrestres déclinaient à un rythme de 9 % par décennie, un peu plus lentement que ne l'avançaient Sánchez-Bayo et Wyckhuys. Détail étonnant, ils constataient une augmentation des populations d'insectes d'eau douce depuis quelques années, en partie due aux fortes hausses des

Les preuves de la baisse du nombre d'insectes

populations de moustiques et de moucherons dans certains endroits. S'appuyant sur cette constatation, certains se demandèrent alors si les insectes étaient réellement en déclin. Toutefois, le travail de van Klink fut critiqué à son tour, car on s'aperçut qu'il souffrait d'une série d'erreurs et de failles méthodologiques complexes, et incluait à tort des données où des interventions humaines avaient entraîné une hausse du nombre des insectes locaux. Une étude, par exemple, portait sur la population des libellules avant et après la création de mares qui leur offraient la possibilité de se reproduire ; d'autres, sur des populations d'insectes dans des cours d'eau avant et après des opérations de nettoyage destinées à éliminer une contamination par des poisons. Dans des circonstances aussi particulières, il n'est pas surprenant que le nombre d'insectes augmente, mais cela ne nous apprend rien sur les tendances mondiales. Le taux exact du déclin des insectes reste donc un sujet de débat et, les scientifiques étant des scientifiques, il est fort peu probable que nous nous mettions un jour d'accord.

Une particularité frappante des données que l'on possède sur le déclin des insectes, c'est qu'elles n'embrassent qu'une période très récente ne couvrant même pas ma propre existence (comme je l'ai mentionné, je suis né en 1965). Les premières datent des années 1970 ; beaucoup, comme celles provenant d'Allemagne, sont encore plus récentes. Or l'impact de l'humanité sur la planète a commencé bien avant 1989, première année de l'étude de Krefeld, soit vingt-sept ans après la publication du livre de Rachel Carson *Printemps silencieux*, et plus de quarante ans après la généralisation des pesticides de synthèse. Il paraît probable que la diminution de 76 % de la biomasse des insectes en Allemagne, si elle est réelle, ne représente qu'une petite portion d'une régression beaucoup plus importante. Une étude récente sur les papillons des Pays-Bas tente de donner un aperçu du passé en analysant des séries d'espèces présentées dans les collections des musées, un peu comme l'analyse de Gary Powney sur les abeilles et les syrphes du Royaume-Uni, mais en remontant jusqu'en 1890. Cette approche suggère que la période de réduction la plus rapide de l'aire des papillons aux Pays-Bas eut lieu entre 1890 et 1980, bien avant que l'étude de Krefeld ne démarre. Dans l'ensemble, elle estime que les aires de répartition des papillons se sont réduites de 84 % en cent trente ans, entre 1890 et aujourd'hui. Nous ne saurons jamais combien d'insectes vivaient il y a, disons, cent ans, avant l'apparition des pesticides et de l'agriculture industrielle, mais il paraît certain qu'ils étaient beaucoup plus nombreux qu'aujourd'hui.

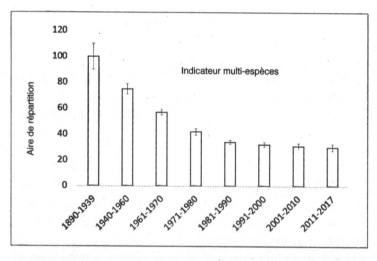

Changement des aires de répartition des papillons aux Pays-Bas, 1890-2017 : Estimation réalisée à partir de la localisation des spécimens de musées, et basée sur soixante et onze espèces. Les changements des aires de répartition sont indiqués par rapport à une valeur 100 pour la première période. Le déclin paraît avoir été plus rapide au cours de la première moitié du vingtième siècle, avant le début d'une surveillance minutieuse (d'après van Strien *et al.*, 2019).

LA GUÊPE ÉMERAUDE

L'un des plus beaux insectes, mais aussi des plus pernicieux, est la guêpe émeraude, splendide créature de 2 cm de long, au corps vert métallique et aux pattes rouge vif, répandue sous les tropiques d'Afrique et d'Asie.

La femelle recherche sa proie préférée, une grosse blatte du genre de celles qui infestent couramment les maisons et les restaurants les moins propres. Dès qu'elle en trouve une, elle se jette dessus et s'empresse de la piquer au thorax pour la paralyser temporairement. Une fois sa victime engourdie, la guêpe émeraude insère son dard à l'endroit précis du cerveau qui contrôle le réflexe de fuite, et lui injecte une seconde dose de venin la paralysant pour de bon. Ensuite, elle passe un petit moment à grignoter la moitié de ses antennes et boire les quelques gouttes d'hémolymphe (sang d'insecte) qui en suintent, laissant le temps à sa première piqûre de s'atténuer et à la seconde de développer tous ses effets. La blatte docile devient un vrai zombie, et qu'elle soit beaucoup plus grosse que la guêpe n'empêche pas cette dernière de réussir à saisir le moignon d'une de ses antennes entre ses mâchoires pour la tirer jusqu'à son terrier, comme un chien au bout d'une laisse. Là, elle lui pond dessus un seul œuf, qui éclot rapidement. Ne pouvant ni fuir ni se défendre, la malheureuse blatte continue à se tenir tranquille tout au long de la semaine suivante pendant que le rejeton de la guêpe s'en nourrit, commençant d'abord par l'extérieur puis s'enfouissant à l'intérieur pour dévorer ses organes vitaux.

5

Les références changeantes

Un aspect intéressant de ces déclins est qu'ils passent en général inaperçus. On a la preuve que les insectes, mais aussi les mammifères, les oiseaux, les poissons, les reptiles et les amphibiens sont aujourd'hui beaucoup moins abondants qu'ils ne l'étaient quelques décennies plus tôt ; mais vu que le changement se fait lentement, il est difficile à percevoir. Dans le milieu scientifique, on admet désormais que nous souffrons tous du « syndrome de la référence changeante », phénomène qui nous fait accepter comme normal le monde dans lequel nous grandissons, même s'il est très différent de celui dans lequel nos parents ont grandi. Tout tend à prouver que nous, humains, sommes également assez nuls pour détecter un changement graduel qui s'effectue *au cours de* notre vie.

Des chercheurs de l'Imperial College de Londres ont démontré l'existence de ces deux phénomènes, liés mais différents, en interrogeant des villageois du comté rural du Yorkshire. Ils leur ont demandé de nommer les oiseaux les plus courants de l'époque présente et ceux qu'ils avaient l'habitude de voir vingt ans plus tôt ; ensuite, ils ont comparé leurs réponses aux données très précises sur les oiseaux qui étaient réellement abondants à cette époque. Sans surprise, les plus âgés montraient plus de facilités à donner le nom des oiseaux qui leur étaient familiers vingt ans plus tôt. Les scientifiques appellent cela « l'amnésie générationnelle » : pour des raisons évidentes, les plus jeunes ignorent tout simplement à quoi ressemblait le monde avant qu'ils aient atteint eux-mêmes l'âge de le percevoir. Plus intéressant encore, les anciens avaient beau se souvenir des oiseaux qu'ils avaient souvent vus vingt ans auparavant, ils en donnaient une description se rapprochant de celle des oiseaux d'aujourd'hui. Leur mémoire imparfaite livrait un hybride entre souvenirs précis et observations récentes, ce que les scientifiques appellent l'« amnésie personnelle ». Notre mémoire nous joue des tours, en minimisant l'ampleur des changements que nous avons observés.

Beaucoup de gens, bien sûr, remarquent les oiseaux vivant dans leur environnement, mais très peu font attention aux insectes. Le seul aspect du déclin des insectes qui frappe nos esprits a été baptisé « l'effet pare-brise ». Pour la petite histoire, presque tous les gens de plus de cinquante ans se souviennent de l'époque où, l'été, après un trajet assez long en voiture, le pare-brise se retrouvait constellé d'insectes morts, à tel point qu'il fallait parfois s'arrêter pour le nettoyer. De même que, lorsqu'on conduisait la nuit sur des petites routes de campagne, toujours en été, les phares éclairaient un tourbillon de papillons, véritable tempête de neige. Aujourd'hui, les automobilistes d'Europe occidentale et d'Amérique du Nord sont libérés de la corvée de laver leur pare-brise. Il semble peu probable que les lignes plus aérodynamiques des véhicules modernes en soient l'unique raison.

Je possède un vieux livre de recettes de vins faits maison et l'une d'elles commence ainsi : « Ramassez deux gallons de primevères officinales...[16] » À une époque, cette opération devait être banale mais pas à la mienne. Pour moi,

---

16 C'est-à-dire près de dix litres (NDE).

les primevères officinales ont toujours été des fleurs plutôt rares, si bien que c'est un vrai plaisir de pouvoir en cueillir quelques-unes sur un talus. Cette recette apporte la preuve que les fleurs étaient autrefois beaucoup plus abondantes qu'aujourd'hui, mais personne n'est plus en vie pour s'en souvenir.

Même si je n'ai pas connu le temps où les primevères officinales pullulaient, je crois me rappeler que, vers les années 1970, on voyait beaucoup plus de papillons. Je suis certain que, dans mon enfance, les volées de vanneaux huppés étaient un spectacle quotidien à la campagne et qu'on y entendait partout, au printemps, le cri inimitable du coucou. Les enfants du nouveau millénaire grandissent dans un monde où papillons, vanneaux huppés et coucous sont devenus rares. Après un voyage en voiture, l'été, leur père ne leur demande jamais de nettoyer le pare-brise pour le débarrasser des insectes écrasés. À l'école primaire, ils ne passent certainement jamais l'heure du déjeuner à prendre des sauterelles dans leurs mains sur le terrain de jeu parce qu'en général il n'y en a pas. Mais tout comme les champs de primevères officinales que je n'ai jamais vus ne me manquent pas, ces choses ne leur manquent pas puisqu'ils ne les ont pas connues. Le « normal » change à chaque génération.

Il paraît vraisemblable que les enfants de nos enfants grandiront dans un monde où les insectes, les oiseaux et les fleurs seront encore moins abondants qu'aujourd'hui, et ils trouveront ça normal. Ils liront peut-être dans des livres ou plutôt sur Internet que les hérissons étaient, avant, des créatures très communes, mais ils ne connaîtront sans doute pas la joie d'en entendre un renifler sous une haie pendant qu'il cherche des limaces. L'éclat des ailes du paon-du-jour ne leur manquera pas, pas plus que ne manquent aux citoyens américains d'aujourd'hui les nuées de pigeons voyageurs si

Les références changeantes

denses qu'elles obscurcissaient le ciel. Ils apprendront peut-être à l'école que le monde possédait autrefois des grands récifs coralliens tropicaux grouillant d'une vie fantastique et magnifique, mais ces récifs auront disparu depuis longtemps et ne leur paraîtront pas plus réels que les mammouths ou les dinosaures.

Au cours des cinquante dernières années, nous avons dramatiquement réduit l'abondance de la vie sauvage sur Terre. De nombreuses espèces autrefois courantes sont devenues rares. On ne peut pas en être certain, mais si l'on se réfère aux différentes études effectuées en Europe à des périodes variées sur différents groupes d'insectes, on en a probablement perdu au moins 50 %, sinon davantage, depuis 1970. Et ce chiffre pourrait facilement atteindre les 90 %. Sur les cent dernières années, le déclin s'est sans doute accéléré. À cet égard, l'Amérique du Nord n'a rien à envier à l'Europe car ses méthodes agricoles sont globalement similaires ; en revanche, on est beaucoup moins certains de ce qui se passe ailleurs dans le monde ; c'est peut-être un petit peu mieux, ou pire.

Que l'on ait si peu de certitudes sur le taux de déclin des insectes est effrayant car on sait qu'ils sont essentiels en tant qu'aliments, pollinisateurs et recycleurs, entre autres choses. Le plus effrayant, peut-être, c'est que presque personne ne s'est aperçu que quelque chose avait changé. Même nous qui nous souvenons des années 1970, et qui nous intéressons à la nature, sommes incapables de nous rappeler précisément combien il y avait de papillons ou de bourdons dans notre enfance. La mémoire humaine est imprécise, biaisée, capricieuse ; ainsi que l'a prouvé l'expérience réalisée auprès des villageois du Yorkshire, tout le monde a tendance à corriger ses souvenirs. Vous pouvez avoir le sentiment tenace que le buddleia de votre enfance attirait toujours une multitude de papillons, sans toutefois pouvoir en être absolument sûr. Peut-être est-ce tout simplement l'image d'une journée particulière qui s'est gravée dans votre mémoire.

Quelle importance si nous oublions ce qu'il y avait autrefois, et si les générations futures ne savent pas ce qu'elles ratent ? Peut-être est-ce après tout une bonne chose que nos références changent et que nous nous accoutumions à la nouvelle norme, sinon on aurait le cœur brisé en pensant à ce que nous avons perdu. Une étude fascinante réalisée à partir de photographies de pêcheurs revenant avec leurs prises à Key West, en Floride, entre 1950 et 2007 montrait que la taille moyenne des poissons avait chuté de 19,9 kg à 2,3 kg ; or les hommes étaient toujours aussi souriants. Les pêcheurs actuels seraient probablement tristes s'ils savaient ce qu'ils ratent, mais ils ne le savent pas ; l'ignorance est une vraie bénédiction.

D'un autre côté, on peut objecter qu'il faut au contraire se battre contre l'oubli, s'accrocher le mieux possible à ce sentiment de perte. Les programmes de surveillance de la faune sauvage nous y aident en mesurant le changement. En nous autorisant à oublier, nous condamnons les générations futures à vivre dans un monde morne, appauvri, privé de l'émerveillement et de la joie que nous apportent le chant des oiseaux, les papillons, le bourdonnement des abeilles.

LA FOURMI COUPE-FEUILLE

Les fourmis coupe-feuille d'Amérique du Sud forment sur Terre les sociétés les plus grandes et les plus complexes, après les humains.

Jusqu'à huit millions de fourmis peuvent vivre au sein d'une même colonie, toutes sœurs, toutes s'occupant de leur mère, la reine ; la colonie fonctionne comme ce qu'on appelle parfois un « super-organisme ». Chaque ouvrière y joue un rôle spécifique et possède le corps adapté à sa tâche ; les petites, par exemple, s'occupent de la couvée, les moyennes récoltent les feuilles des arbres, les grandes à la tête plus grosse et aux mâchoires redoutables défendent le nid contre les tamanoirs et autres prédateurs. Quelques minuscules ouvrières montent sur le dos des glaneuses pour les protéger des mouches parasites qui cherchent à pondre des œufs dans les interstices de leur tête. Curieusement, cette entreprise très complexe fonctionne sans qu'un seul individu la commande. Semblables en cela à la plupart des animaux, les fourmis sont incapables de digérer la cellulose, composant essentiel des végétaux. Pourtant les glaneuses collectent des milliers de feuilles par jour et les transportent jusqu'au nid souterrain géant, le long de pistes qui serpentent sur le sol de la forêt tropicale. Les feuilles y sont entreposées dans des cavités contenant un jardin fongique ; cette culture de champignons, soigneusement entretenue par les ouvrières, est alimentée avec de la pulpe de feuille mâchée. Le champignon, capable de digérer la cellulose, produit en échange de cette nourriture des petits renflements riches en nutriments, les staphylae, qui constituent le repas principal des fourmis. Ces champignons cultivés dans les nids de fourmis ne se trouvent nulle part ailleurs ; sans les fourmis, ils ne survivraient pas, et sans eux les fourmis mourraient vite de faim.

TROISIÈME PARTIE

LES CAUSES DU DÉCLIN DES INSECTES

Quelle peut être la cause de la disparition globale des insectes ? Aujourd'hui, on a parfois l'impression qu'il existe autant de théories que d'insectes. Certaines étayées par des preuves solides, d'autres moins bien documentées mais malgré tout plausibles, d'autres encore carrément stupides. On parle beaucoup plus du déclin des abeilles sauvages que des autres insectes, et même si les scientifiques continuent à en débattre, la plupart d'entre eux pensent qu'il résulte d'une combinaison de facteurs de stress causés par l'homme incluant la perte d'habitat, l'exposition chronique aux mélanges complexes d'insecticides, la diffusion de maladies non indigènes par les ruches vendues dans le commerce, les premiers impacts du changement climatique et, sans doute, plusieurs facteurs supplémentaires non encore identifiés. Il est probable que les autres insectes font face à un ensemble de difficultés similaires, les causes de leur déclin variant sûrement selon les endroits ; bref, c'est compliqué. Néanmoins, si nous voulons stopper et peut-être même inverser ce déclin, nous devons nous appliquer à rendre notre monde plus hospitalier pour nos frères les insectes.

6

La perte de leur habitat

Détruire la forêt tropicale à des fins lucratives, c'est comme brûler une peinture de la Renaissance pour faire cuire un plat.
E. O. Wilson, biologiste américain

Depuis un siècle, voire davantage, les habitats naturels et semi-naturels sont détruits à un rythme croissant pour laisser place à l'agriculture mais aussi à des routes, des lotissements, des usines, des aires de stationnement de camions, des terrains de golf, des centres commerciaux périphériques, etc. Presque toutes ces transformations entraînent une nette déperdition de la biodiversité, l'élimination d'une riche communauté naturelle remplacée par du béton, par des monocultures de blé, de graines de soja, de palmiers à huile, par du gazon ou un certain nombre d'habitats anthropiques dont très peu sont vraiment utiles à la faune sauvage. Parmi ces rares exceptions figurent les parcs, les jardins partagés (s'ils sont bien gérés) et quelques formes d'agriculture plus durables, capables de favoriser la biodiversité. Cette perte d'habitats riches en faune sauvage s'accélère, poussée par la croissance démographique et les avancées technologiques qui augmentent notre impact par habitant – en une journée, un homme parvient à dégager au bulldozer une surface de forêt tropicale mille fois plus grande que ne le ferait un homme équipé d'une machette.

Terre silencieuse

On abat les forêts tropicales depuis des décennies. Quand j'étais adolescent, dans les années 1980, j'ai été horrifié par les photos de vastes étendues de vieux arbres à contreforts coupés dans la forêt amazonienne et brûlés *in situ*, avec la fumée tourbillonnant entre les squelettes noircis des branches, l'écosystème le plus diversifié de la Terre réduit en cendres. C'est donc avec une impression de *déjà-vu* que j'ai regardé, en 2019, les images de ces hectares d'Amazonie de nouveau en feu. Dans les années 1980, l'objectif principal de la destruction des forêts tropicales était de créer des pâturages pour des bêtes destinées à devenir des steaks hachés de fast-food. Il y avait eu des manifestations et des campagnes aux effets quasi nuls ; la déforestation s'était poursuivie sans contrôle. Récemment, une grande partie des zones défrichées ont été remplacées par des monocultures de graines de soja ou de palmiers à huile, mais quelques-unes servent encore à l'élevage des bovins.

Loin de ralentir, la déforestation tropicale continue aujourd'hui à un rythme encore plus soutenu puisqu'elle a augmenté de 10 à 25 % depuis les années 1990 (l'estimation de la perte forestière n'est pas une science exacte, mais elle devient chaque année plus précise grâce aux progrès des images satellites). À l'heure actuelle, les forêts tropicales sont défrichées au rythme de 75 000 km^2 par an, soit environ 200 km^2 par jour, sans compter les vastes zones qui, tout autour, subissent dommages et dégradations. On estime que cette déforestation entraîne chaque jour l'extinction de 135 espèces, pour la grande majorité des insectes (bien qu'il faille noter qu'une telle estimation est forcément approximative). Sur l'île de Pâques où la déforestation s'est poursuivie jusqu'au dernier arbre, les sols ont fini par être balayés dans la mer. Tout comme le Gash-pilleur qui coupe tous les Truffallas malgré les avertissements du Lorax, nous

La perte de leur habitat

continuons à déboiser notre planète en sachant pertinemment que c'est idiot. Nous commettons un écocide colossal. Moi, je ne suis pas croyant, mais si vous l'êtes, réfléchissez bien : pensez-vous réellement que Dieu a créé cette diversité merveilleuse et nous a accordé le pouvoir de régner sur elle afin que nous puissions la détruire ? Croyez-vous qu'Il ou Elle se réjouit de ce que nous avons fait ?

Et il n'y a pas que les forêts tropicales. Les forêts tempérées et boréales sont elles aussi détruites ; globalement, nous subissons ainsi une perte nette d'environ un milliard d'arbres par an. Entre 2000 et 2012, 2,3 millions de kilomètres carrés de forêts ont disparu à travers le monde – ce qui représente une surface plus grande que le Royaume-Uni, la France, l'Allemagne, l'Espagne, le Portugal, la Belgique, les Pays-Bas, l'Italie, la Suisse, l'Autriche, la Pologne, l'Irlande et la République tchèque réunis. Si cette superficie était d'un seul tenant, on pourrait aller de John O'Groats, à la pointe nord-est de l'Écosse, jusqu'à Gibraltar, au sud, et Varsovie, à l'est, sans jamais passer à l'ombre d'un arbre. Il ne reste plus que 6,2 millions de kilomètres carrés de forêts sur les 16 millions qui couvraient autrefois la Terre.

D'autres habitats riches en faune sauvage sont eux aussi détériorés ou détruits : lacs et rivières pollués, dégradés ; marais asséchés ; tourbières surexploitées ; vallées inondées par des barrages pour les programmes hydroélectriques et l'irrigation. En Chine, des montagnes entières sont détruites au bulldozer, leurs cimes rasées servant à combler les vallées et créer les surfaces planes dont les villes ont besoin pour s'étendre. À Tokyo, des zones côtières peu profondes sont remplies de détritus ; les nouvelles îles nées de ces tas d'ordures servent à implanter des immeubles et des terrains de golf.

À l'échelle mondiale, la perte continue des habitats vierges et leur remplacement par des habitats anthropiques extrêmement simplifiés est sans doute, pour le moment, le principal facteur du déclin de la faune sauvage, y compris celui des insectes (bien que la perte d'habitat risque de se voir bientôt éclipsée par les ravages du changement climatique). En Europe occidentale, cette déperdition a pris une forme différente. Ici, presque tous les habitats naturels sauvages avaient déjà disparu depuis des siècles. Au Royaume-Uni, même s'il subsiste quelques anciennes régions boisées, elles ont été aménagées d'une manière ou d'une autre durant des millénaires et ne sont pas réellement sauvages, aussi merveilleuses soient-elles. Pourtant en dépit de ces huit mille ans d'occupation humaine (ou, peut-être *à cause* de cette occupation), nous avions encore jusqu'aux environs de 1900 de vastes zones d'habitats riches en biodiversité. En dehors des forêts, il y avait les collines crayeuses pleines de fleurs et de papillons, les prairies de fauche des plaines où nichait le râle des genêts, les taillis où voletaient la mélitée du mélampyre et le petit sylvain, les landes où le lézard des souches chassait la sauterelle. C'étaient des habitats artificiels créés par des pratiques traditionnelles d'aménagement des terres : fauchage, pâturage, recépage. Voilà des manières relativement douces ou espacées de gérer la terre, des pratiques dont la faune sauvage peut s'accommoder et même bénéficier. Les arbres sont taillés (coupés au ras du sol pour leur permettre de repousser) une fois tous les dix ou vingt ans, de sorte que les taillis constituent une matrice de clairières et de formations boisées d'âges différents, en favorisant une grande diversité de vie. Le pâturage occasionnel et le fauchage annuel des prairies empêchent les jeunes tiges de grossir et les graminées de s'installer, en permettant aux fleurs de prospérer à condition que le nombre des brouteurs soit limité. Au cours des millénaires, ces habitats sont devenus essentiels à la survie d'une grande partie de la faune sauvage d'Europe.

La perte de leur habitat

Aujourd'hui, c'est la perte de ces habitats créés par l'homme qui est l'un des facteurs majeurs du déclin de la faune sauvage en Europe ; et elle est principalement due au changement rapide de nos méthodes agricoles. Dans le passé, les pratiques de culture moins intensives donnaient naissance à un patchwork d'habitats favorables aux abeilles et autres insectes ; en dehors des prairies et des collines crayeuses il y avait des jachères riches en adventices à fleurs, et des haies fleuries entre les petits champs. Dans les années 1920, le Royaume-Uni comptait environ 3 millions d'hectares de collines et prairies ; or plus de 97 % ont disparu au cours du XXe siècle. La plupart sont remplacés par des cultures arables ou des champs destinés à l'ensilage, des habitats qui abritent une biodiversité proche de zéro.

Il y a une centaine d'années, le bourdon grisé, aujourd'hui l'un des bourdons les plus rares du Royaume-Uni, se voyait et s'entendait couramment dans tout le sud de l'Angleterre. Ce petit bourdon coloré à bandes jaunes et grises et au derrière rouge émet en butinant un bourdonnement incroyablement aigu, souvent le meilleur indice de sa présence dans les environs. On le trouve dans les prairies riches en fleurs où il adore se nourrir sur des plantes comme le trèfle rouge, l'odontite rouge, l'anthyllide vulnéraire, la centaurée et la vipérine commune. La disparition presque totale de nos prairies fleuries au cours du XXe siècle a provoqué la quasi-extinction de ce bel insecte qui se cantonne désormais dans une poignée de sites incluant le Pembrokeshire, les Somerset Levels et l'estuaire de la Tamise[17]. Il y a vingt ans, j'en ai aperçu quelques-uns sur

---

17 Le Pembrokeshire (comté du pays de Galles) et les Somerset Levels (plaine côtière du Somerset) se trouvent au sud-ouest de l'Angleterre, l'estuaire de la Tamise au sud-est. Et Salisbury Plain au sud (NDT).

le plateau de Salisbury Plain, mais cette population semble s'être éteinte maintenant. Les colonies les plus importantes vivent actuellement à l'est de Londres, sur des friches industrielles voisines de la Tamise, des sites abandonnés jonchés de carcasses de voitures brûlées et de déchets qui, devenus riches en fleurs, constituent l'un des derniers refuges du bourdon grisé.

Beaucoup d'autres créatures des prairies ont connu un déclin massif causé par la perte de leur habitat : le râle des genêts, la petite abeille *Andrena marginata*, le papillon argus bleu-nacré, le bourdon distingué, la sauterelle à sabre, l'orchis verdâtre, pour n'en citer que quelques-uns. L'énumération complète couvrirait des pages entières.

Les prairies fleuries ne sont pas le seul habitat que le Royaume-Uni ait perdu. Après la Seconde Guerre mondiale, des subventions publiques avaient été allouées dans le but d'augmenter la production de nourriture et le rendement des exploitations agricoles. Comme elles incluaient des primes pour l'arrachage des haies, ce sont 9 500 kilomètres de haies par an qui ont disparu. On estime que la moitié fut supprimée entre 1950 et 2000[18]. Depuis 1800, nous avons perdu 80 % de nos landes, en même temps que 70 % de nos mares, et celles qui restent sont polluées, essentiellement par les ruissellements d'engrais.

L'agriculture moderne au Royaume-Uni et dans les autres pays développés a été élaborée par les agro-industries et les politiques gouvernementales ; elle se caractérise par de grandes exploitations aux champs immenses, souvent gérées par des prestataires externes et maintenues autant que possible en monocultures presque parfaites grâce aux apports importants de pesticides et d'engrais. La volonté de

---

18 En France, ce sont 70 % des haies qui ont disparu depuis 1950 (rapport du Sénat du 13 juin 2019) (NDE).

La perte de leur habitat

maximiser le rendement des récoltes a été justifiée par le fait qu'il fallait assurer la « sécurité alimentaire », argument découlant des pénuries vécues pendant la Seconde Guerre mondiale. Les partisans de l'agriculture industrielle soutiennent que c'est le seul moyen d'éviter la sous-alimentation et la famine. En empruntant cette voie, on a créé une campagne qui produit beaucoup plus de nourriture bon marché mais procure très peu d'emplois et se révèle terriblement inhospitalière pour la faune sauvage. En règle générale, l'agriculture intensive moderne ne laisse pas beaucoup de chances aux insectes. Les fleurs étant rares, il y a peu de nectar ou de pollen pour les papillons diurnes et nocturnes, les abeilles et les syrphes. Les herbes folles qui auraient pu nourrir les chenilles, les *cercopidae* et les coléoptères sont clairsemées. Les quelques haies restantes, souvent taillées au ras du sol à la faucheuse, offrent peu de refuges aux insectes qui cherchent un endroit pour faire leur nid ou hiberner. Et ceux qui trouvent de la nourriture ou un abri doivent survivre à des expositions répétées aux pulvérisations d'insecticides.

Le faible prix des aliments auquel nous nous sommes habitués dans les supermarchés ne reflète pas le véritable coût environnemental de leur production. Un exemple : les nitrates des engrais et le métaldéhyde des boulettes anti-limaces utilisés sur les terres arables contaminent les cours d'eau et les rivières dans lesquels ils sont emportés ; les compagnies des eaux qui extraient l'eau des rivières pour la consommation humaine doivent dépenser des sommes énormes pour essayer de la débarrasser de ces polluants – le métaldéhyde en particulier est très difficile à éliminer, de sorte que malgré tous les efforts déployés, il en reste généralement des traces dans l'eau potable. À la longue nous paierons tous, nous ou nos enfants, l'érosion et la dégradation des sols cultivés[19], les gaz à effet de serre relâchés par les activités agricoles (environ 25 % de toutes les émissions), ainsi que la perte des pollinisateurs et des autres insectes.

Le résultat de l'effet combiné de la perte des habitats vierges (surtout dans les pays en voie de développement) et de la perte des habitats semi-naturels (surtout dans les pays développés) sur la faune sauvage est qu'elle se retrouve globalement de plus en plus bloquée entre des petites parcelles fragmentées et isolées d'habitats-îles survivants – lopins de forêt tropicale épargnés jusque-là par les tronçonneuses, ou réserves naturelles comme celles que l'étude de Krefeld analysa en Allemagne. On a tendance à penser que la faune sauvage a la chance de pouvoir se mettre à l'abri dans une réserve naturelle, or l'étude allemande montre sans équivoque que ce n'est pas le cas. Dans cette étude, le déclin de 76 % de la biomasse des insectes entre 1989 et 2016 s'est produit dans des réserves naturelles demeurées plus ou moins intactes et gérées avec soin pour le bien de la faune sauvage. Même si les données allemandes ne fournissent aucune preuve évidente de la cause du déclin, on peut se livrer à des hypothèses plausibles. Ces réserves naturelles allemandes, ainsi que toutes les autres, ont tendance à être enclavées entre des habitats inhospitaliers. L'étude portait

---

19 Selon des estimations actuelles, la surface de la planète perd chaque année entre 75 et 100 milliards de tonnes de couche arable, avec des taux particulièrement élevés en Chine et en Inde, les États-Unis étant très loin derrière. Même la Nouvelle-Zélande, pays que l'on penserait assez soucieux de l'environnement, en perd environ 192 millions de tonnes par an, en partie à cause du surpâturage. Pour une population comptant seulement 4,8 millions d'habitants, cela équivaut à 40 tonnes de terre perdue par personne et par an. La moyenne planétaire se situe approximativement entre 10 et 15 tonnes – chiffre inquiétant quand on sait que le sol met des milliers d'années à se régénérer. De mauvaises pratiques agricoles le laissent à nu, ce qui entraîne l'oxydation de la matière organique, en plus des émissions de dioxyde de carbone, et d'une grande quantité de terre balayée ou soufflée dans les rivières et les océans, où elle provoque envasement et pollution.

La perte de leur habitat

sur les insectes volants (la grande majorité des insectes volent) et tout insecte volant est susceptible de sortir assez vite d'une réserve. S'il se retrouve alors dans un paysage où il est incapable de survivre à cause du manque de nourriture, des taux élevés de pesticides ou d'autres facteurs, il est condamné, à moins d'avoir le bon sens de revenir en arrière. Le paysage environnant agit comme un entonnoir dans lequel les organismes pénètrent mais dont ils ressortent rarement. Si la population de l'habitat-île n'est pas en mesure de se reproduire assez vite, cette hémorragie régulière des individus risque d'entraîner son extinction locale.

Nous savons que certains insectes ont le bon sens de rester presque tout le temps sur place. L'azuré bleu céleste et l'argus frêle, par exemple, tendent tous les deux à passer leur vie d'adulte à proximité de l'endroit où ils sont nés, sage stratégie dans le monde moderne. Malheureusement, ils ne sont pas pour autant en sécurité car, à la longue, les populations des petits habitats-îles finissent par être exposées à une consanguinité qui, en leur faisant perdre leur diversité génétique, les rend plus fragiles, donc moins capables de s'adapter. Tôt ou tard ces populations sont condamnées, sauf si des migrateurs réguliers traversant les friches environnantes viennent leur apporter de nouveaux gènes.

Comme si ce n'était pas encore suffisant, la malchance peut entraîner à elle seule la disparition de colonies entières de ces petits habitats-îles. Les populations d'insectes varient beaucoup d'une année sur l'autre, en particulier à cause des caprices de la météo. Un gros orage, une inondation ou une sécheresse estivale peuvent parfois suffire à effacer une petite population qui aura réussi à résister pendant des décennies. Or une fois qu'une espèce particulière a disparu d'une réserve naturelle, il est peu probable qu'elle la recolonise, sauf si des réserves voisines hébergent des populations saines capables de constituer une réserve de migrants. Mais, les habitats devenant de plus en plus fragmentés et isolés, les recolonisations sont de moins en moins fréquentes.

Un dernier facteur insidieux entre enfin en jeu. Dresser une barrière autour d'une réserve naturelle n'arrêtera pas les pesticides portés par le vent ou infiltrés dans la nappe phréatique. Cela n'empêchera pas non plus les composés azotés, produits de la combustion des combustibles fossiles, utilisés pour fertiliser les sols et qui modifient la communauté végétale, de se déposer. Et, bien sûr, cela ne stoppera pas la progression du changement climatique qui, au fil du temps, est susceptible de rendre un endroit invivable pour certains de ses occupants – sinon tous.

Quoi qu'il en soit, si l'on prend de grandes étendues d'habitat intact et qu'on les morcelle en petits fragments (comme on l'a fait, par exemple, avec les forêts, les landes et les collines crayeuses), on peut s'attendre à ce que le nombre des espèces vivant sur ces petits fragments isolés diminue au fur et à mesure que les populations s'épuisent l'une après l'autre. Cela peut se produire des dizaines d'années après la création de ces habitats-îles, alors que nous assistons au remboursement graduel et inexorable de la dette d'extinction. Comme le dit l'écrivain scientifique David Quammen dans son excellent livre *The Song of the Dodo* (Le Chant du dodo)[20] :

Commencez par imaginer un superbe tapis persan et un couteau de chasse. Le tapis mesure, disons, trois mètres sur six. Cela nous donne 18 mètres carrés de matière tissée ininterrompue. Le couteau est-il bien tranchant ? S'il ne l'est pas, on l'aiguise. Puis on découpe le tapis en 36 morceaux égaux, on les additionne et, ô surprise, on découvre

---

20 Scribner, 2011, non traduit en français (NDE).

La perte de leur habitat

qu'on a toujours une chose de 18 mètres carrés qui ressemble à un tapis. Mais qui rime à quoi ? Est-ce qu'on a obtenu 36 beaux tapis persans ? Non. Tout ce qui nous reste, c'est trois douzaines de fragments déchirés sans valeur déjà en train de s'effilocher.

Voilà ce qui se passe en Allemagne et probablement dans le monde entier.

Ce phénomène a un rapport direct avec une controverse scientifique majeure, qu'on appelle souvent le « débat du partage ou de la préservation » dans laquelle les « partageurs » préconisent d'intégrer les activités humaines telles que la production alimentaire favorisant la biodiversité (par exemple des petites fermes biologiques et écologiques) tandis que les « préservateurs » plaident en faveur de l'utilisation intensive des terres déjà cultivées (par exemple pour l'agriculture industrielle) afin de laisser le reste à la nature. Mais ce que montre l'étude allemande, c'est l'apparente inefficacité de cette dernière option, tout du moins lorsque ces zones laissées à la nature sont petites et cernées de zones exploitées par l'agriculture industrielle.

Dans l'ensemble, on peut être certain qu'à ce jour la perte déjà achevée des habitats vierges, comme les forêts tropicales, ou créés par l'homme, comme les prairies de fauche et les landes, est l'un des principaux facteurs du déclin des insectes. Trouver les moyens de limiter les pertes d'habitat dans le futur, et peut-être même de redonner à certains leur splendeur d'antan, doit être une priorité absolue.

ABEILLE À ORCHIDÉE

Dans les jungles humides d'Amérique centrale et du Sud vit une famille de fabuleuses abeilles couleur vert métallisé, bleu ou or, qui brillent comme des joyaux sous le soleil tropical lorsqu'elles filent d'une fleur à l'autre : ce sont les abeilles à orchidées. Le mâle mérite bien son nom car il passe la plupart de son temps à visiter ces fleurs bien qu'elles ne produisent aucun nectar et qu'il ne s'intéresse pas au pollen. Avec les longs poils de ses pattes avant, il brosse les composants chimiques aromatiques des orchidées et les stocke à l'intérieur de ses pattes arrière très larges et creuses. C'est un collecteur de parfum. Ensuite, il rejoint les autres mâles sur les sites de présentation où les femelles viennent chercher un partenaire, en le choisissant apparemment à la qualité et à la quantité des parfums d'orchidée qu'il a récoltés.

Les orchidées possèdent un système de pollinisation unique. Au lieu de produire des grains de pollen séparés comme la plupart des fleurs, elles produisent chacune une ou deux pollinies : des petites boules de pollen compactes munies d'une tige collante qui s'accroche à l'insecte visiteur. Les fleurs visitées par les mâles de l'abeille à orchidées sont entièrement dépendantes de ceux-ci pour leur pollinisation – Charles Darwin fut le premier à décrire le processus, même s'il crut avoir observé des femelles. La structure de la fleur d'orchidée est savamment élaborée : pendant que les mâles sont en train de brosser ses parfums, leur tête et leur thorax entrent en contact avec la tige collante de la pollinie : toute la structure se détache alors et accroche à l'insecte une paire de boules de pollen jaune vif dont il ne peut plus se débarrasser. Lorsque le mâle visite la fleur suivante pour en prélever les parfums, un peu de ce pollen s'y dépose et la fertilise. Si tout se passe bien, cette symbiose unique permet aux deux, la fleur et l'abeille, de se reproduire.

7

L'empoisonnement des terres

Depuis les débuts de l'agriculture, il y a dix mille ans, nos plantations sont attaquées par des maladies, ou par des bêtes allant des pucerons aux éléphants en passant par les sauterelles et les pigeons. Avec l'accroissement de la population et l'expansion des terres arables qui s'ensuit, les problèmes de nuisibles ont empiré car plus il y a de cultures, plus les nuisibles ont de chances de les trouver. À notre connaissance, les agriculteurs ont compté pendant près de cinq mille ans sur les prières et les sacrifices rituels pour protéger leurs récoltes. Dans l'Égypte ancienne, on apaisait Rénénoutet, déesse et protectrice des moissons du pharaon, en lui sacrifiant des esclaves tandis que les Aztèques offraient des enfants à Tlaloc, le dieu de la pluie. Je soupçonne ces cérémonies sanglantes de ne pas avoir été couronnées de grands succès. Néanmoins, il est encore assez courant que des fermiers et des communautés rurales prient pour demander une aide divine, même si des moyens de lutte plus pragmatiques contre les ravageurs sont en usage depuis longtemps. Il y a quatre mille cinq cents ans, les agriculteurs appliquaient déjà du soufre sur leurs plantations pour tuer les insectes nuisibles. Il y a trois mille deux cents ans, les Chinois utilisaient des composés de mercure et d'arsenic contre les poux, et ils en saupoudraient sans doute aussi leurs récoltes. Cela fait deux mille ans au moins que des extraits de plantes, tels que celui du pyrèthre de

Dalmatie, *Chrysanthemum cinerariaefolium*, servent d'insecticides. Assurément, l'usage des pesticides chimiques n'est pas nouveau.

Toutefois, jusque dans les années 1940, ces produits étaient soit des composés organiques naturels, comme le pyrèthre ou la nicotine généralement extraits de plantes, soit des composés inorganiques comme le sulfate de cuivre, les sels de mercure, le cyanure, l'arsenic et l'acide sulfurique. Certains soutiennent que les composés organiques naturels sont plus inoffensifs que leurs alternatives synthétiques modernes, mais c'est absurde. Le mercure et l'arsenic n'ont rien d'écologique. Bien qu'on n'ait pas les chiffres des doses utilisées, on peut raisonnablement penser qu'elles étaient très faibles car la plupart des fermiers n'avaient pas les moyens de les payer ni même la possibilité de s'en procurer.

L'arrivée de la chimie industrielle devait modifier tout cela. La fabrication à grande échelle des produits chimiques commença au XVIIIe siècle avec celle de l'acide sulfurique, de l'eau de Javel et, plus tard, de la soude employée dans la production du verre et des textiles. Le XIXe siècle vit une expansion massive de l'industrie chimique pour la fabrication des teintures, du caoutchouc vulcanisé, des engrais, des savons, des premiers plastiques. Et c'est au XXe siècle que la nouvelle industrie s'intéressa au développement de pesticides de synthèse innovants.

Le DDT (dichlorodiphényltrichloroéthane) fut le premier composé artificiel à posséder des propriétés insecticides. Découvert par un chimiste suisse, Paul Hermann Müller, en 1939, le DDT attaque le système nerveux des insectes : il déclenche des signaux nerveux à répétition qui entraînent des contractions, des tremblements, des convulsions et enfin la mort. Largement utilisé pendant la Seconde Guerre mondiale contre les moustiques vecteurs de la malaria dont souffraient les troupes alliées qui se battaient en

L'empoisonnement des terres

Asie, le DDT devint également, à la fin de la guerre, un produit bon marché à usage domestique et agricole. En 1947, un fabricant fit passer dans le magazine *Time* une publicité où l'on voyait des animaux de ferme à la mine réjouie, style dessin animé, et une ménagère aux joues roses qui chantaient tous ensemble « *DDT is good for me-e-e !* » (le DDT est bon pour moi), et affirmaient « *DDT is a benefactor of all humanity* » (le DDT est le bienfaiteur de toute l'humanité). Un petit film datant de la même année présente un colon anglais en train d'arroser de DDT un bol de porridge avant de le manger, dans l'espoir de persuader les populations d'Afrique de l'Est que ce nouveau produit chimique était sans danger pour eux (le public ne semblait pas impressionné). En 1948, Paul Hermann Müller reçut pour sa découverte le prix Nobel de physiologie ou médecine.

Au cours des mêmes années 1940, un scientifique allemand, Gerhard Schrader, synthétisa un autre produit chimique, le parathion. Lui aussi hautement toxique pour les insectes, il attaquait leur système nerveux en empêchant la rupture des neurotransmetteurs et en entraînant la désorientation, la paralysie et la mort. I. G. Farben, l'entreprise pour laquelle travaillait Schrader, fabriquait également le Zyklon B destiné aux chambres à gaz ; il est probable que son travail faisait partie d'un programme de recherche visant à développer des agents neurotoxiques utilisables contre les humains.

Avec le bricolage chimique, divers composés apparentés ne tardèrent pas à être mis au point. Le DDT et ses cousins, les organochlorés, incluent l'aldrine et la dieldrine ; de son côté, le parathion généra des douzaines de composés organophosphorés dont le malathion, le chlorpyriphos et le phosmet. Comme ils étaient bon marché, très efficaces pour éliminer les insectes nuisibles, et permettaient d'obtenir des récoltes exceptionnelles – du moins au début –, ces nouveaux produits chimiques furent adoptés avec enthousiasme par les agriculteurs. Une industrie mondiale vit alors le jour, développant, fabriquant et distribuant une gamme toujours plus étendue de ces toxines. Les années 1970 et 1980 virent l'introduction d'un grand nombre de nouvelles familles de pesticides, dont les avermectines (données au bétail pour tuer les parasites), le bacille de Thuringe, *Bacillus thuringiensis* (une bactérie d'où sont extraites des toxines insecticides), ainsi que les triazoles, imidazoles, pyrimidines et fongicides dicarboximides. Dans les années 1990, d'autres produits sont encore arrivés sur le marché, dont la toute nouvelle famille des insecticides néonicotinoïdes ainsi que le spinosad et le fipronil. Aujourd'hui, environ 900 « ingrédients actifs » différents – types de produits chimiques nocifs pour un type particulier de nuisible – sont autorisés aux États-Unis, environ 500 dans l'Union européenne.

Depuis au moins quatre-vingts ans, l'agriculture est devenue de plus en plus dépendante des intrants chimiques, processus qui se poursuit aujourd'hui. En 1990, selon des statistiques gouvernementales officielles, les agriculteurs du Royaume-Uni ont traité 45 millions d'hectares de terres arables avec des pesticides. En 2016, ce chiffre est monté à 73 millions d'hectares. Or la superficie actuelle des cultures est toujours exactement la même : 4,5 millions. Donc, chaque champ, traité en moyenne dix fois en 1990, le fut 16,4 fois en 2016, soit une augmentation de près de 70 % en tout juste vingt-six ans.

C'est en 1962, environ dix-huit ans seulement après la généralisation de l'usage du DDT dans l'agriculture, que Rachel Carson publia son livre révolutionnaire *Printemps silencieux*, jetant la lumière sur les premières générations de pesticides et la preuve croissante qu'ils n'étaient pas aussi inoffensifs qu'on avait la naïveté de le croire. Le problème

L'empoisonnement des terres

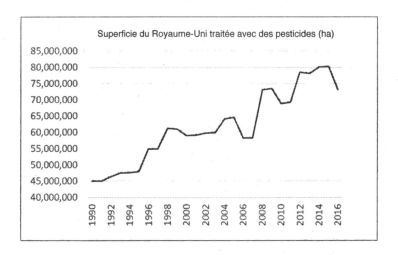

Superficie des terres arables traitées chaque année avec des pesticides au Royaume-Uni :
Chaque année, les agriculteurs appliquent toujours plus de pesticides sur leurs cultures. Le graphique ci-dessus montre les chiffres officiels du gouvernement [https://secure.fera.defra.gov.uk.pusstats/] pour la totalité des surfaces cultivées traitées chaque année aux pesticides dans l'ensemble du Royaume-Uni (74 millions d'hectares en 2016). Cette surface a augmenté de 70 % entre 1990 et 2016. Or, étant donné que les terres arables et horticoles du Royaume-Uni représentent environ 4,5 millions d'hectares, et que cette surface est restée inchangée durant toute cette période, les chiffres signifient que chaque champ et verger est maintenant traité, en moyenne, environ seize fois par an. Il convient de noter qu'il peut s'agir du même pesticide appliqué seize fois, ou de seize pesticides différents appliqués une seule fois, ou encore d'une combinaison des deux. Ces données n'incluent pas les pesticides utilisés par les agriculteurs à des fins vétérinaires, tels que les avermectines, systématiquement administrées aux bêtes pour les protéger contre les parasites.

venait de ce que les nuisibles avaient très vite développé une résistance aux nouveaux pesticides, et que les agriculteurs les appliquaient en quantités toujours plus grandes sans réussir à obtenir des récoltes aussi exceptionnelles qu'au début. Par ailleurs, les ennemis naturels des nuisibles, tels que les guêpes et les coléoptères prédateurs, se reproduisant moins vite que leurs proies, ils mettaient plus de temps à développer la même résistance et se retrouvaient donc plus durement touchés par les pesticides. Or, sans ces ennemis naturels, les problèmes ne cessaient d'empirer et de nouveaux nuisibles apparaissaient : des insectes qui, auparavant, avaient été contrôlés par leurs prédateurs. On s'apercevait aussi que le DDT et ses cousins subsistaient pendant des décennies dans l'environnement, s'accumulant ainsi dans la chaîne alimentaire – une chenille mangée par un passereau mangé à son tour par un faucon et ainsi de suite – de telle sorte que prédateurs et humains finissaient par en stocker beaucoup dans leurs graisses. Les doses les plus élevées entraînaient la mort, les plus faibles cancers, fausses couches, stérilité. Des rapaces comme le faucon pèlerin et l'aigle chauve étaient particulièrement affectés : l'exposition à ces produits générait un amincissement de la coquille des œufs, de sorte que la plupart se cassaient accidentellement avant de pouvoir éclore.

À la suite de la parution de *Printemps silencieux*, Rachel Carson devint la cible de l'industrie agrochimique et de ses lobbyistes qui la traitèrent, entre autres, de fanatique et de communiste. Cette industrie lança même une contre-offensive en publiant des brochures, en portant plainte, en menaçant ses éditeurs de les poursuivre en justice. Rachel Carson finit par gagner cette bataille ; malheureusement, elle ne vécut pas assez longtemps pour le savoir puisqu'elle mourut d'un cancer en 1964. Le DDT est interdit aux États-Unis depuis 1972, en Europe depuis 1978, dans le reste du monde depuis 2004, en dehors d'un usage limité à la lutte contre la malaria. Cependant l'analyse des sols et des rivières d'Europe continue à révéler des résidus de ce produit chimique. Loin de moi l'idée de contester les bienfaits de l'allaitement au sein maternel, mais je trouve inquiétant que le lait humain soit encore très souvent contaminé par le DDT et ses cousins, avec dix à vingt fois plus d'insecticides

L'empoisonnement des terres

organochlorés (et aussi beaucoup plus de polychlorobiphényles, PCB) que le lait de vache (selon des études provenant de différents pays dont l'Australie, le Mexique, l'Ukraine et les Canaries). En étant nourris au lait humain, les bébés sont naturellement au sommet de la chaîne alimentaire. *DDT is not quite so good for me-e-e after all.*

Voilà pour le DDT, mais les organophosphorés inventés par Gerhard Schrader se sont eux aussi révélés extrêmement dangereux pour la santé des agriculteurs, comme on peut s'y attendre de la part de produits chimiques issus de la recherche sur les agents neurotoxiques. Les éleveurs qui trempaient leurs moutons dans ces produits chimiques ont particulièrement souffert d'un large éventail de problèmes graves et de longue durée. Dans les pays développés, la plupart des organophosphorés – pas tous – sont maintenant interdits, mais on les utilise encore généreusement aujourd'hui dans les pays en voie de développement.

À l'heure actuelle, les partisans de l'usage des pesticides prétendent souvent que les produits modernes sont beaucoup moins dangereux pour les humains et l'environnement que les anciens, désormais interdits – un point de vue qui semble l'emporter, incontesté depuis des décennies. Malheureusement, les écologistes et les scientifiques indépendants semblaient s'être faits à l'idée que le problème avait été résolu. Ils pensaient que Rachel Carson avait gagné. Une recherche effectuée dans les bases de données mondiales des publications scientifiques à l'aide des mots-clés « faune sauvage » et « pesticide » révèle que vingt-neuf articles seulement furent publiés entre la parution de *Printemps silencieux* en 1962 et l'année 1990 (depuis, en revanche, 1 144 papiers ont paru sur le sujet). En fait, l'attention des écologistes et des scientifiques s'était relâchée. Carson avait peut-être remporté une bataille, elle n'avait pas gagné la guerre.

La réémergence de l'inquiétude à propos de l'impact des pesticides sur l'environnement remonte aux années 1990, lorsque des apiculteurs français commencèrent à se plaindre que leurs colonies d'abeilles mouraient dans le voisinage des cultures de tournesol traitées avec un nouvel insecticide, l'imidaclopride. L'imidaclopride était le premier-né d'une nouvelle famille de substances chimiques, les néonicotinoïdes – un nom qui ne nous évoquait rien à l'époque, mais est devenu tristement célèbre à cause de ses liens avec le déclin des abeilles. Comme le DDT et les organophosphorés, les néonicotinoïdes sont des neurotoxines qui attaquent le cerveau des insectes, et sont en outre beaucoup plus puissants que leurs prédécesseurs : la dose de DDT nécessaire pour tuer une abeille serait sept mille fois plus élevée que celle d'imidaclopride. L'imidaclopride est donc sept mille fois plus toxique que le DDT.

Les agriculteurs français ont toujours été réputés pour leur comportement militant. Il y a de cela plusieurs années, un groupe de fermiers mit le feu à un camion anglais transportant des moutons afin de protester contre les importations à bas prix[21]. Mais, pendant longtemps, les apiculteurs français restèrent totalement ignorés malgré le défilé qu'ils organisèrent à Paris en tenue de travail – combinaison blanche et chapeau de protection. Puis, dix ans plus tard, quand les abeilles mellifères d'Amérique du Nord commencèrent à disparaître en grand nombre, on baptisa ce phénomène le « syndrome d'effondrement des colonies d'abeilles ». Les abeilles adultes s'évanouissaient dans la nature en laissant mourir leur ruche, une sorte de variation pour abeilles de la série *The Leftovers*. Les statistiques avaient de quoi choquer les esprits : 800 000 colonies, soit environ un tiers de l'ensemble des colonies d'abeilles

---

21 En août 1990 à Thouars, dans les Deux-Sèvres (NDE).

L'empoisonnement des terres

mellifères d'Amérique du Nord, périrent pendant l'hiver 2006/2007 et presque autant l'année suivante. Cela déclencha alors une tempête médiatique ainsi qu'un déferlement de spéculations débridées sur la possibilité d'une extinction imminente des abeilles. Les causes exactes n'étaient pas claires ; des théories diverses plus ou moins crédibles accusaient des maladies virales, un acarien parasite suceur de sang nommé *Varroa*, les signaux des téléphones mobiles, les extraterrestres, les chemtrails, une mauvaise alimentation et les pesticides. Bientôt, néanmoins, des programmes de recherche virent le jour dans des laboratoires d'Amérique du Nord et d'Europe pour tenter d'identifier les raisons de cette « crise des abeilles ».

La France et l'Amérique n'étaient pas les seules concernées ; au printemps 2008, des milliers de ruches moururent en Allemagne d'un empoisonnement de masse. Or ces morts coïncidaient exactement avec le moment où les agriculteurs semaient les graines de maïs, presque toutes enrobées d'un insecticide néonicotinoïde. Une enquête ultérieure révéla qu'un défaut dans le procédé d'enrobage avait entraîné un décollement de celui-ci et provoqué un nuage toxique lorsque les semences avaient été introduites dans le sol. Bien que le défaut ait été rapidement corrigé, l'attention des scientifiques qui, comme moi, essayaient de comprendre l'origine du déclin des abeilles fut finalement attirée par ces néonicotinoïdes (nous pouvons être assez lents à la détente, nous les scientifiques). À cette époque, presque toutes les terres arables d'Europe et d'Amérique du Nord étaient traitées avec des graines enrobées de ces produits. Se pouvait-il que les apiculteurs français aient eu raison dès le début ?

Les néonicotinoïdes sont systémiques : ils se diffusent dans toute la plante. Si on les utilise pour enrober une semence, c'est dans le but qu'ils se dissolvent au contact du sol humide une fois la graine plantée (les substances chimiques sont solubles dans l'eau) ; ainsi, dès qu'elle germera et poussera, elle aspirera la toxine qui se répandra dans toutes ses parties et la protégera contre les insectes nuisibles. Cela paraît plutôt astucieux – les agriculteurs qui achètent les semences pré-enrobées n'ont plus rien à faire pour protéger leurs cultures. Ce qui aurait dû sauter aux yeux, alors que personne ne semble s'en être inquiété à l'époque où ces nouveaux produits chimiques furent adoptés, c'est que s'ils gagnaient toutes les parties de la plante ils se propageaient aussi dans le nectar et le pollen. Étant donné que les plantes comme le colza et le tournesol ont besoin de la pollinisation, les nombreux types d'abeilles qu'elles attirent risquaient donc de se droguer avec les insecticides au moment de la floraison.

Au début des années 2000, des tests analytiques ont révélé que le nectar et le pollen des cultures traitées contenaient en effet des traces de néonicotinoïdes à un faible taux de l'ordre de quelques parties par milliard. Un débat s'est alors ouvert sur la nocivité ou l'innocuité de ces concentrations. Les fabricants des néonicotinoïdes, les géants de l'agrochimie Bayer (filiale de I.G. Farben, déjà cité) et la société suisse Syngenta, ont vigoureusement démenti tout lien entre leurs pesticides et le déclin des abeilles. Pour déterminer si les colonies d'abeilles souffraient de ces concentrations, des expériences étaient nécessaires ; mais lever des fonds, réaliser les études, analyser les résultats et les publier dans des revues scientifiques, tout cela prend plusieurs années.

Mon propre groupe de recherche, alors basé en Écosse à l'université de Stirling, a entrepris d'étudier les risques encourus par des colonies de bourdons qui se nourrissaient sur les cultures de colza traitées à un néonicotinoïde, l'imidaclopride. Cela a beau paraître facile, en réalité ce n'est pas si simple. Dans l'idéal, notre domaine d'expérimentation aurait dû se composer de nombreux champs de colza choisis au hasard pour être traités ou laissés intacts à titre de « contrôle ». Ensuite, des colonies de bourdons auraient été placées à proximité, et leur état de santé évalué au fil du temps. Pour cela, il faut un grand nombre de champs, la *réplication* étant un élément essentiel des études écologiques dans la mesure où l'on rencontre toujours des variations inexpliquées : chaque champ, chaque colonie de bourdons présentera inévitablement de légères différences. Le fait de posséder beaucoup de répliques permet de distinguer les modèles dus aux manipulations expérimentales – dans ce cas, l'exposition au pesticide – de ce « bruit de fond ». Chaque champ devrait être distant des autres d'au moins 2 km afin que les bourdons ne puissent pas voler de l'un à l'autre car s'ils le faisaient, les bourdons voisins des champs de contrôle risqueraient d'être eux aussi exposés au pesticide. Dans l'idéal, le paysage entier ne devrait inclure aucune autre culture traitée aux néonicotinoïdes.

Monter une telle expérience exige beaucoup d'argent, or, sans fonds ni sponsor, nous avons été contraints de choisir une approche différente. Au lieu d'installer nos colonies de bourdons à côté de champs traités ou non traités (idéalement avec beaucoup de répliques de chaque), nous avons choisi d'introduire de l'imidaclopride dans leur nourriture en imitant les concentrations que l'on trouvait dans le nectar et le pollen des plants de colza traités. Ces concentrations étaient extrêmement faibles – respectivement 6 et 0,7 parties par milliard dans le pollen et le nectar. Les bourdons ont donc reçu cette nourriture contaminée pendant deux semaines, dans le but de simuler ce qui arriverait à un nid placé à proximité d'un champ de colza traité ; ensuite, nous avons sorti les soixante-quinze nids en plein air sur le campus de l'université pour les laisser se débrouiller seuls.

Chaque semaine nous avons surveillé leur poids et compté le nombre de nouvelles reines qui naissaient. Les nids de bourdons meurent à la fin de chaque été, mais si aucun problème n'est survenu, ils laissent derrière eux de jeunes reines qui fonderont leurs propres colonies dès le printemps suivant.

Lorsque nous avons rassemblé et analysé les données, les résultats ont été très clairs et préoccupants. Les nids exposés aux pesticides étaient un peu plus petits que les nids de contrôle (c'est-à-dire ceux dont la nourriture n'avait pas été contaminée), et produisaient 85 % de nouvelles reines en moins. Ce qui impliquait, bien sûr, qu'il y aurait beaucoup moins de nids de bourdons l'année suivante. Nous nous sommes réjouis que *Science*, revue de premier plan, accepte de publier notre étude au début de 2012.

Elle parut en même temps que celle d'un groupe de chercheurs français d'Avignon, dirigés par Mickaël Henry, qui avaient découvert que les néonicotinoïdes altéraient le sens de l'orientation des abeilles : elles se perdaient souvent en retournant à leur ruche après une expédition de butinage. Il nous a semblé que les deux études apportaient la preuve évidente de l'effet nocif des enrobages de néonicotinoïdes sur les abeilles ; les résultats furent communiqués au monde entier.

À cette époque, j'étais assez naïf. Nouveau dans le monde controversé des pesticides, je ne m'attendais pas à la réaction violente des fabricants qui se mirent aussitôt à dénigrer nos découvertes. Ils prétendirent que notre expérience n'était pas réaliste car nous avions nourri artificiellement nos bourdons au lieu de les laisser butiner librement sur les cultures, les forçant, en fait, à absorber une nourriture contaminée. D'après eux, l'étude française et la nôtre avaient utilisé des doses exagérément élevées de pesticide, même si le choix de ces doses avait pour source directe la publication des analyses des concentrations de néonicotinoïdes dans le pollen et le nectar des cultures de colza. Des articles en ligne diffamatoires tentèrent de me discréditer personnellement en affirmant que j'étais un « scientifique à gage » prêt à accepter n'importe quel argent pour fabriquer des preuves en faveur de n'importe quel programme (alors qu'en réalité personne n'avait financé notre recherche).

Heureusement, le Parlement européen prit nos résultats suffisamment au sérieux pour demander à des experts de l'Autorité européenne de sécurité des aliments (EFSA, European Food Safety Authority) de se pencher sur le sujet et de rédiger un rapport. Il leur fallut presque un an pour vérifier toutes les preuves, mais en 2013, ils déclarèrent que l'usage des néonicotinoïdes sur les cultures en floraison – comme le colza et le tournesol qui attirent les insectes pollinisateurs, par opposition aux cultures pollinisées par le vent comme le blé et l'orge – présentait effectivement un danger significatif pour les pollinisateurs. Le Parlement européen eut alors le grand mérite d'agir très vite en proposant d'interdire l'usage des néonicotinoïdes sur les cultures en floraison ; et même si, à mon grand embarras, le Royaume-Uni commença par s'y opposer, la loi fut adoptée en décembre 2013.

Pendant ce temps, la science avançait. De nouvelles expériences étaient publiées, dont certaines effectuées sur le terrain et à grande échelle, chose que nous n'avions pas pu nous permettre. Publiée en 2015, une vaste étude suédoise conduite par l'écologiste Maj Rundlöf démontra que les nids de bourdons placés à proximité de champs de colza traités se portaient beaucoup moins bien que lorsqu'on les plaçait à proximité de champs non traités. Elle découvrit que la reproduction des reines chutait presque exactement de 85 %, comme nous l'avions rapporté trois ans plus tôt. Tout en étudiant les bourdons, ces chercheurs examinèrent en même temps les effets du pesticide sur les abeilles maçonnes et les abeilles mellifères : si les premières échouaient complètement à se reproduire dans le voisinage des champs traités, aucun effet significatif n'était à déplorer sur les secondes.

Deux ans plus tard, les recherches suédoises furent suivies par une étude internationale encore plus large, avec des réplications au Royaume-Uni, en Allemagne et en Hongrie. Cet énorme projet mis en œuvre par Ben Woodcock et d'autres chercheurs du Centre for Ecology & Hydrology (CEH) était financé à hauteur de 2,8 millions de livres sterling par l'industrie agrochimique elle-même, avec des protocoles agréés à l'avance – tentative ultime pour annuler l'interdiction européenne de l'utilisation des néonicotinoïdes sur les cultures en floraison. Cette étude montra elle aussi que les néonicotinoïdes sur le colza nuisaient aux colonies de bourdons et aux abeilles maçonnes. Au Royaume-Uni et en Hongrie, les abeilles mellifères étaient également affectées de façon notable par les pesticides, mais pas en Allemagne où elles semblaient butiner principalement les fleurs sauvages, loin des cultures[22]. Les financeurs, Bayer et Syngenta, prirent rapidement leurs distances de cette étude en critiquant les méthodes mêmes qu'ils avaient acceptées au préalable, prétendant que les résultats n'étaient pas concluants, accusant l'équipe de chercheurs de sélectionner et dénaturer les données. Ben Woodcock

---

22 Un trait commun ressort de ces études sur le terrain, entre autres : les abeilles sauvages comme les bourdons et les abeilles maçonnes semblent beaucoup plus affectés par ces pesticides que les abeilles mellifères. On n'en est pas certain, mais une théorie en vogue avance que la taille importante des colonies d'abeilles mellifères, qui peuvent compter 50 000 ouvrières, leur permettrait de supporter d'en perdre quelques-unes par la faute des pesticides. Ce qui ne serait pas le cas des colonies de bourdons qui en possèdent au maximum quelques centaines, et des abeilles maçonnes chez qui la femelle s'occupe seule de son nid, ce qui signifie que s'il lui arrive quelque chose, tout le nid est condamné.

L'empoisonnement des terres

contre-attaqua et déclara dans une interview aux médias : « Je n'apprécie vraiment pas qu'on me traite de menteur. »

À ce jour, les fabricants de néonicotinoïdes continuent à affirmer que leurs insecticides sont efficaces pour tuer les insectes nuisibles, mais totalement sans danger pour les abeilles et autres insectes utiles, malgré la montagne de preuves qui les contredisent. Leur attitude me rappelle fortement la « double-pensée » dans *1984*, le roman de George Orwell : la capacité attendue de tous les membres loyaux du Parti à soutenir simultanément deux idées contradictoires.

Pendant que Ben Woodcock et Maj Rundlöf effectuaient leurs vastes essais sur le terrain, d'autres scientifiques examinaient plus en détail les effets des néonicotinoïdes sur le comportement et la santé des abeilles solitaires (plutôt que sur les colonies). Il suffit d'une très petite quantité pour tuer net une abeille. La toxicité est souvent mesurée en DL50, ou dose létale médiane, c'est-à-dire capable de tuer la moitié d'une population animale donnée. La DL50 de la plupart des néonicotinoïdes est d'environ quatre millionièmes de gramme par abeille, ce qui n'est pas beaucoup. Cependant, des preuves commencent à révéler que des quantités encore plus infimes pourraient avoir des effets « sublétaux » subtils mais importants. On savait déjà, grâce à l'étude de 2012 de Mickaël Henry analysant les effets de l'imidaclopride sur le sens de l'orientation de l'abeille, qu'un tiers de la dose DL50 administré aux abeilles mellifères pouvait réduire leur capacité à retrouver leur ruche. Cela paraît logique : administrez à n'importe quel individu une dose sublétale de neurotoxine et il risque fort de se sentir hébété, assez confus pour se tromper de chemin en rentrant chez lui. Pour l'abeille mellifère dont le travail consiste à collecter toute la journée de la nourriture en effectuant des allers-retours incessants entre sa ruche et les fleurs, se perdre est une catastrophe. Elle n'apporte plus sa contribution à la ruche et ne peut pas survivre longtemps en dehors. Cela pourrait-il expliquer « l'évanouissement » des abeilles dans la nature ?

Comme si cela ne suffisait pas, de nouvelles études suggèrent que les doses sublétales infimes de néonicotinoïdes ont également d'autres effets nocifs. Par exemple, rien qu'une partie par milliard de néonicotinoïdes dans la nourriture altère le système immunitaire des abeilles et les rend susceptibles d'être infectées par des maladies aussi fâcheuses que le virus des ailes déformées (dont les symptômes incluent un rétrécissement des ailes les empêchant de voler). Qu'elles soient absorbées au stade larvaire ou adulte, ces doses infimes de néonicotinoïdes semblent dégrader la capacité des abeilles à apprendre et mémoriser les fleurs les plus gratifiantes, une compétence essentielle pour la réussite de la colonie. Ces doses sublétales réduisent également la ponte et l'espérance de vie des reines, la fertilité des mâles, ainsi que le temps passé par les adultes à prendre soin de leur progéniture. Aucun des tests réglementaires normalement effectués pour vérifier si un nouveau pesticide risque de nuire aux abeilles ne prend en compte ces effets sublétaux.

On aurait pu penser que l'interdiction européenne de l'usage des néonicotinoïdes sur les cultures en floraison aurait résolu ce problème particulier, du moins en Europe : si les abeilles n'étaient pas exposées à ces substances chimiques, alors leurs effets létaux et sublétaux devenaient sans importance dans la réalité. Malheureusement, ce n'est pas aussi simple que ça. Coller un pesticide sur les semences apparaît comme un moyen d'utilisation efficace (à condition d'être correctement collé). Avant, la plupart des produits étaient pulvérisés à l'aide d'une rampe montée sur un tracteur, avec la possibilité que les pulvérisations s'envolent au-delà des cultures, jusque dans les haies, les

L'empoisonnement des terres

jardins, ou les réserves naturelles, par exemple. L'enrobage des graines représentait donc la meilleure solution pour un bon ciblage des nuisibles ; le procédé semblant plutôt convaincant à première vue, il fut accepté. Hélas, cela se révéla faux.

En 2012, parut une étude publiée par un scientifique américain, Christian Krupke, qui avait découvert des néonicotinoïdes dans des pissenlits sauvages poussant sur des terres arables proches de cultures traitées. Lorsque j'ai lu son article, une alarme s'est déclenchée dans ma tête. Comment un pesticide collé aux semences pouvait-il se retrouver dans des fleurs sauvages voisines ? En fouillant dans la littérature scientifique la plus opaque, j'ai trouvé une publication dont les auteurs, des employés de Bayer, avaient quantifié la proportion d'enrobage de semence absorbée par la plante : elle variait énormément d'un type de culture à l'autre, soit entre 1 et 20 % environ de l'ingrédient actif, avec une moyenne de 5 %. À titre de comparaison, lorsque les pesticides sont pulvérisés à partir d'un tracteur, au moins 30 % de l'ingrédient actif atteint les cultures. Alors, si 95 %, en moyenne, de l'enrobage de néonicotinoïde ne s'introduisaient pas là où ils étaient supposés le faire, où diable allaient-ils ?

Une recherche provenant d'Italie révéla alors que même si le pesticide était correctement collé à la semence, environ 1 % du produit se volatilisait en poussière pendant l'opération des semis. Les chercheurs italiens se rendirent compte que cette poussière était mortelle pour les abeilles mellifères volant à proximité.

Mais cela laissait encore 94 % de cette substance chimique dans la nature. On pouvait se douter de l'endroit où ils se retrouvaient – dans le sol et les nappes phréatiques. Si le plus gros du néonicotinoïde n'était pas absorbé par la plante, ni pulvérisé dans l'air ambiant, il restait forcément dans la terre. Ce qui soulevait d'autres questions : était-il nocif pour le sol, pour la myriade de petites créatures qui le maintiennent en bonne santé ? Combien de temps y demeurait-il ? Contaminait-il l'eau du sol ? S'infiltrait-il dans les cours d'eau ?

Puis, en 2013, je suis tombé sur une preuve dissimulée dans un énorme rapport obscur de l'UE sur l'imidaclopride, montrant que cette substance chimique se détruit très lentement dans le sol où elle s'accumule au fil du temps si on ensemence chaque année un champ de blé avec des graines traitées. C'était une étude sur six années menée par Bayer, commencée en 1992, et dont l'importance semblait avoir été ignorée par la réglementation des pesticides depuis plus de quinze ans. Je l'ai moi-même découverte grâce à un e-mail anonyme reçu des États-Unis m'encourageant à lire ce qui se révéla être un document de sept cents pages.

La persistance d'un pesticide est hautement indésirable, car s'il met des années à se décomposer dans l'environnement, il risque d'autant plus d'entrer en contact avec un organisme auquel il n'était pas censé nuire. Cela devient encore pire si le produit chimique est assez tenace pour s'accumuler à chaque application successive, de telle sorte que la quantité de toxines dans l'environnement ne cesse d'augmenter au fil du temps. La longue persistance du DDT fut l'une des raisons majeures pour lesquelles on a fini par l'interdire. Si les néonicotinoïdes s'accumulent dans les sols, tous les organismes du sol y sont alors lourdement exposés d'un bout à l'autre de l'année. Comme ces substances sont solubles dans l'eau, on peut s'attendre à ce qu'elles s'écoulent des champs cultivés vers les terres situées en contrebas, puis dans les fossés, les cours d'eau et les rivières. Cela pourrait expliquer pourquoi Christian Krupke a retrouvé des pesticides dans des pissenlits au cours de son étude – si le sol était contaminé, n'est-il pas logique de

L'empoisonnement des terres

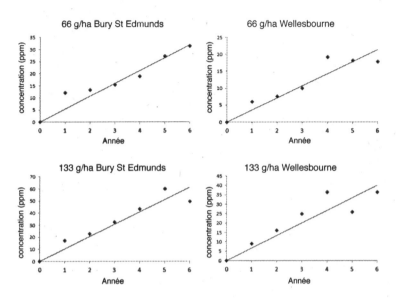

Accumulation d'un insecticide néonicotinoïde dans le sol : Taux d'imidaclopride néonicotinoïde détectés dans les sols où des semences de blé d'hiver traitées étaient plantées chaque automne (1991-1996). Les deux sites d'étude se trouvent en Angleterre. Les taux de traitement étaient de 66 g ou 133 g d'imidaclopride à l'hectare, sauf la première année où ils furent de 56 g à Bury St Edmunds et 112 g à Wellesbourne. Les données, qui proviennent du Projet de rapport d'évaluation de l'imidaclopride, en 2006, montrent de façon incontestable que les concentrations de substance chimique augmentent avec le temps. Pourtant, curieusement, le rapport conclut que « le composé n'a aucune chance de s'accumuler dans le sol ».

penser que les racines des fleurs sauvages les ont absorbés aussi facilement que les plantes cultivées ? Et si les fleurs sauvages en contiennent, l'interdiction par l'UE de les utiliser sur les cultures en floraison ne suffit peut-être pas à protéger les abeilles.

Pour en revenir à mon propre travail, peu après la publication en 2012 de notre article concernant les effets des néonicotinoïdes sur les colonies de bourdons, j'ai quitté l'Écosse pour l'université du Sussex, sur la côte sud de l'Angleterre. Ce déménagement fut suivi d'une période faste en matière de subventions. Plus ou moins simultanément, j'ai reçu des fonds du DEFRA (Département de l'Environnement, de l'Alimentation et des Affaires rurales) et du BBSRC (Conseil pour la recherche en biotechnologie et sciences biologiques) pour pouvoir examiner les différents aspects de l'évolution des néonicotinoïdes dans l'environnement et les dommages qu'ils sont susceptibles de causer. Enfin, on me donnait les moyens financiers d'étudier ces pesticides. J'ai alors recruté deux chercheuses postdoctorales : la toujours enthousiaste et dynamique Beth Nicholls, native du sud-ouest de l'Angleterre, et la calme, méticuleuse et réfléchie Cristina Botías, originaire d'Espagne. À elles deux, elles ont révélé une grande quantité de détails sur le devenir des néonicotinoïdes dans l'environnement, et ce qu'ils y font.

Cristina s'est concentrée sur les fleurs sauvages ; elle a passé un nombre d'heures incroyable à collecter à la main pollen et nectar sur les différentes fleurs poussant dans les haies et à la lisière des terres arables du Sussex. Nous voulions savoir si la contamination des pissenlits américains était due à un hasard extraordinaire ou s'il était représentatif d'une tendance plus générale.

Elle a aussi collecté des centaines d'échantillons de sol à la périphérie des champs où poussaient ces fleurs sauvages. C'est un travail incroyablement minutieux, car pour recueillir le nectar, il faut insérer avec le plus grand soin, à l'intérieur de chaque fleur, un minuscule tube en verre dans lequel il remonte par capillarité[23]. Chaque fleur produisant seulement quelques millièmes de millilitre de

---

23 La capillarité est la tendance d'un liquide à circuler dans des espaces étroits, même en montant, attiré par les forces adhésives. La capillarité explique pourquoi les mouchoirs en papier absorbent les liquides renversés, et pourquoi la cire liquide remonte dans la mèche d'une bougie.

L'empoisonnement des terres

nectar, Cristina a dû opérer sur des centaines de fleurs individuelles afin d'obtenir de quoi procéder aux analyses chimiques. Elle a également rapporté des brassées de fleurs qu'elle a dû faire sécher avant de les secouer délicatement pour faire tomber les grains de pollen dans un tube à essai. Cette tâche très méticuleuse, déjà assez compliquée en soi, l'est devenue encore davantage lorsque Cristina a développé une allergie au pollen qui l'a obligée à continuer son travail sur le terrain avec un masque filtrant et les yeux rouges et gonflés.

Les résultats de son échantillonnage rigoureux se sont révélés inquiétants. Le sol provenant de la lisière des champs, ainsi que le pollen et le nectar prélevés sur les fleurs sauvages contenaient très souvent des néonicotinoïdes supposés se trouver seulement dans les cultures. Coquelicots, ronces, berces, violettes, myosotis, millepertuis, chardons, tous renfermaient des insecticides. Les concentrations étaient très variables, mais parfois encore plus *élevées* que celles rencontrées dans les cultures de colza traitées. Par exemple, certains échantillons du pollen issu de berces et de coquelicots montraient des concentrations d'insecticide plus de dix fois supérieures à celles que nous avions utilisées au cours de notre expérience sur les bourdons en Écosse (concentrations que les industriels avaient déclarées déraisonnablement élevées). À la réflexion, ce résultat tout d'abord déconcertant était assez prévisible. Si les néonicotinoïdes s'accumulent dans le sol des champs cultivés et dans l'eau du sol, rien d'étonnant à ce qu'ils s'infiltrent dans les lisières de ces champs. Sachant déjà que la quantité de néonicotinoïdes absorbée par les racines varie d'une plante à l'autre, nous devions donc nous attendre à de telles variations chez les fleurs sauvages. Peut-être que les coquelicots et les berces sont particulièrement doués pour extraire ces composés du sol ?

Quelle que soit l'explication, il devenait on ne peut plus clair que l'interdiction européenne de 2013 d'utiliser des néonicotinoïdes sur les cultures en floraison n'empêchait pas que les abeilles y soient exposées. En réalité, l'utilisation globale des néonicotinoïdes au Royaume-Uni s'était accrue après cette interdiction, à cause d'une forte augmentation de leur application sur des céréales comme le blé, qui n'attirent pas les abeilles. Mais si les néonicotinoïdes appliqués sur les cultures de céréales s'introduisent dans les fleurs sauvages, alors les abeilles et les autres insectes qui les visitent continuent à courir de grands dangers. Butiner des fleurs sauvages pour se nourrir reviendrait en quelque sorte à jouer à la roulette russe car elles n'ont pas la possibilité de distinguer celles qui contiennent de très hautes doses de pesticides de celles qui n'en contiennent pas.[24]

Heureusement, pour récolter du nectar et du pollen sur une vaste étendue, il existe un moyen plus simple que le ramassage à la main. Comme le découvrait Cristina, les humains sont désespérément inefficaces par rapport aux abeilles, expertes en extraction de récompenses florales : voilà 120 millions d'années qu'elles prélèvent du pollen et du nectar. Leurs yeux et leurs antennes sont très sensibles aux couleurs et aux parfums des fleurs, et leurs corps ont évolué de manière à leur permettre de rassembler et transporter leur butin. L'abdomen de l'abeille mellifère contient un « estomac à miel » gonflable, capable de contenir son propre poids en nectar. Son corps est couvert de poils ramifiés qui piègent le pollen, et ses pattes sont équipées de

---

[24] Une recherche menée dans le laboratoire de Geri Wright à Newcastle a montré que les abeilles étaient physiologiquement incapables de goûter ou sentir les néonicotinoïdes, pourtant, si on leur donnait le choix entre des distributeurs de solutions sucrées avec ou sans néonicotinoïdes, elles préféraient curieusement boire celles qui étaient empoisonnées. Certains interprétèrent cela comme la preuve que les abeilles sont devenues dépendantes de ce pesticide, tout comme un fumeur devient dépendant à la nicotine.

peignes qui l'envoient avec dextérité dans les corbeilles de ses pattes arrière.[25]

Par conséquent, les abeilles peuvent se révéler un outil efficace et puissant pour détecter plusieurs types de contamination environnementale, pas seulement par les pesticides. À partir de son nid, une colonie d'abeilles envoie dans la nature des centaines ou des milliers d'ouvrières, en général jusqu'à deux ou trois kilomètres ; quand celles-ci reviennent avec le pollen et le nectar qu'elles ont assidûment prélevés sur des milliers de fleurs, les scientifiques peuvent le subtiliser pour leur propre compte. C'est là que Beth, mon autre postdoc, entrait en jeu ; disons qu'elle avait tiré la paille la plus longue de ce programme de recherche puisque son projet consistait à lâcher en même temps des colonies de bourdons et d'abeilles mellifères dans le paysage afin de pouvoir échantillonner ensuite les stocks de nectar et le pollen qu'elles rapportaient dans les corbeilles de leurs pattes.

Les approches différentes de Cristina et Beth présentent chacune leurs avantages et leurs inconvénients. Échantillonner les réserves alimentaires des colonies d'abeilles est infiniment plus facile que de prélever le pollen et le nectar des fleurs, mais comme nous ne savions pas exactement où les abeilles s'approvisionnaient, il était impossible de savoir véritablement d'où venaient les résidus de pesticides contenus dans leur nourriture. Nous pouvions identifier approximativement le type de plante qui avait produit le pollen en examinant les grains au microscope (la forme et la taille des grains de pollen varient d'une espèce de plante à l'autre), mais nous n'avions pas la moindre idée

---

25 Les corbeilles à pollen sont caractéristiques des abeilles mellifères et des bourdons. D'autres abeilles utilisent des méthodes différentes. Les *hylaeus*, par exemple, l'avalent et le régurgitent dans leur nid, tandis que les abeilles maçonnes et les mégachilidés le transportent sur leur ventre poilu.

de l'endroit où elle se situait. D'un autre côté, comme nous nous intéressions aux effets potentiels des pesticides sur les abeilles, cette approche nous renseignait avec précision sur les concentrations de pesticides auxquelles les abeilles en liberté étaient exposées dans le monde réel.

Grâce aux efforts combinés de Beth et Cristina, nous avons pu dresser un tableau assez juste du devenir des néonicotinoïdes dans l'environnement. Manifestement, la majeure partie s'enfouissait dans le sol et y restait pendant des années. Les échantillons de terre de Cristina contenaient souvent de l'imidaclopride, premier néonicotinoïde en vente sur le marché – alors qu'à l'époque où elle prélevait ses échantillons, tous nos agriculteurs avaient déjà arrêté de l'utiliser depuis plusieurs années (l'imidaclopride a été remplacé par deux nouveaux néonicotinoïdes, la clothianidine et le thiaméthoxame)[26]. Les néonicotinoïdes se répandaient à la lisière des champs où ils étaient absorbés par les fleurs sauvages et les végétaux des haies, de sorte que ces haies si importantes pour la faune qui s'y abrite étaient toutes imprégnées d'insecticides puissants. De la même façon, les bandes de fleurs plantées le long des champs pour fournir de la nourriture aux abeilles étaient elles aussi contaminées. En fait, dans la campagne du Sussex, partout où l'on avait placé les colonies d'abeilles, que ce soient des bourdons ou des abeilles mellifères, le pollen et le nectar contenaient des néonicotinoïdes. Les niveaux décelés dans leurs réserves de nourriture se révélaient souvent nettement supérieurs à ceux utilisés au cours de nos expérimentations précédentes, déclarés alors déraisonnablement élevés par certains. Pour réaliser notre étude écossaise, qui démontrait une baisse de

---

[26] Les pesticides portent presque toujours des noms imprononçables très difficiles à retenir. Selon Matt Sharlow, directeur général de Buglife, association pour la préservation des insectes, ce serait un stratagème pour éviter les débats publics sur le sujet.

L'empoisonnement des terres

85 % du nombre de reines produites par les nids de bourdons exposés aux néonicotinoïdes, nous leur avions donné du pollen additionné de six parties par milliard de pesticide. Le porte-parole des industriels avait affirmé que six parties par milliard était une concentration exagérément élevée ; pourtant les stocks de pollen des nids de bourdons placés sur les terres du Sussex en contenaient plus de trente parties par milliard – clairement plus qu'assez pour leur nuire.

Beth et Cristina ont également trié les boules de pollen transportées sur les pattes des abeilles mellifères en fonction des plantes dont elles provenaient et analysé séparément les différentes espèces de plantes afin de voir quels pesticides elles contenaient. Cette tâche était facilitée par le fait que les abeilles mellifères ont tendance à ramasser en un voyage le pollen d'une seule espèce de plante et que peu d'entre elles sont donc susceptibles de rapporter des mélanges. Même pendant la période de floraison des champs de colza voisins, en avril et en mai, la majeure partie du pollen provenait de fleurs sauvages – avec une nette préférence pour l'aubépine. Ces données furent recueillies juste avant l'entrée en vigueur du moratoire de 2013 sur l'usage des néonicotinoïdes pendant la floraison des cultures, or selon les analyses de Cristina, 3 % seulement des résidus de néonicotinoïdes introduits dans la colonie via le pollen provenaient des champs cultivés. Étonnamment, 97 % provenaient des fleurs sauvages.

Lorsque les résultats de Cristina furent publiés en 2015, l'UE réagit de nouveau remarquablement vite. Le moratoire de 2013 visait à protéger les abeilles contre l'exposition à ces substances chimiques, mais manifestement l'interdiction de leur utilisation sur les cultures en floraison était insuffisante. En 2016, la Commission européenne demanda à l'EFSA (l'Autorité européenne de sécurité des aliments) d'examiner ces nouvelles preuves et de publier un rapport, en se concentrant à nouveau sur le danger couru par les abeilles. Cela prit une bonne année, mais quand ce rapport arriva en février 2018, ses conclusions étaient catégoriques : presque toutes les utilisations de néonicotinoïdes présentaient un risque pour les abeilles. Fin 2018 les applications en plein air des trois principaux néonicotinoïdes furent interdites dans toute l'Europe.

Notre subvention ne nous permettait pas d'étendre nos recherches à la contamination des habitats aquatiques par l'infiltration des néonicotinoïdes dans les terres arables ; mais, heureusement, d'autres scientifiques s'en chargeaient ailleurs. Tessa van Dijk et Jeroen van der Sluijs, de l'université d'Utrecht, donnèrent le coup d'envoi lorsqu'ils obtinrent les données collectées par leur gouvernement sur le niveau de pollution de l'eau douce aux Pays-Bas, révélant des niveaux alarmants de néonicotinoïdes dans les ruisseaux, les rivières et les lacs. Dans les zones les plus polluées, les concentrations montaient au taux faramineux de 320 parties par milliard – un taux si élevé que l'eau des ruisseaux aurait pu elle-même servir d'insecticide. Pendant ce temps, au Canada, Christy Morrissey, de l'université du Saskatchewan, démontrait la contamination quasi-totale aux néonicotinoïdes des lacs et milieux humides du pays. Ces deux études poussèrent des scientifiques du monde entier à entreprendre des recherches ; il est rapidement apparu que les lacs et les rivières de toute la planète, du Portugal au Vietnam en passant par la Californie, étaient souvent contaminés de façon chronique par ces substances chimiques.

De tous les endroits étudiés jusqu'ici, les Pays-Bas paraissent posséder le niveau le plus élevé de pollution de l'eau douce aux néonicotinoïdes, alors qu'ailleurs il ne dépasse généralement pas une partie par milliard. Même si cela semble peu, c'est malheureusement encore suffisant

L'empoisonnement des terres

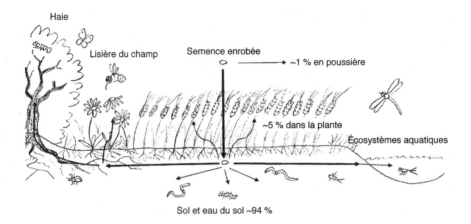

Le devenir environnemental des insecticides néonicotinoïdes utilisés pour enrober les semences : En moyenne, environ 5 % seulement du pesticide arrive là où il est censé aller – dans les cultures – un chiffre qui a été calculé par les propres scientifiques de Bayer. Le produit aboutit en grande partie dans le sol et l'eau du sol, où il peut s'accumuler au fil du temps s'il est utilisé régulièrement. Dans le sol, les substances chimiques peuvent être absorbées par les racines des fleurs sauvages et des plantes des haies, puis se diffuser dans les feuilles et les fleurs ou s'écouler dans les ruisseaux. Ce mode d'application pose en outre un problème fondamental puisqu'il est obligatoirement prophylactique : l'agriculteur ne peut pas savoir si sa récolte sera attaquée par des nuisibles avant de l'avoir semée. L'usage prophylactique des pesticides est contraire à tous les principes de la « protection intégrée des cultures » (PIC), une approche qui cherche à diminuer l'utilisation des pesticides en ne les appliquant qu'en cas de nécessité absolue, et que la plupart des agronomes considèrent comme la meilleure stratégie écologique. Avec la PIC, une multitude de méthodes non-chimiques sont déployées pour lutter contre les nuisibles, par exemple : favoriser les ennemis naturels, choisir des plantes résistantes, allonger les cycles de rotation des cultures. C'est seulement si ces méthodes échouent et qu'un nombre considérable de nuisibles est détecté, que l'agriculteur aura recours aux pesticides.

pour tuer des insectes aquatiques. Les éphémères, les trichoptères et quelques diptères y seraient particulièrement sensibles, si bien que les régulateurs européens ont calculé pour l'imidaclopride un niveau indicatif « inoffensif » de 8,3 parties pour mille milliards dans l'eau douce.

En effectuant une enquête mondiale, Christy Morrissey a trouvé que non seulement ce niveau était dépassé dans les trois quarts des échantillons, mais aussi qu'on décelait jusqu'à six néonicotinoïdes différents dans certains échantillons et que, dans l'ensemble, les niveaux de contamination augmentaient d'année en année sur la planète.

Sans surprise, les écosystèmes d'eau douce aux taux élevés d'insecticides ont tendance à contenir moins d'invertébrés. Les ruisseaux et les lacs sains peuvent grouiller d'insectes qui nourrissent les poissons, les oiseaux, les chauves-souris. Aux Pays-Bas, on a constaté une diminution importante des crustacés et des insectes aquatiques dans les eaux lourdement polluées, ainsi que l'accélération du déclin des oiseaux mangeurs d'insectes dans ces mêmes zones. Cependant, la preuve peut-être la plus spectaculaire de l'impact des néonicotinoïdes sur la vie aquatique nous vient du lac Shinji au Japon, déjà mentionné plus tôt. Là, des populations d'invertébrés furent étroitement surveillées pendant de nombreuses années car il s'y pêche une quantité très importante d'anguilles et d'éperlans. Lorsque les néonicotinoïdes ont été introduits dans les rizières environnantes, on s'est aperçu qu'ils contaminaient les ruisseaux alimentant le lac et que ses populations d'insectes, de crustacés et d'autres petits animaux (souvent appelés collectivement zooplancton) s'effondraient. Les défenseurs des pesticides soutenaient qu'il s'agissait d'une simple coïncidence, qu'il s'était produit à l'époque un phénomène responsable de la destruction du zooplancton – peut-être un autre polluant utilisé lui aussi pour la première fois cette année-là, ou une terrible épidémie qui avait détruit le zooplancton. De telles choses sont évidemment possibles, mais réfléchissez bien et demandez-vous quelle est, à *votre* avis, l'explication la plus vraisemblable.

L'empoisonnement des terres

Au Japon, aucune action ne fut engagée et les rendements de la pêche dans le lac Shinji restèrent très faibles pendant au moins vingt ans (à ma connaissance, aucune donnée n'a été publiée depuis 2014). En revanche, d'un point de vue européen, la saga des néonicotinoïdes est une histoire encourageante à bien des égards. Les preuves scientifiques accumulées ont été expertisées par des régulateurs, et les gouvernements ont agi en conséquence. Toutefois, il est vraiment regrettable qu'une erreur aussi terrible ait été commise dès le début, en autorisant pendant vingt-cinq ans la commercialisation d'un groupe de pesticides avant qu'il devienne évident qu'ils étaient nocifs pour l'environnement.

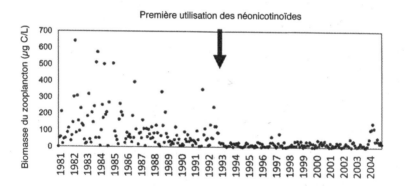

Impact de la pollution aux néonicotinoïdes sur les invertébrés du lac : Les populations de zooplancton du lac Shinji, au Japon, ont diminué d'une manière spectaculaire après l'introduction des néonicotinoïdes dans les rizières environnantes en 1993 (Yamamuro *et al.*, 2019).

En 2018, les évaluations de l'EFSA sur les risques liés à ces substances chimiques passèrent au crible les preuves de leurs effets sublétaux, ainsi que leurs effets sur les abeilles sauvages (pas seulement les abeilles mellifères), mais il n'existe toujours aucune obligation d'évaluation de ce type pour les nouveaux pesticides qui arrivent sur le marché. Bien que l'EFSA travaille avec des scientifiques de toute l'Europe à l'élaboration d'un protocole d'évaluation plus rigoureux pour ces nouveaux produits, le lobbying intensif des industriels auprès des politiciens est parvenu, jusqu'ici, à empêcher sa mise en œuvre. En fait, aucune mesure n'existe pour prévenir la répétition des mêmes erreurs avec d'autres substances chimiques. Ces dernières années, on a vu apparaître sur le marché de nouveaux insecticides aux noms toujours aussi imprononçables : flupyradifurone, sulfoxaflor, cyantraniliprole, etc. La plupart d'entre eux sont de puissantes neurotoxines aux propriétés similaires à celles des néonicotinoïdes. D'ailleurs, certains *sont* probablement des néonicotinoïdes. On peut se demander si, dans vingt ans, ces composés seront à leur tour interdits, lorsque suffisamment de preuves se seront accumulées.

Si l'Europe a pris l'initiative d'interdire les néonicotinoïdes, en premier lieu sur les cultures en floraison, puis sur toutes les cultures, ces insecticides n'en demeurent pas moins les produits favoris du reste du monde, et c'est une véritable tragédie. Outre l'enrobage quasi général des semences, les pulvérisations par avion sont courantes sur les cultures de l'ensemble du continent américain ; on s'en sert également pour imprégner les arbres ornementaux avant leur plantation et asperger le bétail pour tuer les mouches. En 2017, un groupe de scientifiques suisses dirigés par Edward Mitchell a publié une nouvelle étude dans laquelle des centaines d'échantillons de miel du monde entier étaient analysés. Soixante-quinze pour cent de ces échantillons contenaient au moins un néonicotinoïde ; beaucoup contenaient un mélange de deux ou trois types différents[27]. Même chez les abeilles

---

27 Des preuves ultérieures de la nature invasive de ces pesticides ont été récemment démontrées par une autre étude suisse, qui analysait les plumes de moineaux domestiques suisses pour y chercher des néonicotinoïdes. Sur un large échantillon de plusieurs centaines d'oiseaux, incluant des oiseaux vivant sur

L'empoisonnement des terres

des îles éloignées, telles que Curaçao, dans les Caraïbes, et Tahiti, dans le Pacifique, leurs réserves de nourriture contenaient de ces toxines.

Cela vaut la peine de s'attarder un moment sur ce sujet. Les abeilles mellifères sont des insectes d'une importance vitale ; que les trois quarts d'entre elles absorbent des insecticides extrêmement puissants avec leur nourriture devrait être une source d'inquiétude profonde. Non seulement cela représente une menace très grave pour les abeilles, vu les effets létaux et sublétaux associés à ces substances chimiques mais, plus globalement, c'est aussi une menace pour tous les insectes pollinisateurs. Les abeilles mellifères sont généralistes : elles fabriquent leur miel à partir d'une très grande variété d'espèces de plantes. Si elles sont exposées aux néonicotinoïdes, les bourdons le sont aussi, de même que les abeilles solitaires, les papillons diurnes et nocturnes, les scarabées, les guêpes, etc. Il paraît aujourd'hui probable qu'une très large proportion de l'ensemble des insectes du monde entier est exposée de façon chronique aux substances chimiques spécialement conçues pour en tuer certains.

Même en Europe, le problème n'est pas complètement résolu. Les agriculteurs ont la possibilité de demander à leur gouvernement une dérogation, terme légal signifiant qu'on les dispense temporairement de respecter cette interdiction et qu'on leur accorde donc la permission spéciale d'utiliser des néonicotinoïdes sur leurs cultures. Ils doivent faire valoir qu'il s'agit d'une mesure d'urgence et qu'il n'existe aucune méthode alternative de lutte contre les nuisibles ; mais de nombreux gouvernements européens semblent distribuer volontiers ces dérogations sans vérifier

---

des exploitations biologiques, 100 % contenaient au moins un néonicotinoïde. Pendant ce temps, aux États-Unis des chercheurs découvraient que des doses probables de néonicotinoïdes amaigrissaient le corps et perturbaient le sens de l'orientation des bruants à couronne blanche migrateurs.

la vraisemblance de l'argument qui en fait une nécessité absolue. En 2017, par exemple, treize des vingt-huit pays membres de l'UE accordèrent à des agriculteurs des dérogations leur permettant d'utiliser les néonicotinoïdes interdits sur des cultures en floraison ; en janvier 2021, l'une des premières mesures prises par le gouvernement britannique post-Brexit fut d'autoriser leur utilisation sur les betteraves sucrières, malgré les violentes protestations des organisations écologistes[28].

En outre, l'interdiction européenne ne s'étend pas aux usages vétérinaires. Si les agriculteurs ne sont plus autorisés à utiliser les néonicotinoïdes sur leurs cultures (sauf avec une dérogation), le public peut encore en acheter pour tuer les puces de ses animaux de compagnie. Advocate et Advantage figurent parmi les marques les plus populaires d'antiparasitaires, or tous deux contiennent de l'imidaclopride. Frontline, un produit concurrent, contient quant à lui du fipronil, autre neurotoxine aux propriétés très proches des néonicotinoïdes. Vous pensez peut-être que leur application sur les animaux domestiques est insignifiante par rapport à ce qu'on répand sur les cultures ; c'est vrai, les quantités sont beaucoup plus réduites, mais les doses utilisées sont malgré tout élevées. Ces traitements antiparasitaires étant conçus pour un usage prophylactique, une goutte par mois sur la nuque de votre chien ou de votre chat rend votre animal toxique pour tous les insectes suceurs de sang. La dose mensuelle recommandée sur un chien de taille moyenne suffirait à tuer soixante millions d'abeilles mellifères ; avec environ dix millions de chiens et onze millions de chats, rien qu'au Royaume-Uni, ce sont plusieurs tonnes d'imidaclopride et de fipronil qui sont déversées chaque année sur nos petits compagnons.

---

28 La même dérogation fut accordée en France, et répétée en 2022 (NDE).

L'empoisonnement des terres

Naturellement, ce n'est peut-être pas un vrai problème puisque, en règle générale, les abeilles ne butinent pas le dos des chiens et des chats, mais rappelez-vous que ces substances chimiques sont persistantes et solubles dans l'eau. Si un chien saute dans une mare, dans un ruisseau, ou s'en va gambader sous la pluie, il est quasiment certain que la toxine se diluera en délivrant une dose non négligeable d'insecticide dans l'environnement. Récemment, mon étudiante doctorante, Rosemary Perkins, a analysé des données fournies par l'Environment Agency sur les niveaux d'imidaclopride et de fipronil dans vingt rivières anglaises. Ses résultats sont très inquiétants : dix-neuf rivières étaient contaminées à l'imidaclopride et toutes les vingt au fipronil, en plus des différents produits toxiques de dégradation issus de ce dernier. Pire encore, dans la majorité des rivières, les niveaux excédaient les limites de sécurité pour les insectes aquatiques. Fait révélateur, les niveaux de contamination par ces deux substances chimiques étaient supérieurs dans les échantillons d'eau prélevés en aval des écoulements des stations d'épuration. Une étude américaine a en effet démontré que si l'on baigne un chien, la plus grande partie du traitement antipuces se dilue dans l'eau du bain ; il semble donc probable que ce soit de là que vienne la contamination des rivières anglaises, d'autant plus que l'usage agricole du fipronil n'a jamais été autorisé au Royaume-Uni.

Pendant que Beth et Cristina étudiaient les pesticides contenus dans la nourriture collectée par les colonies d'abeilles, nous avons placé plusieurs nids de bourdons dans des zones urbaines. Nous étions curieux de voir de quelle façon l'exposition aux pesticides différait entre ville et campagne. Au Royaume-Uni, les pesticides qu'utilisent les agriculteurs sont soigneusement contrôlés par les agences gouvernementales, mais ceux dont se servent les jardiniers, les collectivités locales ou les propriétaires d'animaux de compagnie ne semblent soumis à aucune surveillance. Globalement, les concentrations de pesticides dans les réserves de nourriture des nids de bourdons des zones urbaines tendaient à être plus faibles que dans les nids de campagne ; mais les pesticides qu'on y a découverts étaient différents. À la campagne, les néonicotinoïdes les plus courants trouvés dans la nourriture des abeilles sont la clothianidine et le thiaméthoxame, de nouveaux composés qui ont remplacé depuis plusieurs années l'imidaclopride à usage agricole. En ville, en revanche, le principal néonicotinoïde trouvé dans les réserves de nourriture des bourdons est l'imidaclopride. Nous ne savons pas encore exactement d'où il provient. L'imidaclopride ayant été l'ingrédient principal de nombreux insecticides vendus pour le jardin, il se peut que des particuliers aient conservé des vieilles bombes de produit achetées des années plus tôt. Il se peut aussi que l'imidaclopride n'ait pas encore disparu du sol et des plantes depuis ses applications effectuées dans le passé. Ou alors il provient des chats et des chiens dont la pluie a délavé les poils imprégnés, et il a contaminé les jardins. Le plus vraisemblable, c'est que les trois réunis en soient la cause ; mais il serait bon de connaître l'apport relatif de chacune de ces sources car deux d'entre elles finiront par disparaître, alors que rien ne semble indiquer que les traitements antipuces aux néonicotinoïdes seront retirés de la vente.

Jusqu'ici, je me suis concentré sur les néonicotinoïdes, qui sont les pesticides les plus connus toujours en usage, mais ils ne constituent que la partie visible de l'iceberg. Si des scientifiques ont déjà commis l'erreur de croire que le problème des pesticides avait été réglé par les batailles contre le DDT et ses semblables entre les années 1960 et 1980, ce serait de nouveau une erreur majeure de croire que les néonicotinoïdes sont les seuls pesticides à menacer les insectes, ou l'environnement en général. Certains

L'empoisonnement des terres

scientifiques et militants portent des œillères ; ils focalisent leurs efforts sur ce seul sujet et perdent de vue l'ensemble du tableau. Au cours de nos études sur les pesticides contenus dans le pollen et le nectar stockés par les abeilles du Sussex nous avons également recherché des fongicides ; ils se sont souvent révélés plus fréquents que les insecticides. Dans le pollen collecté par les bourdons, nous avons découvert un minimum de trois pesticides différents, et parfois jusqu'à dix, tous mélangés. Ailleurs dans le monde, d'autres chercheurs ont passé au crible des échantillons de miel et de pollen à la recherche de tous les types de pesticides : quelle que soit la localisation géographique de la ruche, la nourriture des abeilles contient presque toujours un cocktail complexe d'insecticides, de fongicides et d'herbicides. Cent soixante pesticides différents ont été trouvés dans les réserves alimentaires des abeilles : 83 types différents d'insecticides, 40 fongicides, 27 herbicides et 10 acaricides (ce dernier destiné à tuer les acariens).

Bien sûr, on pourrait raisonnablement s'attendre à ce que des pesticides comme les herbicides et les fongicides ne posent aucun problème aux insectes puisqu'ils ne sont pas conçus pour leur nuire. Les herbicides servent avant tout à tuer les mauvaises herbes qui poussent au milieu ou à proximité des cultures, et les fongicides à lutter contre les maladies cryptogamiques comme le mildiou ou la rouille, susceptibles de provoquer des dégâts considérables, surtout par temps humide, si on ne les contrôle pas. Estimant souvent les fongicides et les herbicides inoffensifs pour les abeilles, les agriculteurs en pulvérisent sur les cultures en fleurs pendant la journée, au moment où les abeilles sont actives (ce qu'ils ne feraient pas en général avec les insecticides). Or, on commence à avoir la preuve que les fongicides sont dangereux pour les insectes. Une étude à grande échelle sur la tendance au déclin des bourdons d'Amérique du Nord a montré, par exemple, que la meilleure variable prédictive de ce déclin général était l'usage des fongicides, et non celui des insecticides ou des herbicides. Cette étude a également révélé un lien étroit entre l'utilisation d'un fongicide en particulier, le chlorothalonil, et une maladie, *Nosema bombi*, susceptible de provoquer une diarrhée mortelle chez les bourdons. Indépendamment de cette étude, d'autres chercheurs ont découvert que les abeilles mellifères exposées à cette substance devenaient plus vulnérables à une maladie très proche, *Nosema ceranae*, et que l'exposition des colonies de bourdons à des concentrations réalistes – c'est-à-dire les concentrations auxquelles elles sont exposées à l'état naturel sur des terres arables – suffisait à réduire de façon significative leur croissance. On ne sait pas exactement comment ce fongicide s'attaque aux abeilles, mais une théorie veut qu'il détruise leur microbiote intestinal et les rende ainsi plus sensibles aux maladies[29].

En circulation depuis 1964, le fongicide chlorothalonil est l'un des pesticides les plus répandus dans le monde. Jusqu'en 2018, c'était le plus utilisé au Royaume-Uni ; on en trouve couramment dans les échantillons de miel. Ses effets nocifs sur les abeilles n'ont pas été détectés au cours de son homologation initiale et semblent être passés inaperçus pendant plus de cinquante ans. En 2019, cette substance chimique a été interdite par l'UE, essentiellement en raison d'un risque de contamination des nappes phréatiques – donc des rivières et de l'eau potable –, pas à cause des abeilles. Le reste du monde, lui, continue à l'employer sans restriction, comme il le fait avec les néonicotinoïdes. On peut se demander combien d'autres substances

---

29 Comme les humains, et sans doute la plupart des animaux, les abeilles possèdent des communautés complexes de bactéries symbiotiques dans leurs intestins ; la perturbation de ces communautés peut affecter profondément leur santé.

L'empoisonnement des terres

chimiques, parmi les centaines qui sont couramment utilisées, finiront par se révéler néfastes pour la santé, que ce soient celle des abeilles, des humains ou des tritons crêtés. Nos régulateurs nous promettent qu'ils sont inoffensifs jusqu'au jour où ils nous apprennent qu'ils ne le sont pas. Comment pouvons-nous avoir confiance dans un système qui nous a trompés autant de fois dans le passé ?

Tandis que certains fongicides semblent présenter un danger direct pour les abeilles, d'autres ont des effets moins évidents. Par exemple cette classe de produits chimiques joliment baptisés « les fongicides inhibiteurs de la biosynthèse de l'ergostérol » (IBE) est connue pour agir en synergie avec les insecticides. Le fongicide bloque le mécanisme de détoxication de l'abeille, ce qui ne pose aucun problème tant qu'elle n'est pas exposée à un poison. En revanche, si elle se trouve en même temps en présence d'un insecticide, sa capacité à le supporter diminue grandement. Certains mélanges fongicide-insecticide peuvent être jusqu'à mille fois plus toxiques pour les abeilles que l'insecticide seul. De telles interactions imprévues ne seront jamais détectées par les essais réglementaires effectués sur les nouveaux pesticides puisque chaque substance est toujours testée isolément. Pourtant, on sait pertinemment que, dans la nature, les abeilles et les autres insectes ne sont presque jamais exposés à un seul produit à la fois. En réalité, depuis l'instant où elles sortent de l'œuf, elles ne cessent d'être confrontées à un mélange complexe de produits chimiques artificiels, ainsi qu'à des parasites et agents pathogènes naturels ou nouveaux (voir chapitre 10) ; les interactions dépassent de beaucoup nos capacités de prévision ou de compréhension. Résultat, même Ian Boyd, conseiller scientifique en chef du DEFRA, a récemment admis qu'à l'heure actuelle il est impossible d'anticiper les répercussions écologiques de l'application en grande quantité de pesticides multiples. Ce qui ne nous empêche pas de continuer à les utiliser.

Revenons-en à l'affirmation selon laquelle l'emploi des pesticides est aujourd'hui moins nocif pour l'environnement qu'il ne l'était à la triste époque du DDT et de ses semblables. Ses défenseurs ne manquent jamais de faire remarquer que le volume total des pesticides appliqués par les agriculteurs a chuté. C'est vrai au Royaume-Uni où, entre 1990 et 2015, ce volume est tombé de 34 400 tonnes à 17 800 tonnes, soit une baisse de 48 % (le poids des pesticides appliqués en 2015 se montant approximativement à 400 000 tonnes dans le monde entier, la contribution du Royaume-Uni était d'environ 4 %). Ces chiffres, je dois le préciser, représentent le poids de « l'ingrédient actif », c'est-à-dire la toxine proprement dite, souvent préparée avec un tas d'autres produits chimiques[30] dans un volume beaucoup plus important d'eau ou d'un autre solvant.

Mais la diminution apparente de l'utilisation des pesticides est trompeuse. Toutes choses étant égales par ailleurs, une diminution de la quantité de pesticide appliquée serait une bonne nouvelle : mais voilà, toutes les choses ne sont pas égales. Une des caractéristiques de ces nouveaux composants est leur tendance, au fil du temps, à devenir beaucoup, beaucoup plus toxiques que ceux que l'on utilisait avant. En 1945, on appliquait généralement le DDT à

---

30 Ces ingrédients prétendument « inertes » ne sont pas sujets aux mêmes essais réglementaires que l'ingrédient « actif », mais selon des preuves récentes, les effets combinés du mélange peuvent se révéler beaucoup plus toxiques que l'ingrédient « actif » seul. Les préparations pesticides contenant le mélange d'ingrédients actifs et inertes vendus aux agriculteurs portent des noms spectaculaires, percutants ou tout simplement étranges. Parmi les plus connus se trouvent les préparations contenant du glyphosate, généralement connues sous le nom de Roundup. Des préparations variées d'insecticides s'appellent : Zampro, Malathion, Serenade, Matador et même Gandalf – ce dernier étant maintenant un insecticide pyréthrinoïde. Je doute que J. R. R. Tolkien eût approuvé.

raison de 2 000 g/ha. Les insecticides plus modernes, tels que l'aldicarbe, les pyréthrinoïdes et les néonicotinoïdes, sont respectivement appliqués à raison de 100, 50 et 10 g/ha car ils sont beaucoup plus toxiques pour les insectes – à la fois les bons et les « mauvais » insectes. Un calcul vite fait démontre que le résultat net du passage aux substances chimiques utilisées en plus petites quantités, mais beaucoup plus toxiques, présente un risque accru pour les insectes. Les néonicotinoïdes et le fipronil étant environ sept mille fois plus nocifs que le DDT pour les abeilles, remplacer 2 kg de DDT (qui tuerait environ 74 millions d'abeilles) par 10 g d'un néonicotinoïde (qui en tuerait 2,5 milliards) ne va pas vraiment dans le bon sens, du moins pour les abeilles.

Décidé à approfondir la question, je me suis mis au travail avec l'aide d'une kyrielle d'étudiants très motivés de l'université du Sussex, afin de comprendre la manière dont le risque potentiel que présentait pour les abeilles l'usage des pesticides au Royaume-Uni avait évolué au fil du temps. Le DEFRA a le mérite de publier les chiffres de l'utilisation des pesticides par les agriculteurs sur un site gouvernemental mis à la disposition du public, https://secure.fera.defra.gov.uk/pusstats/, et de les réactualiser tous les ans. Pour chacun des quelque trois cents pesticides régulièrement appliqués dans le pays, nous avons extrait le poids utilisé chaque année, puis calculé combien d'abeilles cela pouvait tuer, en théorie. Pour chaque année, nous avons additionné « la mortalité potentielle des abeilles » de tous les différents pesticides, puis cherché à savoir comment le changement s'opérait dans le temps. Naturellement, je tiens à souligner qu'il s'agit là d'un scénario catastrophe hautement improbable, où tous les pesticides utilisés par agriculteur seraient absorbés par ces insectes. Néanmoins, l'échelle de l'axe vertical du diagramme est alarmante – l'ensemble des pesticides appliqués au Royaume-Uni pourraient tuer plusieurs milliers de fois la totalité des quelque trois milliards d'abeilles mellifères de notre planète ; alors, heureusement que les abeilles ne consomment jamais la plupart de ces produits. Toutefois, la tendance me paraît importante : depuis 1990, le nombre de décès potentiels d'abeilles a sextuplé. Du point de vue des abeilles, les terres arables sont devenues des lieux nettement plus dangereux qu'avant.

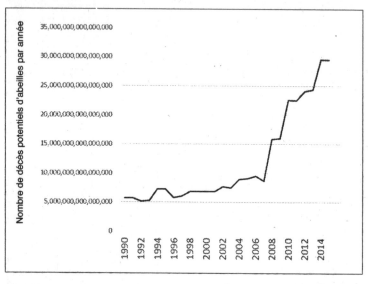

Modification de la « charge toxique » au fil du temps : Le graphique montre le nombre potentiel d'abeilles mellifères risquant d'être tuées par les pesticides appliqués chaque année sur les cultures du Royaume-Uni, dans le cas de figure improbable où ils seraient tous consommés par ces insectes. Leur nombre s'est multiplié par six depuis 1990, au fur et à mesure que de nouveaux insecticides plus toxiques étaient adoptés par les agriculteurs (https://peerj.com/articles/5255/). Notez que cela n'inclut pas le volume considérable des avermectines administrées au bétail, une classe de pesticides extrêmement toxiques pour les insectes, qui se retrouvent dans les excréments et contaminent le sol.

Bien sûr, les pesticides utilisés par les agriculteurs ne sont pas destinés à tuer les abeilles mellifères, ni les bourdons, ni tout autre insecte bénéfique ou inoffensif.

L'empoisonnement des terres

Ils sont conçus pour cibler le mieux possible les insectes ravageurs comme les pucerons, les aleurodes et les chenilles herbivores, en étant par exemple vaporisés le soir lorsque la plupart des abeilles dorment ; de cette façon la grande majorité de la dose employée n'entre pas au contact de ces dernières. Cependant, il est impossible de diffuser 17 000 tonnes de poison chaque année dans la nature sans causer des dommages involontaires. Car les insecticides tuent *tous* les insectes, pas seulement ceux qu'ils ciblent, quoi que puissent vouloir vous faire croire les adeptes de la « double pensée » qui les fabriquent. Il n'est pas vraiment étonnant que notre nature ait des problèmes : toute plante ou tout animal vivant dans une zone de terres arables doit supporter d'être aspergé tous les ans sans arrêt. Les pesticides pulvérisés depuis les rampes des tracteurs (ou depuis les avions épandeurs, comme cela se fait couramment sur le continent américain) dérivent vers les haies et au-delà. Ceux qui enrobent les semences s'accumulent dans le sol et s'infiltrent dans les cours d'eau. Avec plus de dix-sept applications par an et par champ, il est inévitable qu'une grande partie de nos campagnes soit contaminée par les pesticides.

Malheureusement, les pesticides utilisés sur les cultures ne constituent qu'une partie du tableau. Les éleveurs, par exemple, traitent régulièrement leur bétail aux avermectines, qui protègent les bêtes contre les vers intestinaux et les insectes parasites. Administrées oralement, en général, la plupart des avermectines se retrouvent dans les bouses, où elles peuvent rester pendant des mois, transformant en danger toxique ce qui devrait être un festin pour les mouches et les bousiers. Parallèlement, les collectivités locales en arrosent nos parcs et nos trottoirs, tandis que les particuliers inondent leurs jardins de poisons achetés en supermarché ou magasin de bricolage, et en aspergent leurs chiens et leurs chats. Incroyable mais vrai, on peut même acheter du Woodlice Killer (tueur de cloportes). Récemment, la rubrique jardinage d'un quotidien national britannique encourageait ses lecteurs à « contrôler » les cloportes avec du Vitax Ltd Nippon Woodlice Killer, s'il y en avait trop dans leur tas de compost. Que les personnes enclines à suivre ce conseil sachent que ce produit contient un insecticide pyréthrinoïde polyvalent ; disponible en ligne sur Amazon, ou dans les jardineries et les magasins de bricolage du Royaume-Uni, il est présenté comme un produit à utiliser aussi bien à l'extérieur qu'à l'intérieur, également efficace contre les perce-oreilles et les poissons d'argent. La raison pour laquelle on voudrait tuer une de ces petites bêtes n'est pas claire. Les cloportes sont des créatures inoffensives qui accomplissent un boulot extraordinaire dans les tas de compost en mâchant les matières ligneuses qu'elles aident à transformer en un terreau noir et riche. Ils grouillent surtout dans les tas de branches humides, où ils recyclent paisiblement les éléments nutritifs du bois en les rendant finalement assimilables par les plantes du jardin. En outre, ils servent de nourriture aux oiseaux et aux petits mammifères. Ce sont des créatures bénéfiques que l'on devrait fêter au lieu de les persécuter et de les empoisonner dans cette espèce de frénésie psychotique de tuer tout ce qui ose prospérer. Les cloportes ne pourront jamais devenir « trop nombreux » dans un tas de compost puisqu'ils accélèrent en réalité sa décomposition ; plus il y en aura, mieux ce sera. Si des cloportes et des poissons d'argent envahissent régulièrement votre maison, sachez que vous avez un problème d'humidité. C'est lui que vous devez traiter au lieu de vous attaquer au symptôme en aspergeant votre maison de pesticide.

  L'élément essentiel, et invisible, du tableau est constitué par nos sols, nos rivières, nos lacs, nos haies, nos parcs et nos jardins désormais tous chargés de ces toxines fabriquées

L'empoisonnement des terres

par l'homme. On dit parfois que l'humanité est en guerre avec la nature, mais le mot « guerre » implique un conflit bidirectionnel. Or notre attaque chimique contre la nature s'apparente davantage à un génocide. Comment, dans ces conditions, s'étonner que notre faune soit en déclin ?

LE SECOND PÉNIS DU PERCE-OREILLE

Peu de gens savent que les mâles de nombreuses espèces de perce-oreilles partagent avec les serpents la particularité de posséder deux pénis.

Au Japon, des chercheurs ont découvert que les perce-oreilles sont majoritairement « droitiers », 90 % des mâles utilisant le pénis droit pour s'accoupler. Mais, si on ampute un perce-oreille de son pénis droit (certains scientifiques font des choses bizarres), il utilisera tout simplement le gauche, qui semble fonctionner aussi bien. Étrange coïncidence, dans quelques régions du Japon, on appelle familièrement cet insecte le *chimpo-kiri*, c'est-à-dire le « coupe-pénis », peut-être parce qu'on en trouvait souvent autour des anciennes toilettes extérieures.

Pourquoi le perce-oreille a-t-il donc besoin de deux pénis ? Eh bien, si on le dérange pendant l'accouplement, il rompt souvent le pénis en service pour pouvoir s'échapper rapidement, et il l'abandonne à l'intérieur de la femelle. Faisant alors office de bouchon, ce pénis abandonné réduit les chances de cette dernière d'attirer un nouveau partenaire, et accroît par conséquent celles du mâle d'être le père de sa progéniture. Le second pénis est un pénis de secours qui lui permet de s'accoupler à nouveau. Les scientifiques n'ont pas cherché à savoir s'il est aussi prompt à le briser.

Détail intéressant, beaucoup d'araignées adoptent une stratégie similaire. Le mâle transfère son sperme via une paire de palpes et, chez certaines espèces, le palpe est toujours brisé et laissé à l'intérieur de la femelle, ce qui implique que le mâle ne peut jamais s'accoupler plus de deux fois. Après le départ de son propriétaire, le palpe continue à injecter du sperme dans la femelle. Chez les araignées, ce mécanisme a peut-être évolué ainsi à cause de l'habitude qu'ont les femelles de manger leur amant s'il s'attarde trop longtemps.

8

Le désherbage

Les pesticides les plus courants pulvérisés sur la majorité des exploitations agricoles sont les herbicides. Les agriculteurs trouvent ces substances chimiques très utiles pour se débarrasser des plantes non cultivées – appelées généralement mauvaises herbes – qui risqueraient, sinon, de concurrencer les cultures et donc de réduire leur rendement. Ils sont aussi souvent employés pour tuer délibérément une culture parvenue à maturité, blé ou coton par exemple, afin de s'assurer qu'elle meure et sèche uniformément. Ce procédé facilite la moisson et permet au cultivateur de choisir à quel moment il la fera afin de la coordonner avec ses activités annexes, bien que la présence de ce produit chimique dans la récolte coupée soit un inconvénient fâcheux. L'herbicide le plus connu, peut-être le plus tristement célèbre, est le glyphosate, souvent commercialisé dans une préparation baptisée Roundup. Le glyphosate est le pesticide le plus répandu au monde ; au Royaume-Uni, son emploi n'a cessé d'augmenter, dépassant les deux mille tonnes en 2016. Et ce chiffre n'inclut pas le volume utilisé par les collectivités locales et les particuliers, certainement considérable vu la végétation jaunie et brûlée, révélatrice, qui borde trop souvent les chemins, les trottoirs et les routes ; mais cet usage-là n'est pas surveillé par le gouvernement, ni par personne d'autre.

Le désherbage

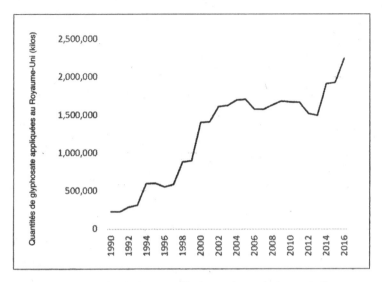

Quantités d'herbicide glyphosate utilisées par les agriculteurs du Royaume-Uni : Le glyphosate, plus communément vendu sous la marque Roundup, est le pesticide le plus populaire au monde ; son utilisation augmente d'année en année. Les chiffres ci-dessus n'incluent pas l'usage qui en est fait par les collectivités locales et les particuliers. Ils proviennent du site DEFRA's Pusstats, une base de données ouverte au public, qui rend compte de l'utilisation annuelle des pesticides dans les exploitations agricoles du Royaume-Uni.

Herbicide polyvalent, le glyphosate tue tous les végétaux qu'il touche. Il est systémique, c'est-à-dire qu'il se diffuse à travers les tissus de la plante jusqu'aux racines. J'ai honte de l'avouer aujourd'hui, mais je m'en suis beaucoup servi dans mon jardin, autrefois, car je croyais les fabricants lorsqu'ils affirmaient qu'il n'était pas dangereux pour la faune et la flore, et qu'il se dégradait rapidement dans l'environnement. J'étais très naïf. Il m'aidait à venir à bout des mauvaises herbes dont on a du mal à se débarrasser en bêchant, par exemple les orties, les liserons, le chiendent et les ronces – bien que, même si on les traite, ces végétaux résistants finissent toujours par repousser un jour ou l'autre. Il était aussi très utile pour l'entretien des chemins et des allées, en m'épargnant l'effort d'extirper à la truelle les herbes qui s'obstinaient à jaillir des fentes. Vous comprendrez bientôt pourquoi je ne m'en sers plus du tout.

Ce chiffre de deux mille tonnes pour le Royaume-Uni peut paraître énorme, mais par rapport aux niveaux internationaux, il est insignifiant[31]. Hors des frontières de l'Europe, on utilise beaucoup le glyphosate en association avec les plantes « Roundup ready » qui, afin de résister aux effets de cet herbicide, ont été génétiquement modifiées avec un gène supplémentaire extrait d'une bactérie. Avant l'introduction de telles plantes, les agriculteurs n'étaient autorisés à utiliser le glyphosate que pendant les périodes de l'année où il n'y avait pas de cultures en cours – par exemple pour tuer les mauvaises herbes avant les semis (ou parfois pour tuer la culture avant la récolte). Avec les plantes Roundup ready – rendues résistantes au glyphosate – ils peuvent maintenant en pulvériser d'un bout à l'autre de l'année et, ainsi, garder leurs champs entièrement vierges de mauvaises herbes durant tout le cycle de croissance. Depuis l'introduction de ces cultures génétiquement modifiées en 1996, l'utilisation mondiale du glyphosate a été multipliée par quinze, atteignant 825 000 tonnes par an en 2014, et elle continue d'augmenter. Cela équivaut à peu plus d'un demi-kilo de produit par hectare de terre cultivée sur la planète.

C'est probablement par le biais de l'élimination efficace de la plupart des « mauvaises herbes » du paysage que les herbicides comme le glyphosate affectent le plus les insectes. Ces mauvaises herbes, ne l'oublions pas, ne

---

31 En France, 8 600 tonnes de glyphosate ont été vendues en 2020 contre 6 000 tonnes en 2019. Un pic avait été atteint en 2018 avec 9 700 tonnes (données du ministère de l'Agriculture) (NDE).

Le désherbage

sont que des plantes qui poussent au mauvais endroit, du point de vue des cultivateurs. D'autres verront en elles des fleurs sauvages. La plupart des agriculteurs et des jardiniers d'Europe et d'Amérique du Nord s'accordent à trouver le chiendent *(Elymus repens)* gênant – nous sommes vraiment des créatures superficielles pour le mépriser parce qu'il ne fait pas de jolies fleurs – pourtant c'est une plante fourragère importante pour le bétail, ses graines sont très appréciées par les chardonnerets et ses feuilles par les chenilles des hespéries. De son côté, le chardon est généralement considéré comme une mauvaise herbe alors que ses fleurs font le bonheur des abeilles, des papillons, et ses graines celui des fringillidés ; des douzaines d'insectes herbivores mangent ses feuilles, s'enfouissent dans ses tiges ou dans ses capitules, fournissant à leur tour une nourriture aux oiseaux insectivores[32]. Il y a aussi le coquelicot, le bleuet, la marguerite dorée, la nielle des blés et beaucoup d'autres fleurs splendides que l'on aime regarder mais qui, en ayant tendance à pousser dans les champs, entrent en concurrence avec les cultures et sont fréquemment considérées à leur tour comme des mauvaises herbes.

Les plantes constituent, bien sûr, la base de presque toutes les chaînes alimentaires ; en développant des méthodes agricoles qui éradiquent à peu près totalement les mauvaises herbes des champs cultivés, de sorte que les cultures deviennent souvent de pures monocultures, nous avons rendu la majeure partie du paysage inhospitalier pour la plupart des formes de vie. Il existe, par exemple, soixante-treize espèces différentes d'asclépiades indigènes des États-Unis, dont trente sont choisies comme plantes hôtes par le monarque pour ses chenilles (elles ne mangeront rien

---

32 Je suis heureux de signaler que plusieurs types de chardons poussent dans mon jardin : cirse des champs, cirse des marais, cirse commun et cirse laineux.

d'autre). Or, dans le paysage du Midwest américain, on a estimé que le nombre des asclépiades avait chuté de 58 % en onze ans, entre 1999 et 2010, et que c'était sans doute un facteur essentiel du déclin de ce papillon. Même si l'on soupçonne le glyphosate d'en être la première cause, un autre herbicide, le dicamba, est montré du doigt. L'usage de ce désherbant, comme celui du glyphosate, a récemment augmenté avec l'introduction du coton et du soja génétiquement modifiés résistants au dicamba qui permettent au cultivateur de pulvériser les récoltes sur pied et d'éliminer toutes les plantes non cultivées. Malheureusement, on s'est aperçu récemment que le dicamba devient très volatil lorsque le temps est inhabituellement chaud – par exemple pendant les canicules estivales de plus en plus fréquentes à cause du changement climatique ; le produit chimique s'évapore alors et, porté par le vent, s'éloigne de sa cible, tuant au passage à la fois des cultures et des fleurs sauvages telles que les asclépiades, à des centaines de mètres des champs traités.

Naturellement, le déclin des insectes a des répercussions sur d'autres organismes – ceux qui les mangent, par exemple. Quand j'étais petit, dans le comté rural du Shropshire, en Angleterre, la perdrix grise était un oiseau très commun, mais depuis 1967 le nombre de ces oiseaux des terres arables a chuté de 92 %. Aussi étonnant que cela puisse paraître, des études scientifiques à long terme menées dans le Sussex ont montré que les principaux responsables de ce déclin étaient les herbicides. Si les herbicides n'empoisonnent pas les oiseaux, ils réduisent considérablement la quantité de mauvaises herbes dans les champs cultivés et leurs lisières, et par conséquent la quantité de chenilles et autres insectes herbivores qui constituent l'essentiel de la nourriture des perdreaux. Au cours de cette même période, le nombre des coucous a chuté de 77 %. Les coucous

Le désherbage

sont les prédateurs spécialistes des grosses chenilles poilues telles que celle de l'écaille martre, l'incroyablement velue Isia isabelle. Il y a trente ans, ces papillons de nuit étaient très courants ; on voyait leurs chenilles orange et noir ramper sur le sol à la recherche de pissenlits et autres feuilles qu'elles aimaient manger, tandis que les adultes aux spectaculaires couleurs chocolat, crème et écarlate s'apercevaient souvent le matin, posés près des éclairages extérieurs. Malheureusement cette espèce a décliné de 89 % entre 1968 et 2002, probablement victime des effets du nettoyage renforcé des campagnes, facilité par les désherbants.

Comme le déclin des insectes, la disparition des fleurs sauvages de nos paysages est passée largement inaperçue. Marguerites dorées, nielles des blés, bleuets étaient très communs, mais aujourd'hui on en voit à peine quelques-uns dans les champs. Les coquelicots ont mieux survécu, probablement grâce à l'extraordinaire longévité de leurs graines dans le sol, qui peut durer plusieurs décennies. Malgré tout, les champs rouges de coquelicots sont devenus un spectacle très rare, et je crains que la réserve des semences ne s'appauvrisse chaque année. Un examen des données en provenance d'Allemagne rapporte que le nombre d'espèces d'herbes sauvages rencontrées sur les terres agricoles a diminué de 50 à 90 % entre 1945 et 1995, suivant les régions, avec une moyenne de 65 %. Dans l'ensemble, le nombre des espèces d'herbes sauvages susceptibles d'être trouvées est tombé de vingt-quatre à seulement sept par champ.

Dans le monde, 571 espèces de plantes se sont éteintes depuis le début des recensements. La quantité des plantes qui ont disparu de la nature est deux fois supérieure à celle des espèces d'oiseaux, de mammifères et d'amphibies cumulées ayant subi le même sort. Et on s'accorde largement à dire que ce chiffre est très sous-évalué car beaucoup d'autres espèces n'ont pas été aperçues depuis des décennies, sans avoir été déclarées disparues pour autant, au cas où certains spécimens survivraient dans quelque coin reculé du globe. La disparition des plantes retient moins l'attention que celle des animaux, que nous avons tendance à trouver plus charismatiques ; seriez-vous capable de nommer une seule de ces 571 plantes ? Qui, par exemple, a entendu parler du bois de santal du Chili, de l'asphodèle *Narthecium americanum* ou de l'olivier de Sainte-Hélène ? Qu'ils reposent en paix. Chaque perte d'une espèce de plante est susceptible d'entraîner de futures extinctions car la plupart sont associées à des insectes ou à d'autres animaux. Le déclin des plantes, comme celui des insectes, mérite qu'on lui prête beaucoup plus d'attention.

À cela s'ajoute l'inquiétude croissante que les désherbants soient toxiques pour les insectes, et pour nous bien sûr. Vingt-sept herbicides différents ont été découverts dans des échantillons de miel et de pollen extraits de ruches d'abeilles mellifères, ce qui prouve que, d'une manière générale, tous les pollinisateurs y sont probablement souvent exposés. Évidemment, les herbicides sont censés n'empoisonner que les plantes ; les animaux et les plantes étant très différents par nature (désolé d'enfoncer des portes ouvertes), on pourrait logiquement penser qu'il devrait être possible de trouver des herbicides inoffensifs pour nous autres, animaux. Il n'empêche que nous ne semblons pas avoir réussi jusqu'ici.

Revenons-en au glyphosate et examinons-le de plus près. Conçu pour cibler une enzyme qui se trouve uniquement chez les plantes et les bactéries, ce produit chimique ne devrait avoir aucun effet sur les animaux. Or de récentes études réalisées sur les abeilles mellifères par Erick Motta, à l'université du Texas, ont montré que l'exposition au glyphosate dans la nourriture altère leur flore intestinale et les

Le désherbage

rend plus sensibles aux maladies (notez que l'exposition au fongicide chlorothalonil est suspectée de produire le même effet). À la réflexion, ce n'est pas surprenant puisque nous savons que le glyphosate est toxique pour de nombreuses bactéries et que l'on s'est aperçu que les abeilles, comme les humains, possèdent dans leurs intestins des colonies de bactéries qui influent profondément sur la santé et les défenses immunitaires.

Le chamboulement de la flore bactérienne n'est pas non plus le seul effet que le glyphosate semble produire sur les abeilles. Avec un radar harmonique de haute technologie, la scientifique argentine Maria Sol Balbuena a étudié l'aptitude des abeilles à se diriger ; elle a découvert que lorsqu'on les lâchait dans un endroit qui ne leur était pas familier, celles à qui l'on administrait de petites doses de glyphosate mettaient plus de temps à retrouver le chemin de la ruche que les abeilles de contrôle, et qu'elles empruntaient davantage de voies détournées (il est fascinant de constater que les insecticides néonicotinoïdes aboutissent au même résultat). Comme l'effet apparaissait immédiatement après la consommation, il ne pouvait pas être causé par un impact sur la flore intestinale, qui aurait mis plusieurs jours ou semaines à se manifester sur la santé de l'hôte. D'autres études ont montré que le glyphosate altère l'apprentissage des associations entre odeurs florales et récompenses, un talent que les abeilles maîtrisent normalement très bien et qui est vital si elles doivent collecter de manière efficace de grandes quantités de pollen et de nectar. Cette défaillance du sens de l'orientation et de l'apprentissage pourrait s'expliquer par un impact sur la récupération de la mémoire, mais on ne sait pas encore de quelle manière.

Une fois encore, ces révélations récentes des effets nocifs du glyphosate sur les abeilles soulignent les défauts du système de réglementation qui s'appuie essentiellement sur des études de toxicité effectuées en laboratoire pendant une courte durée. Des abeilles souffrant d'un mauvais sens de l'orientation, d'un apprentissage déficient et d'une flore intestinale appauvrie paraîtraient absolument normales dans un laboratoire, d'où la conclusion erronée que le produit chimique ne présente pour elles aucun danger.

Puisque, nous aussi, nous possédons une flore intestinale, vous êtes en droit de vous interroger sur l'impact du glyphosate sur notre organisme. C'est devenu le sujet d'une grande controverse. Il ne fait aucun doute que nous y sommes tous exposés chaque jour, notamment parce que le glyphosate s'est révélé beaucoup plus persistant que prévu – il reste pendant plusieurs mois dans le sol, et un an ou plus dans les sédiments des cours d'eau. Il est évident qu'il survit à la récolte et la transformation des cultures, et comme il est courant de pulvériser les cultures de blé avec du glyphosate juste avant la moisson, on en trouve fréquemment dans des aliments tels que le pain, les biscuits, les céréales du petit déjeuner. Aux États-Unis, par exemple, des concentrations de glyphosate de plusieurs centaines de parties par milliard ont été décelées dans les flocons d'avoine Quaker Oats, les barres au granola Nature Valley, les céréales Cheerios, parmi d'autres aliments de la vie quotidienne. Ces concentrations se révélant plus élevées dans de nombreux produits destinés aux enfants, l'Agence américaine de protection de l'environnement a calculé que les enfants âgés d'un ou deux ans étaient susceptibles de recevoir des doses dépassant le niveau « aucun risque important ». Cela ressemble à une manière alambiquée de reconnaître qu'il existe un risque pour les enfants.

Vu l'usage mondial du glyphosate, il est probable que nous y sommes tous exposés d'une façon ou d'une autre. En Allemagne, une étude récente réalisée sur un échantillon de deux mille personnes a révélé des traces de glyphosate dans l'urine de 99 % des participants, avec une tendance un peu plus élevée chez les enfants que chez les adultes. Alors, quels impacts a-t-il sur nous, s'il en a ? Voilà où réside la controverse. En 2014, une « méta-analyse » – analyse combinant l'ensemble des données pertinentes sur le sujet – a conclu qu'il existait un risque accru de lymphome nonhodgkinien chez les personnes exposées au glyphosate par leur profession. En mars 2015, le Centre international de recherche sur le cancer (CIRC) a conclu que le glyphosate était « probablement cancérigène pour l'homme ». Selon leurs estimations, de fortes preuves portaient à croire que le glyphosate pouvait produire un stress oxydant (épuisement des réserves d'antioxydants du corps), et qu'il était génotoxique (perturbant des informations génétiques et entraînant des mutations pouvant évoluer en cancer).

Huit mois plus tard, en novembre 2015, l'EFSA (l'Autorité européenne de sécurité des aliments) publiait un rapport dans lequel elle concluait, en totale contradiction avec le CIRC, que le glyphosate n'était pas cancérigène. Ce rapport fut presque immédiatement suivi par la publication d'une critique véhémente de ce rapport de l'EFSA rédigée par pas moins de 94 auteurs, dont beaucoup étaient d'éminents toxicologues et épidémiologistes du monde entier. Puis, l'année suivante, en 2016, l'Agence américaine de protection de l'environnement (EPA) fit paraître un rapport qui, rejoignant celui de l'EFSA, et en désaccord avec le CIRC, concluait que le glyphosate ne présentait « pas de risque d'être cancérigène à des doses appropriées à l'évaluation des risques pour la santé humaine ». Depuis 2016, d'autres rapports scientifiques et examens des preuves et des méthodes ont tour à tour critiqué ou soutenu le CIRC, l'EPA et l'EFSA.

Pour le commun des mortels, tout cela est extrêmement déroutant. Même pour des scientifiques, comme moi, formés à comparer les preuves scientifiques, il est difficile de savoir ce qu'il faut en conclure. Comment des groupes de scientifiques et des organisations scientifiques, ayant tous accès aux mêmes données, peuvent-ils en arriver à de telles conclusions contradictoires ? Et si les toxicologues professionnels ne peuvent pas se mettre d'accord, que sommes-nous censés croire ?

L'économiste agricole Charles Benbrook a publié une comparaison détaillée des méthodes employées par le CIRC et l'EPA, qui révèle des différences considérables. L'estimation du CIRC selon laquelle le glyphosate pourrait être cancérigène reposait largement sur des études évaluées par des pairs[33], alors que celle de l'EPA reposait en grande partie sur des études réalisées par Monsanto (fabricant du glyphosate). Ainsi le CIRC s'appuyait sur des données vérifiées par des experts indépendants tandis que l'EPA utilisait des études que lui avait fournies l'industriel lui-même, et qui n'avaient jamais été soumises à l'examen de scientifiques indépendants.

Autoriser des entreprises à évaluer la sécurité de leurs propres produits chimiques reste une pratique habituelle dans le monde entier, malgré le conflit d'intérêts évident qui en découle. Pour aggraver les choses, le public n'a pas la possibilité de consulter ce genre d'études, en général. Comme le souligne Charles Benbrook, les résultats de telles études réglementaires réalisées par l'industrie des pesticides contrastent singulièrement avec celles de la littérature scientifique évaluée par des pairs. Par exemple, le rapport de

---

[33] Toutes les études scientifiques sont normalement soumises à un examen par des pairs avant leur publication. Quand les auteurs de l'étude proposent leur travail à une revue, le rédacteur en chef demande à au moins deux experts indépendants, en principe anonymes, d'en évaluer la qualité. Ce système n'est pas parfait car des erreurs peuvent toujours advenir, mais en général les articles évalués par des pairs sont considérés comme étant plus fiables que les rapports et études qui n'ont pas été contrôlés de cette façon.

Le désherbage

l'EPA comprenait 104 études sur la génotoxicité potentielle du glyphosate (endommageant l'ADN, entraînant mutations et cancer), dont 52 menées par Monsanto et 52 issues de la littérature scientifique évaluée par des pairs. Une seule des études de Monsanto mettait en avant sa génotoxicité, contre 35 des 52 issues de la littérature scientifique accessible au public (67 %). Pas besoin d'être statisticien pour se rendre compte que quelque chose cloche. Une explication possible serait que les scientifiques ne travaillant pas au service des compagnies agrochimiques ne se sont pas toujours donné la peine de publier des résultats négatifs ; montrer qu'un produit n'est pas cancérigène est beaucoup moins excitant que de prouver le contraire. Ils ont aussi pu rencontrer de plus grandes difficultés à faire publier des résultats négatifs parce que les rédacteurs en chef des revues privilégient les articles percutants (« Le glyphosate provoque le cancer » est un titre plus accrocheur que « Le glyphosate semble inoffensif »). De leur côté, les scientifiques travaillant pour les compagnies agrochimiques ont pu se sentir contraints (consciemment ou inconsciemment) de ne pas découvrir les éventuels effets nocifs du produit de leur employeur. Quoi qu'il en soit, il est clair qu'il existe une énorme divergence entre les deux ensembles de données.

Charles Benbrook a également découvert d'autres différences importantes entre les approches du CIRC et celles de l'EPA. L'estimation de l'EPA se concentrait essentiellement sur les études utilisant du glyphosate pur, tandis que le CIRC accordait la même importance au nombre plus réduit d'études sur les effets du glyphosate élaboré avec des composants variés dans des « herbicides à base de glyphosate ». En réalité, la faune sauvage et les humains sont toujours exposés à des herbicides à base de glyphosate car les agriculteurs ne l'appliquent jamais pur. Les pesticides vendus aux agriculteurs le sont sous un nom de marque, comme le Roundup, qui consiste en un mélange de « l'ingrédient actif » – dans ce cas le glyphosate – avec d'autres substances chimiques afin de rendre le produit plus efficace. Ils peuvent contenir, par exemple, des agents mouillants (détergents) qui permettent au pesticide de se coller aux feuilles des plantes au lieu de dégouliner. Dans la réalité, agriculteurs, abeilles et papillons sont exposés au Roundup, pas au glyphosate pur. Non seulement ces produits formulés adhèrent mieux aux plantes mais il est prouvé qu'ils s'accrochent aussi aux animaux et que les ingrédients ajoutés, en étant capables d'augmenter l'absorption cutanée, influent sur la métabolisation du pesticide par le corps. Dans l'ensemble, ils rendent l'herbicide plus toxique que le glyphosate pur, parfois des centaines de fois plus toxique. Il semble donc illogique que les tests réglementaires se focalisent sur le glyphosate pur alors qu'il est évident que ce qui compte, c'est l'effet de l'exposition au produit formulé.

Le principal produit de dégradation du glyphosate est l'acide aminométhylphosphonique (AMPA pour les intimes), une substance chimique qu'on trouve abondamment dans les produits alimentaires pour les humains. La toxicité de l'AMPA était incluse dans les études du CIRC, pas dans celles de l'EPA.

Finalement, Charles Benbrook a fait remarquer que les estimations de l'EPA à propos de l'exposition potentielle des individus se focalisaient sur l'exposition du public en général, via la consommation d'aliments contaminés plutôt que sur l'exposition professionnelle des agriculteurs ou des jardiniers. Ces groupes de population sont bien sûrs susceptibles de recevoir des doses beaucoup plus élevées, surtout en cas de déversements accidentels ou, par exemple, en cas d'utilisation de pulvérisateurs à dos qui fuient. Comme des millions de gens à travers le monde appliquent régulièrement du glyphosate, de tels accidents sont inévitables.

Le désherbage

En Inde, au Bengale, un paysan pauvre applique du désherbant avec un pulvérisateur fait maison. Notez l'absence totale de protection : ni masque, ni gants, ni même chaussures.

Benbrook sent clairement que le rapport du CIRC est plus fiable que celui de l'EPA. Les jurys américains semblent être d'accord. En août 2018, un jury californien conclut en faveur de Dewayne Johnson, quarante-six ans, jardinier dans une école, ayant développé un lymphome non-hodgkinien après avoir utilisé des années durant du glyphosate dans le cadre de son travail. Pendant sa formation à l'utilisation du pesticide, on avait dit à Dewayne que le glyphosate était « si inoffensif qu'on pouvait en boire ». Monsanto fut condamné à lui verser la somme faramineuse de 289 millions de dollars à titre de dommages et intérêts punitifs. La décision du jury incluait un énoncé indiquant que les produits Monsanto présentaient un « sérieux danger » pour le public, et selon le verdict Monsanto avait « agi avec malveillance ». Bien sûr, le fait qu'un jury de non-experts convienne d'une chose ne rend pas celle-ci forcément vraie. Le jury peut avoir eu une vision un peu enfumée de la vérité scientifique, ou avoir été influencé par une tendance naturelle à pencher en faveur du faible et à se méfier des grandes firmes.

Cependant, en mars 2019, un deuxième jury californien s'est prononcé contre Monsanto, cette fois en faveur d'Edwin Hardeman, qui affirmait avoir contracté un lymphome non-hodgkinien au bout de trente ans d'utilisation de glyphosate dans son jardin et des propriétés locatives qu'il possédait. Il obtint 80 millions de dollars ; la cour décréta que le Roundup était mal conçu et que Monsanto s'était montré négligent en omettant d'avertir qu'il présentait des risques cancérigènes. Après le procès, ses avocates Aimee Wagstaff et Jennifer Moore avaient conclu : « M. Hardeman est satisfait que le jury ait reconnu à l'unanimité Monsanto responsable d'avoir provoqué son lymphome non-hodgkinien. Comme démontré pendant le procès, depuis le lancement du Roundup, il y a plus de quarante ans, Monsanto refuse d'agir de manière responsable. Il est clair, au vu des actions de Monsanto, que cette compagnie se moque que le Roundup provoque des cancers et préfère se concentrer sur la manipulation de l'opinion publique et le dénigrement de quiconque exprime des inquiétudes sincères et légitimes à propos du Roundup. »

Presque en même temps que l'annonce de ce verdict, une autre étude universitaire menée par Luoping Zhang et ses collègues de l'université de Californie, à Berkeley, fut publiée. Leur nouvelle « méta-analyse » concluait que chez les personnes exposées régulièrement au glyphosate, via leur profession (agriculteurs, jardiniers, etc.), le risque de développer un lymphome non-hodgkinien augmentait de 41 %.

Au cours d'un troisième procès californien, en mai 2019, Alva et Alberta Pilliod, un couple marié dont les deux conjoints avaient contracté un lymphome non-hodgkinien après des années d'utilisation du glyphosate, obtinrent 2 milliards de dollars de dommages et intérêts, somme phénoménale qui sera probablement revue à la baisse en appel. Actuellement Monsanto ferait l'objet de plus de 13 400 poursuites judiciaires engagées par des personnes atteintes de cancers et l'accusant d'être responsable de leur maladie. En 2018 Bayer a acheté Monsanto 63 milliards de dollars, juste avant l'annonce du verdict dans l'affaire Dewayne Johnson. La compagnie allemande doit certainement le regretter car, depuis, Bayer a perdu environ 40 milliards d'euros de capitalisation.

Néanmoins, Monsanto continue à clamer haut et fort son innocence. En 2016, la compagnie a réservé un budget de 17 millions de dollars spécialement destiné à défendre l'innocuité du glyphosate et défier le CIRC de prouver qu'il est cancérigène.

J'ai l'air de m'éloigner de mon sujet, mais cette histoire illustre parfaitement les difficultés auxquelles on se retrouve confronté dès qu'on essaye de comparer les preuves scientifiques et de déterminer la cause et l'effet, que l'on soit un juré, un scientifique ou un simple citoyen qui se demande si oui ou non il doit pulvériser du glyphosate sur les mauvaises herbes de son allée ou plutôt se mettre à quatre pattes pour les arracher à la main. Les difficultés sont encore plus grandes lorsque des intérêts commerciaux entrent en jeu et que des sommes considérables sont dépensées pour défendre un point de vue particulier. On peut facilement établir un parallèle avec le débat sur les néonicotinoïdes et, avant lui, l'interminable saga du tabac et de la santé.

Dans mon abri de jardin, moi aussi j'ai un flacon de glyphosate que j'ai dû acheter il y a environ huit ans, mais que je n'utilise plus depuis quatre ans, depuis que le CIRC a publié son étude. C'est le dernier pesticide que j'achèterai jamais. Plus j'en apprends sur le sujet, plus je suis sceptique sur son innocuité. Je ne saurais dire avec certitude où réside la vérité, mais je pense que la solution la plus sûre consiste à ne plus y toucher.

Même s'il est probable que l'Europe et peut-être les États-Unis finiront par interdire le glyphosate pour des raisons de sécurité, vous pouvez être certain qu'on continuera à l'utiliser sans retenue dans le reste du monde. Habituellement, les nouveaux pesticides sont d'abord lancés sur le marché à un prix élevé dans les pays riches. S'ils se révèlent nocifs pour l'environnement ou pour les gens et alors interdits, on va les vendre dans les pays pauvres aux réglementations moins strictes. Le paraquat, par exemple, un herbicide de la vieille génération inventé par l'Imperial Chemical Industries (ICI) dans son laboratoire de Jealott's Hill, Berkshire, à l'ouest de Londres, fut le premier à être commercialisé dans les années 1960 ; il devint vite le plus utilisé au monde avant l'arrivée du glyphosate. Bien que destiné exclusivement à tuer les mauvaises herbes, il est hautement toxique pour les humains. Les candidats au suicide l'apprécient car l'absorption de quelques gouttes peut suffire à entraîner la mort ; mais il est si dangereux qu'il provoque souvent des empoisonnements accidentels, en particulier dans les pays en voie de développement où l'on recycle parfois des bouteilles de pesticide pour y mettre de l'eau, et où les fermiers mal informés utilisent souvent de vieux pulvérisateurs dorsaux qui fuient. Non seulement le paraquat est mortel mais on a de nombreuses preuves associant son exposition chronique à des troubles neurologiques. Une méta-analyse de 104 études a montré, par exemple, que chez les agriculteurs l'exposition au paraquat multipliait par deux la probabilité de développer la maladie de Parkinson. Résultat, il fut interdit dans l'UE en 2007.

Le désherbage

Même la Chine, pays peu réputé pour ses strictes réglementations environnementales, annonça en 2012 l'élimination progressive du paraquat afin de « protéger la vie du peuple ». Il existe peu de doutes quant à la menace qu'il fait peser sur la santé humaine. Néanmoins, on continue à le produire en grandes quantités à Huddersfield, dans le nord de l'Angleterre. Il est fabriqué dans une ancienne usine ICI, aujourd'hui propriété du géant suisse de l'agrochimie Syngenta (la Suisse avait interdit le paraquat avant tout le monde en 1989). Selon le Health and Safety Executive[34], cette usine a exporté 122 831 tonnes de paraquat depuis 2015 dans les pays suivants : Brésil, Colombie, Équateur, Guatemala, Inde, Indonésie, Japon, Mexique, Panama, Singapour, Afrique du Sud, Taïwan, Uruguay et Venezuela. Avec une hypocrisie incroyable, les autorités de l'Union européenne et du Royaume-Uni l'ont décrété trop dangereux pour être utilisé ici, mais nous sommes très contents de continuer à en fabriquer pour le vendre dans le reste du monde. D'après Baskut Tuncak, fonctionnaire des Nations unies spécialisé dans l'évaluation de la sécurité des substances dangereuses, « voilà un exemple par excellence de la règle du 'deux poids deux mesures' ».

En tant que nations ne sommes-nous pas responsables, non seulement de ce qui se passe dans nos pays, mais aussi de ce que nous exportons ?

---

34 Autorité compétente en matière de santé et de sécurité au travail.

L'AZURÉ DU SERPOLET

De nombreux papillons de l'espèce des *Lycaenidae* entretiennent des relations symbiotiques avec les fourmis. Leurs chenilles possèdent sur le dos des glandes qui excrètent un liquide riche en sucre ou en protéines que les fourmis adorent et pompent régulièrement ; en contrepartie, elles protègent les chenilles contre les prédateurs et les parasites.

L'azuré du serpolet, le plus grand des papillons bleus du Royaume-Uni avait disparu de ce pays depuis 1979, à cause de la perte de son habitat, quand il y a été réintroduit avec succès en 1984 depuis la Suède, et il est resté. Ce qui est fascinant chez ce papillon, c'est qu'il a subverti sa relation mutualiste avec son hôte. La femelle de l'azuré du serpolet pond ses œufs sur le thym sauvage, le serpolet. Après l'éclosion, les chenilles se nourrissent de feuilles comme toutes les chenilles pendant les premiers jours de leur vie. Puis elles font quelque chose d'inhabituel : elles se laissent tomber de la plante sur le sol où elles attendent patiemment le passage d'une fourmi. Elles espèrent rencontrer une fourmi rouge de l'espèce *Myrmica sabuleti*. La chenille reproduit l'odeur de la larve de cette espèce de fourmi si bien que si une ouvrière la trouve, elle la ramasse et l'emporte au nid où elle la range soigneusement dans une chambre à couvain avec les autres larves de fourmis. Alors, la chenille ingrate commence à grignoter les larves sous le nez des ouvrières totalement incapables de détecter ou d'empêcher le massacre, même si la chenille de l'azuré devient rapidement beaucoup plus grosse que les larves de fourmis. Elle reste dans le nid jusqu'au printemps suivant, où elle se transforme en pupe. Lorsque le nouveau papillon émerge de sa chrysalide, il doit se dépêcher de s'extraire du nid avant de gonfler ses ailes et de s'envoler pour répéter le cycle.

9

Le désert vert

Les plantes poussent grâce à la photosynthèse, un processus miraculeux qui leur permet d'utiliser l'énergie du soleil pour convertir le dioxyde de carbone et l'eau en sucre. Elles ont aussi besoin de différents minéraux qu'elles extraient principalement du sol via leurs racines. Pour grandir, elles doivent bénéficier d'un apport suffisant en phosphore, potassium et azote, plus un certain nombre d'autres éléments en quantités plus minimes. Sans ces nutriments, leur croissance se trouve freinée et leur rendement appauvri. Tous ces nutriments doivent se présenter sous des formes chimiques auxquelles les plantes peuvent avoir accès – ce qui n'est pas le cas, par exemple, de l'azote gazeux dont l'air est en grande partie composé.

Les agriculteurs ont compris depuis longtemps l'importance de la fertilité du sol : on a la preuve scientifique qu'en Grèce, les fermiers de l'époque néolithique, il y a environ huit mille ans, versaient du fumier sur le blé et les légumineuses, récoltes les plus gourmandes en nutriments. Les cendres ont elles aussi été répandues sur les champs durant des milliers d'années. En Amérique du Sud, pendant au moins mille cinq cents ans, la population se rendait à la rame sur les îles situées au large des côtes pour y ramasser le guano, l'accumulation des excréments des oiseaux de mer comme les cormorans, les fous et les pélicans et l'utilisait pour fertiliser leurs terres. Le guano est exceptionnellement riche en phosphates ; les rois incas estimaient que c'était un bien si précieux qu'ils avaient instauré la peine de mort pour quiconque dérangeait les oiseaux sans y être autorisé. Le naturaliste et explorateur allemand Alexander von Humboldt découvrit l'utilisation du guano en 1802 ; la reconnaissance de sa valeur au XIXe siècle entraîna le développement mondial de son commerce. Des milliers d'ouvriers chinois furent expédiés au Pérou et au Chili pour extraire des couches d'excrément jusqu'à 50 mètres de profondeur, sûrement l'une des tâches les moins agréables jamais inventées par l'homme. Une telle extraction de masse ne pouvait pas durer éternellement, bien sûr ; vers la fin du XIXe siècle, les réserves se retrouvèrent presque épuisées. Plus récemment, le gouvernement péruvien essaya de développer une exploitation durable de guano frais ; l'initiative échoua malheureusement lorsque la surpêche priva les oiseaux de leur source d'alimentation et provoqua l'effondrement de leur population.

Importer du guano de l'autre bout du monde coûtant forcément très cher, les scientifiques européens en quête désespérée de phosphates se mirent à chercher d'autres sources possibles. Dans les années 1840, par exemple, le révérend John Stevens Henslow découvrit de très nombreux coprolithes, des excréments fossilisés de dinosaures, du côté de Felixstowe dans le Sussex. On connaît mieux Henslow, professeur de botanique à l'université de Cambridge, pour son rôle de tuteur et mentor du jeune Charles Darwin. Cela faisait seulement une petite dizaine d'années, depuis 1829, que les coprolithes avaient été identifiés en tant que tels par William Buckland ; Henslow se montra assez perspicace pour deviner que si les excréments d'oiseaux étaient riches en nutriments, les crottes de dinosaures pourraient peut-être les remplacer. Il mit alors au point une technique d'extraction des phosphates en traitant les coprolithes avec de l'acide sulfurique ; c'est ainsi que débuta dans les années 1860 la méconnue ruée vers les coprolithes, réponse cambridgienne à la plus prestigieuse ruée vers l'or californienne de la même époque. Elle dura une trentaine d'années mais, tout comme avec le guano, il était inévitable que la mine de coprolithes finisse par s'épuiser. Peu à peu les ressources s'amenuisent et elles ne se renouvellent pas davantage que les crottes de dinosaures fossilisées.

Quand les provisions de guano et de coprolithes commencèrent à se faire rares, les agriculteurs britanniques se tournèrent vers la plus improbable des sources de phosphates : le chat en poudre. Dans l'Égypte antique, on élevait des chats spécialement dans le but de les tuer et de les momifier. Ce n'étaient pas des animaux domestiques envoyés dans l'au-delà pour tenir compagnie à leur maître bien-aimé, mais des bêtes élevées en masse qu'on supprimait en les étranglant ou en les assommant à l'âge de six mois avant de les envelopper étroitement dans des bandes de tissu, de les faire sécher et de les vendre à ceux qui souhaitaient s'attirer les bonnes grâces d'un dieu. On suppose que ces chats étaient surtout vendus à des pèlerins qui achetaient un cadavre afin de le déposer dans le temple ou l'autel de leur choix, un peu comme on allume un cierge dans une église. Des milliers d'années plus tard, en 1888, un fermier égyptien en train de bêcher dans les environs de Beni Hassan, à 200 kilomètres environ du Caire, fut surpris de sentir le sol se dérober sous ses pieds et de se retrouver soudain dans un tunnel bourré de centaines de milliers de ces chats momifiés. Il est probable que lorsque les temples étaient un peu trop encombrés par les restes de chats desséchés, les prêtres, ou plus vraisemblablement leurs esclaves, s'en débarrassaient en les enterrant. En voyant les fermiers locaux utiliser du chat broyé en guise d'engrais, un entrepreneur eut l'idée d'exporter ce produit typiquement égyptien.

Le désert vert

Des cargaisons de chats momifiés furent alors expédiées à Liverpool et vendues à la tonne aux enchères pour être réduits en une poudre destinée à fertiliser nos champs[35]. On dit qu'un jour un commissaire-priseur aurait utilisé un crâne de chat en guise de marteau.

Pendant ce temps, parallèlement à Henslow, Sir John Bennet Lawes, entrepreneur et scientifique anglais, expérimentait la fabrication d'engrais en traitant à l'acide sulfurique des roches riches en phosphates, des coprolithes et des os d'animaux. Ayant fait breveter son « superphosphate » en 1842, il passa les cinquante années suivantes à expérimenter les effets de ses différents engrais sur la croissance des plantations de son domaine familial de Rothamsted, près de Harpenden au nord de Londres[36]. À ce jour, l'engrais phosphaté est extrait de roches riches en phosphate qui finiront elles aussi par s'épuiser. Il n'existe pas d'autres sources de phosphates vers lesquelles on puisse se tourner, à moins que quelqu'un ne découvre d'autres cargaisons de chats momifiés. Certains suggèrent même que « le pic du phosphate » – date à laquelle sa production commencera à décliner faute de ressources suffisantes – sera atteint dès 2030. Cela fait l'objet de nombreux débats, car d'autres estiment que les réserves de minerais riches en phosphate sont

---

[35] Ce commerce inhabituel suscita un enthousiasme considérable mais mal placé chez les archéologues qui découvrirent des têtes de flèches égyptiennes en Écosse, dans un champ. La découverte donna lieu à des spéculations selon lesquelles l'empire d'Égypte se serait étendu beaucoup plus loin qu'on ne l'avait pensé, ou que des expéditions militaires égyptiennes auraient tout au moins fait des percées aussi loin au nord, jusqu'à ce que des documents mis au jour révèlent que le fermier propriétaire du champ dans les années 1880 avait acheté des chats égyptiens broyés en guise d'engrais. La raison pour laquelle des têtes de flèches étaient mélangées aux chats n'a jamais trouvé de véritable explication.

[36] Lawes transforma son domaine familial en ferme de recherche ; aujourd'hui Rothamsted est la plus ancienne station expérimentale. Une de ses expériences, mise en place en 1856 afin d'étudier les effets des engrais sur la production du foin, continue toujours ; c'est actuellement l'une des expériences les plus longues jamais menées.

beaucoup plus importantes ; cependant, comme la majeure partie, située sur le territoire disputé du Sahara occidental, est couramment extraite et exportée par le Maroc, cela donne potentiellement à un seul pays la mainmise sur la production alimentaire mondiale.

Le deuxième des trois principaux nutriments indispensables aux plantes est le potassium. Les fertilisants riches en potassium sont souvent désignés sous le nom de potasse ; pendant des milliers d'années la seule source de potasse accessible aux fermiers était la cendre de bois. Le défrichage des vastes forêts d'Amérique du Nord au cours du XIXe siècle, dans le but de créer des terres arables, fournissait des provisions énormes, mais temporaires, de potasse lorsque les arbres coupés étaient brûlés. L'extraction souterraine de minéraux riches en potassium a commencé en Éthiopie dès le XIVe siècle ; jusqu'à aujourd'hui, cela en reste, comme pour les phosphates, la source principale. Heureusement, le minerai de potasse étant plus abondant que les phosphates, et surtout mieux réparti autour du globe, on ne risque pas d'en manquer de sitôt.

Le troisième nutriment indispensable aux plantes est l'azote, dont elles ont besoin sous forme de nitrate, très rarement présent comme un minéral exploitable. Pendant des millénaires, les fermiers ont apporté des nitrates à leurs plantations avec les engrais animaux et humains, en plus des déchets végétaux compostés, sans savoir, bien sûr, pourquoi ces matières faisaient autant de bien à leurs cultures. L'azote fut découvert en 1772 par le médecin et chimiste écossais Daniel Rutherford, environ un siècle avant que le chimiste français Jean-Baptiste Boussingault ne comprenne l'importance des composés azotés dans la croissance des plantes. Puis en 1909, les chimistes allemands Carl Bosch et Fritz Haber mirent au point le procédé Haber qui, en rendant possible la capture de l'azote atmosphérique et sa

Le désert vert

conversion en ammoniac, permit de fabriquer une série de composés azotés assimilables par les plantes. Cela tomba au mauvais moment car ce nouveau procédé rendit également possible la production en série et à bon marché de toute une gamme d'explosifs tels que la nitroglycérine, la nitrocellulose et le trinitrotoluène (TNT), juste à temps pour servir, pendant la Première Guerre mondiale, à détruire les vies de centaines de milliers de jeunes hommes. Après la guerre, la gigantesque industrie de l'armement qui avait vu le jour si vite se recycla dans la fabrication des engrais. L'agriculture industrielle doit son existence aux bombes et aux gaz empoisonnés.

De même que celle des pesticides, l'utilisation des engrais augmente régulièrement d'année en année. Depuis cinquante ans, le volume des engrais artificiels appliqués dans le monde a été multiplié par vingt-deux ; aujourd'hui, on applique approximativement 110 millions de tonnes d'azote par an, auxquels s'ajoutent 90 millions de tonnes de potasse et 40 millions de tonnes d'engrais phosphatés.

Mais quel mal y a-t-il à fabriquer et à utiliser des engrais, vous demandez-vous peut-être ? Voilà qui n'est certainement pas le point de vue d'un humain affamé. Après tout, les engrais favorisent la pousse des cultures et cela semble assez inoffensif. Leur accessibilité fut sans aucun doute un facteur majeur de la « révolution verte », l'augmentation rapide de la production agricole à travers le monde au milieu du XXe siècle, avec l'apparition de nouvelles variétés de cultures à haut rendement très prospères dans les sols fertiles. Grand défenseur de ce mouvement, l'agronome américain Norman Borlaug, parfois considéré comme « le père de la révolution verte », encouragea l'introduction des méthodes d'agriculture moderne industrielle dans le monde entier ; il soutenait qu'« on ne peut pas instaurer la paix le ventre vide ». En 1970, le prix Nobel de la paix lui fut décerné ; certains lui attribuent le mérite d'avoir empêché un milliard de personnes de mourir de faim.

 Néanmoins, et c'est souvent le cas avec les nouvelles technologies, notre enthousiasme face à ces avantages nous a momentanément rendus aveugles aux inconvénients. Du point de vue d'un insecte, les applications d'engrais peuvent avoir des conséquences désastreuses. Par exemple dans les pâturages où l'utilisation d'engrais entraîne la pousse rapide d'herbes qui supplantent les fleurs. Une ancienne prairie fleurie peut ainsi se retrouver rapidement détruite sans avoir été labourée ni aspergée d'herbicide : une seule application d'engrais chimique s'en chargera. Vue d'un train ou d'un avion, une large partie du sud-ouest de l'Angleterre est d'un vert intense ; les navetteurs pourraient croire que « ces terres vertes et plaisantes », pour reprendre les paroles de l'hymne de William Blake, regorgent de vie sauvage. Eh bien, ils auraient tort. C'est, dans sa grande majorité, un désert vert, une monoculture d'ivraie à croissance rapide sans la moindre fleur. Génial si vous voulez produire des monceaux de nourriture (monotone) pour les vaches, mais nul si vous êtes une abeille ou un papillon. Les effets sont en outre pernicieux car l'infiltration de l'engrais à la lisière des champs et à la base des haies entraîne dans ces endroits la dominance d'un petit nombre de plantes gourmandes de nutriments, comme la berce, les orties, le dactyle pelotonné ou l'oseille. Ces plantes à croissance rapide évincent les fleurs de haie comme les primevères officinales, autrefois si abondantes qu'on pouvait les récolter à pleins seaux pour en faire du vin.

 La réduction de la biodiversité botanique a des répercussions inévitables sur les insectes qui se nourrissent des plantes et sur les pollinisateurs. Dans le sud-ouest de l'Angleterre, par exemple, les haies sur talus des bords de routes sont réputées pour leurs fleurs sauvages et pourraient donner l'impression que ce paysage ponctué de haies regorge de fleurs. Or, récemment, des scientifiques de l'université de Plymouth ont découvert que les faces des haies orientées vers les champs cultivés (donc la plupart) possèdent beaucoup moins de fleurs, et attirent beaucoup moins d'abeilles que les faces orientées vers les routes.

Il y a quarante ans, la mégère *(Lasiommata megera)*, considérée comme un papillon commun un peu terne – tacheté de brun et orange, avec un camouflage gris sur la face inférieure des ailes – fréquentait quasiment tous les lieux ensoleillés d'Angleterre. Lorsque j'étais adolescent, je voyais de temps en temps des mégères arriver dans notre jardin du Shropshire et se poser sur les murs de la maison pour se chauffer au soleil. Depuis, elle a décliné de 85 % au Royaume-Uni, et de près de 99 % aux Pays-Bas. Une énorme brèche s'est ouverte dans la distribution de cette espèce au Royaume-Uni, si bien qu'elle a maintenant disparu de la majeure partie de l'est et du sud-est des Midlands. Ce déclin semble être lié aux schémas géographiques d'utilisation intensive des engrais (et des pesticides) ; il est évident que la végétation luxuriante résultant de la haute fertilité des sols crée de l'ombre et rafraîchit les micro-habitats chauds et ensoleillés que préfèrent les chenilles.

Les engrais ont d'autres effets subtils et insidieux sur ces dernières. Il n'y a pas longtemps, on a découvert que les chenilles de plusieurs papillons très communs, incluant le cuivré commun, le procris et le tircis, courent beaucoup plus de risques de mourir si elles se nourrissent des plantes qui poussent dans un sol à forte concentration en azote. On ne sait pas exactement pourquoi, mais une étude sur les plants de tabac nous donne un indice : en effet, ils produisent davantage de substances chimiques défensives (comme la nicotine) lorsqu'ils sont confrontés à un excès de dioxyde d'azote (autre source accessible d'azote), et donc moins de nutriments dont peut se nourrir la chenille du sphinx du tabac. Si les plantes hôtes deviennent plus toxiques dans des conditions de haute fertilité, cela pourrait alors facilement expliquer le déclin des mégères, et cela contribuerait probablement au déclin général des papillons diurnes et nocturnes des terres agricoles, ainsi qu'à celui, sans doute, d'autres insectes herbivores.

Et qu'en est-il des milieux d'eau douce, les rivières, les lacs, les mares ? La réponse est la suivante : les milieux d'eau douce drainant les terres cultivées sont également pollués par les engrais (souvent, aussi, par les insecticides et le métaldéhyde des granulés anti-limaces). L'excès de nutriments favorise la prolifération des algues – organismes végétaux microscopiques – qui transforment l'eau claire des ruisseaux et des lacs en une soupe verte opaque. Elles empêchent la lumière d'atteindre les plantes aquatiques, qui meurent et pourrissent, ajoutant à l'eau d'autres nutriments. Si la végétation en décomposition épuise l'oxygène de l'eau, cela peut asphyxier la vie animale. Parfois, quand il fait chaud, des organismes prolifèrent dans l'eau polluée, ce sont les « algues bleu-vert » – plus exactement des cyanobactéries et non des algues – qui, en relâchant des toxines, tuent presque toute la vie animale et rendent même les lacs potentiellement mortels pour des baigneurs humains. Tout ceci nuit extrêmement à la vie aquatique qui, dans une rivière ou un lac sains, se compose d'une grande variété d'insectes tels que les trichoptères, les éphémères, les plécoptères et les libellules. D'ailleurs, la relation entre la diversité des insectes et la pollution par les engrais est si étroite que les insectes servent souvent de bio-indicateurs de la pollution aquatique. Les prévisions laissent penser que l'augmentation de la fréquence des fortes précipitations, due au changement climatique, est susceptible de renforcer le

Le désert vert

ruissellement des engrais azotés et autres produits agrochimiques dans les rivières, les lacs et la mer.

Sans surprise, il arrive assez souvent, aujourd'hui, que notre eau potable contienne des engrais, particulièrement dans les zones rurales et les pays en développement. Les nitrates présents dans l'eau sont la cause la plus courante du « syndrome du bébé bleu », maladie potentiellement mortelle dans laquelle la substance polluante se lie à l'hémoglobine et l'empêche de transporter l'oxygène dans le corps.

De surcroît, les conséquences négatives associées aux plantes cultivées et à la fertilisation des sols peuvent se répercuter bien au-delà de l'environnement immédiat des champs et des cours d'eau impactés. La combustion des énergies fossiles dans les voitures et les avions, ou dans les centrales, crée aussi des oxydes d'azote (NO et NO_2) qui, en retombant sur la terre, augmentent la quantité d'azote disponible pour les plantes, par exemple dans les réserves naturelles et autres zones « protégées » qui peuvent se trouver à des centaines de kilomètres de toute zone cultivée. La fabrication des engrais azotés nécessite beaucoup d'énergie, généralement sous forme de combustibles fossiles tels que le gaz naturel, ce qui provoque des émissions considérables de dioxyde de carbone. Récemment, on s'est aperçu que les usines d'engrais laissaient s'échapper énormément de méthane, ce gaz à effet de serre trente-quatre fois plus puissant que le dioxyde de carbone. Encore pire, au moins 50 % des nitrates appliqués sur les champs n'atteignent jamais les cultures mais sont décomposés en protoxyde d'azote (N_2O) par les bactéries qui vivent dans le sol. Le protoxyde d'azote a beau avoir reçu le nom de gaz hilarant, il n'y a pas de quoi rire, car non seulement l'agriculteur gaspille son argent en l'utilisant, mais ce gaz engendre un effet de serre *trois cents fois* plus puissant que le dioxyde de carbone, et il détruit la couche d'ozone. Depuis 1850, les concentrations de protoxyde d'azote dans l'atmosphère augmentent à un rythme croissant avec les engrais azotés qui sont devenus les principaux contributeurs anthropogéniques. Comme nous le verrons plus loin, le changement climatique risque d'être dans l'avenir l'un des plus grands facteurs du déclin des insectes.

En conclusion, les engrais permettent sans aucun doute aux agriculteurs d'obtenir de hauts rendements mais, à côté de cela, ils sont nocifs pour l'environnement. Ils réduisent terriblement la diversité florale des prairies et des lisières des champs, et rendent les plantes qui subsistent moins savoureuses, parfois même toxiques pour les insectes. Ce sont des polluants majeurs des systèmes aquatiques et d'importants contributeurs au changement climatique. Ces impacts sont largement sous-estimés par le grand public, et par de nombreux agriculteurs.

LA PROCESSIONNAIRE DU PIN

Dans les forêts de pins du sud de l'Europe, on repère souvent des nids sphériques et soyeux de la taille d'un ballon de basket, tissés tout en haut des branches.

Une observation plus poussée révèle d'abondantes déjections et mues sèches coincées dans la soie et, au cœur de la masse, une grappe de chenilles poilues qui se tortillent quand on les dérange. Il vaut mieux se montrer prudent lorsqu'on les examine de près car leurs poils peuvent être très urticants. On appelle « processionnaire du pin » le papillon qui les engendre parce que, la nuit, ses chenilles sortent en file indienne, nez contre queue, pour aller se nourrir sur une nouvelle partie de l'arbre, puis elles rentrent au nid avant l'aube.

Au début du XXe siècle, l'entomologiste français Jean-Henri Fabre s'est livré à une expérience devenue célèbre : il a placé des chenilles sur le rebord d'un pot de fleurs autour duquel elles ont marché l'une derrière l'autre pendant sept jours sans jamais s'arrêter. On cite souvent cette étude en exemple pour illustrer à quel point il est idiot de suivre aveuglément un leader, mais c'est un peu sévère pour le papillon. Des tentatives de réplication ont montré que les chenilles ne restent sur le rebord du pot que si ses parois sont trop glissantes pour qu'elles puissent s'y accrocher. Si on les fait marcher en cercle sur une surface plate, en les contenant dans les limites d'un cylindre de verre, dès qu'on enlève ce dernier, elles rompent le cercle et s'en vont vers de nouvelles pâtures.

10

La boîte de Pandore

Les insectes subissent naturellement les déprédations causées par une multitude de parasites et maladies. À tous les stades de leur cycle de vie, ils peuvent être attaqués par d'autres insectes ou par des acariens, des nématodes, des champignons, des protozoaires, des bactéries ou des virus. Si beaucoup de ces organismes ne sont pas très sympathiques – comme les baculovirus qui font fondre les chenilles de l'intérieur, ou les acariens qui se nichent dans la trachée des abeilles – tous participent cependant à la richesse de la vie. Ils évoluent avec les insectes depuis des millénaires et n'ont encore jamais détruit leurs espèces hôtes (ce qui ne serait pas une bonne idée car si le parasite perd son hôte, il ne tarde pas à disparaître à son tour).

Les parasites et maladies des insectes les plus étudiés sont ceux qui infectent l'abeille domestique, pour la simple raison que les apiculteurs font tout ce qu'ils peuvent pour assurer à leurs abeilles une bonne santé, donc une bonne production de miel, et qu'ils sont très attentifs à tout ce qui risquerait de nuire à leur bien-être. Les abeilles mellifères semblent peut-être avoir plus que leur part de maladies et de parasites parce que ce sont des insectes atypiques, vivant entassés dans une ruche capable de contenir 80 000 ouvrières et leur mère la reine – conditions parfaites pour la propagation des agents pathogènes. Elles se font

La boîte de Pandore

attaquer par le petit coléoptère des ruches, plusieurs espèces d'acariens, des champignons tels que la mycose du couvain et l'aspergillose, des bactéries comme les loques américaine et européenne, la fausse teigne de la cire, les trypanosomes (cousins de l'organisme qui provoque la maladie du sommeil), les microsporidies (créatures unicellulaires proches des champignons), et encore au moins vingt-quatre virus différents. Sans parler de ceux qui attendent certainement d'être découverts. C'est un miracle qu'il reste autant d'abeilles.

Tout cela, cependant, est parfaitement naturel et ne devrait pas poser de problème particulier. Les parasites font partie de l'équilibre des pouvoirs qui empêche une espèce de trop prospérer. Malheureusement, nous les humains avons perturbé ces relations naturelles en faisant circuler sans le faire exprès les parasites et maladies des insectes autour de la planète. L'homme élève des abeilles depuis des milliers d'années ; on sait que les Égyptiens de l'Antiquité, grands amateurs de chats momifiés, étaient aussi apiculteurs ; des hiéroglyphes datant de quatre mille cinq cents ans représentent souvent des ruches et des abeilles. On a par ailleurs la preuve d'une pratique encore plus ancienne, vieille peut-être de neuf mille ans, en Afrique du Nord où les abeilles étaient élevées dans des pots en argile. On ne saura jamais à quel moment les hommes ont commencé à faire parcourir aux ruches des distances considérables mais, étant donné qu'elles ont toujours été très prisées, il paraît vraisemblable que leur commerce a débuté il y a des milliers d'années en Europe et en Asie. Pour cette raison, il est difficile de connaître exactement l'aire de répartition naturelle de l'abeille européenne domestique *(Apis mellifera)* ; néanmoins, des études moléculaires suggèrent une origine en Afrique de l'Est avant une propagation à travers l'Afrique, l'Europe et le Moyen-Orient. Aussi son appellation d'« abeille européenne » est-elle un peu déroutante.

Toutefois, grâce à l'intervention humaine, les abeilles européennes sont présentes dans le monde entier, hormis en Antarctique. Elles comptent parmi les organismes les plus largement répandus ; leurs pérégrinations les plus récentes à travers la planète sont bien documentées. Les premières colonies d'abeilles mellifères, par exemple, furent emmenées sur la côte est de l'Amérique du Nord en 1622, puis en Californie dans les années 1850. D'autres furent expédiées en Australie en 1826, en Nouvelle-Zélande en 1839. Pour corser les choses, une race particulièrement agressive d'abeilles mellifères d'Afrique fut accidentellement lâchée au Brésil en 1957 ; depuis, ces prétendues « abeilles tueuses » se sont propagées à l'Amérique du Sud, l'Amérique centrale et le sud des États-Unis.

Tous ces déplacements partaient d'une intention louable. Les abeilles nous donnent un miel délicieux qui, pendant des milliers d'années, fut la seule source concentrée de sucre disponible ; c'est pour cette raison que les Européens les ont fait voyager autour du monde. Plus récemment, d'autres espèces d'abeilles ont été introduites de manière beaucoup plus délibérée, dans le but de stimuler la pollinisation des cultures. Les pays développés ont désormais instauré des règles plus ou moins strictes pour empêcher l'introduction d'espèces exotiques après les catastrophes survenues dans le passé, dont le fléau des crapauds buffles et des lapins en Australie sont des exemples frappants. Mais comme les abeilles sont considérées comme des créatures bénéfiques, nous avons commis la sottise de fermer les yeux sur leur redistribution autour du globe. Les États-Unis, en particulier, semblent avoir un goût démesuré pour l'importation des abeilles étrangères : ils ont délibérément introduit les abeilles européennes

La boîte de Pandore

coupeuses de feuilles (*Megachile rotundata* et *Megachile apicalis*) et diverses abeilles maçonnes (dont *Osmia cornuta* d'Espagne, *Osmia cornifrons* du Japon et *Osmia caerulescens* d'Europe). On ne sait pas trop pourquoi ces espèces ont été choisies ; sans doute par opportunisme et non selon un plan mûrement réfléchi. Toutes ces espèces et d'autres prospèrent aujourd'hui dans plusieurs régions d'Amérique du Nord, à tel point que certains scientifiques mettent désormais en garde les jardiniers américains contre les hôtels pour abeilles solitaires – ces nids artificiels installés dans les jardins afin d'encourager les espèces natives à s'y installer – parce qu'ils se remplissent souvent de non-natives. D'autres abeilles telles que *Chalicodoma nigripes* d'Égypte et *Pithitis smaragulda* d'Inde, qui ont été introduites aux États-Unis, semblent s'être éteintes, d'après ce que nous savons.

Les bourdons, eux aussi, ont été dispersés loin de leurs milieux d'origine. Cela a commencé par les bourdons britanniques expédiés en Nouvelle-Zélande dès 1885 ; quatre espèces ont survécu à ce jour. L'une d'elles, *Bombus ruderatus*, le bourdon des friches, a été exportée plus tard au Chili, en 1982. Les mouvements ont véritablement démarré à la fin des années 1980 à la suite du développement de l'élevage commercial des bourdons terrestres pour la pollinisation des tomates. Les fleurs de tomates exigent une « pollinisation vibratile » : c'est la vibration des parties mâles de la fleur qui libère le pollen. La plupart des producteurs commerciaux cultivent les tomates en serre ; jusque dans les années 1980, ils recrutaient des équipes d'ouvriers armés de « baguettes magiques » électriques pour faire vibrer chaque fleur. Puis, en 1985, un vétérinaire belge amateur de bourdons, le Dr Roland De Jonghe découvrit qu'un nid de bourdons placé à côté d'une serre pleine de tomates assurait un formidable service de pollinisation. En effet, ces insectes sont des champions de la pollinisation vibratile : ils agrippent les anthères – parties mâles de la fleur – avec leurs mandibules et activent leurs muscles du vol qui font en même temps vibrer la fleur. Les bourdons terrestres étant les espèces européennes les plus faciles à élever, De Jonghe en initia l'élevage pour vendre des nids, et il ne tarda pas à fonder une entreprise, Biobest. Ce commerce devint une industrie si énorme que d'autres sociétés montèrent à leur tour des usines concurrentes ; aujourd'hui des millions de nids de bourdons sont élevés chaque année. Au départ, les nids ne furent vendus qu'en Europe, mais le marché prit rapidement une dimension mondiale. Des bourdons terrestres retournèrent à l'état sauvage en Tasmanie en 1992, s'échappèrent de serres au Japon dans les années 1990, et furent délibérément lâchés au Chili en 1998, d'où ils se propagèrent rapidement dans toute l'Amérique du Sud. Pendant ce temps, en Amérique du Nord, des usines commençaient l'élevage de bourdons fébriles *(Bombus impatiens)*, une espèce native de l'est de l'Amérique du Nord, qu'ils expédiaient à travers tout le continent, et jusqu'au Mexique.

Avec le recul, ce mouvement des abeilles paraît plutôt imprudent. Partout dans le monde où il est possible de faire pousser des cultures, un grand nombre d'espèces indigènes seraient certainement capables de faire le travail pour peu qu'on les y encourage en leur offrant un habitat convenable et en réduisant l'usage des pesticides. L'Amérique du Nord, par exemple, possède environ quatre mille espèces d'abeilles natives, plus d'innombrables syrphes, papillons diurnes et nocturnes, coléoptères, guêpes, etc., tous pollinisateurs actifs des fleurs. Il y a cependant des cas, assez rares, où il n'existe pas de pollinisateur indigène adapté à une culture particulière. L'introduction des espèces de bourdons à longue trompe en Nouvelle-Zélande en 1895

La boîte de Pandore

pour polliniser le trèfle violet[37], par exemple, était nécessaire car aucun pollinisateur indigène n'en était capable : les fleurs de trèfle cachent leur nectar au fond d'un tube profond, hors d'atteinte de n'importe quelle abeille native. Pourtant, la plupart du temps ces introductions paraissent avoir été complètement inutiles. Elles peuvent aussi causer beaucoup de mal.

Quels problèmes peuvent donc causer les abeilles non-natives ? Tout d'abord, il faut envisager la possibilité que les espèces introduites entrent en concurrence avec les pollinisateurs indigènes, occupent leurs sites de nidification (comme dans le cas des hôtels pour abeilles américains) ou prennent tellement de nectar et de pollen qu'elles affament les espèces indigènes. Déjà en 1859, Charles Darwin constata que les abeilles mellifères introduites en Australie « exterminaient rapidement les petites abeilles indigènes sans dard ». Darwin était un biologiste étonnamment perspicace, mais là, il avait tort : l'abeille dont il parle était certainement *Trigona carbonaria*, toujours assez commune. Néanmoins, il fut sans doute le premier à déceler un danger potentiel et à avoir l'intuition que l'arrivée des abeilles mellifères pouvait impacter d'autres espèces animales du pays. L'Australie possède aujourd'hui environ mille cinq cents espèces d'abeilles indigènes mais, où que l'on aille, les insectes que l'on voit le plus fréquemment sur les fleurs sont des abeilles mellifères. Il y a plus

---

37 Le trèfle violet fut lui-même introduit d'Europe en Nouvelle-Zélande à la fois pour servir de fourrage au bétail et parce que cette plante fixe efficacement l'azote et stimule la fertilité du sol, particulièrement importante à cette époque, avant l'arrivée des engrais artificiels bon marché. Les fermiers anglais installés en Nouvelle-Zélande ne comprirent pas tout de suite pourquoi leur trèfle ne produisait pas de graines, ce qui les obligeait à importer régulièrement, à grands frais, de nouvelles semences d'Europe. C'est un avocat du nom de R. W. Fereday, récemment émigré d'Angleterre, qui en a trouvé la raison en visitant la ferme de son frère dans les années 1870, une découverte ayant finalement abouti à l'importation d'une sélection de bourdons anglais. Je raconte l'histoire en détail dans mon livre *Ma fabuleuse aventure avec les bourdons*.

d'un demi-million de ruches, contenant peut-être 25 milliards d'abeilles – une énorme quantité de bouches à nourrir. Les apiculteurs australiens récoltent dans les 30 000 tonnes de miel par an – ce qui, avant 1826, aurait suffi à alimenter les insectes indigènes ; imaginez combien auraient pu en profiter. Dans le monde entier des recherches ont confirmé que les abeilles mellifères avaient souvent, en effet, un impact sur les pollinisateurs indigènes qu'elles écartaient de leurs fleurs préférées, contraignant les colonies de bourdons à se développer plus lentement et à produire de plus petites abeilles là où il y avait beaucoup de ruches à miel. On ne connaîtra jamais l'ensemble des répercussions qu'a pu avoir l'introduction des abeilles mellifères dans des pays comme l'Amérique du Nord et l'Australie, puisque personne n'observait les pollinisateurs indigènes au moment où les abeilles étrangères sont arrivées. Il n'est pas impossible qu'il ait existé autrefois beaucoup plus d'espèces pollinisatrices, mais ça, on ne le saura jamais.

Deuxième problème, plus grave, lié à la redistribution mondiale des abeilles par l'homme : les abeilles transportées d'un pays à un autre étaient souvent accompagnées de passagers clandestins. Comme la boîte de Pandore dans la mythologie grecque, les ruches contenaient des parasites et des maladies qui se sont répandus sur la Terre entière. Une fois échappés, impossible de les récupérer. Il serait injuste de reprocher aux premiers apiculteurs d'avoir propagé des maladies car à l'époque où les abeilles mellifères furent emmenées en Amérique, en 1622, par exemple, on n'avait pas encore découvert l'existence des bactéries, sans parler de celle des virus. Malheureusement, le transport involontaire des parasites de l'abeille se poursuit aujourd'hui, alors que nous sommes au courant des risques. Le cas le plus connu de cette diffusion globale est sans nul doute celui de l'acarien *Varroa destructor*.

La boîte de Pandore

Les *Varroa* se trouvent naturellement chez l'abeille asiatique, *Apis cerana*, plus petite que sa cousine européenne et qui vit, comme vous l'aurez deviné, en Asie. Ces acariens couleur rouille, en forme de disque, à peine visibles à l'œil nu, se fixent sur les abeilles pour sucer leur graisse. S'il est nuisible pour son hôte, le *Varroa* ne cause pas de gros dégâts dans les colonies d'abeilles asiatiques, les deux espèces cohabitant depuis des millions d'années. L'abeille asiatique a été domestiquée, mais ses colonies, en général plus petites que celles des européennes, produisent moins de miel. Par conséquent, des abeilles européennes furent importées en Asie où elles sont maintenant élevées en grand nombre par les apiculteurs, souvent en même temps que des abeilles asiatiques. Malheureusement le *Varroa* a goûté aux abeilles étrangères, et elles lui ont plu : c'est à Singapour et Hong Kong qu'on a repéré les premiers *Varroa* sur des abeilles européennes, en 1963. Le déplacement inconsidéré d'abeilles et de ruches infestées autour du monde a entraîné la propagation de cet acarien en Europe de l'Est dès la fin des années 1960, puis en France en 1982, au Royaume-Uni en 1992 et en Irlande en 1998. Il a fait son apparition au Brésil dans les années 1970, aux États-Unis en 1979, dans l'État du Maryland. Malgré des règles d'importation rigoureuses, cette petite bête tenace a réussi à gagner la Nouvelle-Zélande en 2000, et Hawaï en 2007. À ce jour, l'Australie est le seul grand pays du monde à ne pas avoir de *Varroa*.

Étant donné qu'elles ne l'avaient jamais rencontré au cours de leur évolution, les abeilles européennes ont développé peu de défenses contre lui. En se nourrissant à la fois sur la larve et l'adulte, le *Varroa* diffuse des maladies d'une abeille à l'autre, surtout des virus tels que celui des ailes déformées. Les acariens et les virus se multipliant à l'intérieur de la ruche, les abeilles s'affaiblissent et généralement au bout d'un an ou deux, la colonie s'effondre et meurt. Le

Varroa et ses virus associés sont sans nul doute le plus gros problème auquel les abeilles sont confrontées, et l'une des raisons pour lesquelles les apiculteurs du monde entier ne cessent de perdre des ruches.

Heureusement, bien que les acariens *Varroa* aient été parfois repérés sur d'autres insectes, les bourdons par exemple, ils ne semblent pas capables de se reproduire sur ces derniers. Dommage que ce ne soit pas le cas de la plupart des autres parasites et maladies. Le virus des ailes déformées infecte des insectes aussi divers que les cafards, les perce-oreilles, les guêpes sociales, les bourdons, dans lesquels il se reproduit, et aussi le *Varroa*. Comme le suggère le nom de ce virus, les abeilles infectées ont souvent des ailes rabougries et tordues qui les empêchent de voler. Bien que ce virus, découvert pour la première fois chez des abeilles, ait été considéré pendant longtemps comme le « virus des abeilles », aucune raison particulière ne permet de penser qu'il est plus particulièrement lié à ces dernières qu'à ses autres hôtes – il semblerait que ce soit un virus d'insecte plutôt généraliste.

Le virus des ailes déformées fut identifié pour la première fois en 1980, au Japon ; depuis, on le repère dans le monde entier. On ignore cependant si sa répartition mondiale est naturelle ou s'il s'agit d'une maladie localisée qui se serait propagée autour du globe. Ce qui est certain, c'est que les ruches d'abeilles mellifères sont aujourd'hui un véritable réservoir de cette maladie qui gagne aussi les pollinisateurs sauvages tels que les bourdons. L'ampleur du préjudice n'est pas claire. Étant donné qu'il n'existe aucune surveillance des maladies des pollinisateurs sauvages, si une épidémie devait se répandre au sein d'une espèce ou de plusieurs espèces, on ne la remarquerait sans doute pas. Chez les abeilles mellifères, le virus peut perdurer dans des colonies sans leur faire beaucoup de mal mais, combiné au

La boîte de Pandore

Varroa, il semble devenir symptomatique, avec des abeilles lourdement infectées aux appendices déformés et inutilisables, surtout les ailes. Il arrive que l'on trouve des nids de bourdons dans lesquels quelques abeilles ont les ailes déformées ; certains bourdons aux ailes déformées ont été testés positifs à ce virus, mais combien de bourdons sauvages sont eux aussi touchés, nous n'en avons pas la moindre idée. Et il ne s'agit là que d'une seule maladie, due au plus connu des virus découverts chez les abeilles.

Une autre maladie, au moins, s'est propagée des abeilles mellifères aux pollinisateurs sauvages : la nosémose, dont l'agent, *Nosema ceranae*, est une microsporidie, un organisme unicellulaire qui infecte l'intestin des abeilles. Comme le *Varroa*, ce parasite semble avoir été d'abord associé à l'abeille asiatique ; sa première découverte, en tant que nouvelle espèce, eut lieu en 2004 seulement, à Taiwan. Ensuite, dès que des scientifiques ont commencé à le chercher, ils se sont rendu compte qu'il était très commun chez les abeilles d'Europe et d'Amérique du Nord, où il est largement considéré comme une maladie émergente – c'est-à-dire récente ; en fait, il est très difficile de connaître son origine exacte. Des études génétiques de vieux spécimens d'abeilles ont détecté *N. ceranae* aux États-Unis en 1975 et au Brésil en 1979 ; comme c'est le cas du virus des ailes déformées, on ne sait pas trop d'où il vient, ni à quel moment il s'est propagé à travers le monde ; des scientifiques tentent toujours de comprendre ce qui a pu se passer, mais il est certainement trop tard pour réparer les dégâts.

Ses effets sur l'insecte hôte paraissent variables, comme ceux du virus des ailes déformés ; peut-être dépendent-ils de la santé de celui-ci. Certaines études ont montré que *N. ceranae* tue les abeilles en huit jours, les butineuses étant les plus durement touchées ; aussi la colonie se retrouve-t-elle souvent avec une reine, des nourrices (les plus jeunes ouvrières qui s'occupent du couvain) et très peu de butineuses expérimentées pour rapporter la nourriture. De même que le virus des ailes déformées, *N. ceranae* se rencontre souvent chez les bourdons, et désormais également chez les bourdons sauvages de Chine, d'Amérique du Sud et du Royaume-Uni. Il semble être plus virulent chez les bourdons que chez les abeilles, provoquant souvent leur mort ; la preuve apportée depuis peu qu'un quart environ des bourdons sauvages du Royaume-Uni sont infectés par cette maladie a de quoi inquiéter.

Si la propagation de *Varroa* et aussi, sans doute, de *N. ceranae* est presque sûrement due au déplacement inconsidéré des abeilles, le commerce des colonies de bourdons élevés de manière industrielle n'a fait qu'aggraver la situation. L'hygiène dans les usines de nids a beau sembler s'être améliorée ces dernières années, lorsque cette industrie a débuté dans les années 1980 et 1990, de nombreux nids étaient expédiés alors qu'ils contenaient des parasites de toutes sortes. Les acariens *Acarapis woodi* d'Europe, cachés dans la trachée des abeilles d'élevage industriel, se sont échappés au Japon, où ils infestent maintenant les bourdons indigènes. De la même façon, les bourdons terrestres introduits au Chili depuis l'Europe, et qui se sont répandus dans toute l'Amérique du Sud, semblent être porteurs d'au moins trois maladies des bourdons, bien qu'on n'ait pas pu établir avec certitude la région d'origine de ces maladies. Ce qui est certain, en revanche, c'est que l'arrivée des bourdons terrestres paraît avoir eu un impact dévastateur sur le bourdon géant, *Bombus dahlbomii*, natif des Andes, vraisemblablement parce que cette abeille indigène ne possède pas les défenses immunitaires nécessaires.

Sans cesse nous découvrons de nouvelles maladies des abeilles, même si nos connaissances sur la gamme de leurs hôtes naturels, leur répartition géographique et les bases de

La boîte de Pandore

leur biologie demeurent très rudimentaires. Toutefois, nous en savons beaucoup plus sur elles que sur les maladies qui touchent les autres insectes. Or les abeilles ne sont pas les seuls insectes que nous avons fait voyager autour du monde. Un exemple : les entreprises de nids de bourdons élèvent en même temps une large variété d'agents de lutte biologique, dont de minuscules guêpes parasitoïdes, des acariens prédateurs, des syrphes, des névroptères et des coccinelles, tous expédiés dans le monde entier sans trop se préoccuper des conséquences. Nous ignorons de quelles maladies ils peuvent être les porteurs. Nous déplaçons aussi sans le vouloir des insectes avec des plantes ornementales qui continuent à être expédiées régulièrement par-delà les frontières. D'autres insectes voyagent clandestinement dans les containers, comme les frelons asiatiques arrivés à Bordeaux dans une cargaison de poteries décoratives chinoises, et qui ont rapidement colonisé la majeure partie de l'Europe de l'Ouest. Il semble certain que nos activités, en particulier au cours de ces deux derniers siècles d'échanges internationaux importants, ont profondément altéré la répartition de très nombreux parasites d'insectes, mais nous n'en connaîtrons sans doute jamais les effets. Notre ignorance des maladies des insectes et de leur impact sur leurs hôtes est bien réelle. Sur 99,9 % des espèces d'insectes existant dans le monde nous ne savons strictement rien. Il est tout à fait plausible que les épidémies de parasites non indigènes ou les maladies d'insectes accidentellement propagées par l'homme aient déjà ravagé des populations entières d'insectes, et continuent à le faire, sans que nous nous apercevions de quoi que ce soit.

LE TERMITE KAMIKAZE

Dans les forêts profondes et humides de Guyane française vit un insecte des plus insolites : le *Neocapritermes taracua*.

Les termites sont tous des créatures fascinantes, sans lien de parenté avec les fourmis, mais au style de vie similaire dans de vastes colonies souvent souterraines avec une reine et des castes ouvrières aux tâches spécialisées. À la différence des fourmis, cependant, les termites sont strictement végétariens ; ils se nourrissent de toutes sortes de matières végétales et comptent sur le microbiote de leur intestin pour décomposer la cellulose qui, autrement, serait impossible à digérer. Les termites constituant le mets préféré de nombreux animaux, du fourmilier géant aux fourmis elles-mêmes, ils ont mis au point plusieurs mécanismes de défense au fil des millénaires, mais aucun aussi radical que celui du *Neocapritermes taracua*.

En vieillissant, les ouvriers de cette espèce développent sur l'abdomen des taches bleues remplies de protéines riches en cuivre. Comme, avec le temps, leurs mâchoires s'usent et s'émoussent, ils sont moins utiles à la colonie ; mais ils deviennent beaucoup plus agressifs et attaquent tout intrus qui se présente. Si le combat ne se déroule pas très bien, alors le vieil ouvrier explose et les protéines bleues entrent en réaction avec l'hydroquinone emmagasinée dans les glandes salivaires de l'insecte désormais mort pour former des benzoquinones extrêmement toxiques (les mêmes composés expulsés du derrière du coléoptère bombardier). Les scientifiques qualifient ce comportement d'altruisme suicidaire, comparable à la mort des abeilles ouvrières entraînée par la perte de leur dard dentelé lorsqu'elles piquent. Dans les deux cas, l'insecte se sacrifie noblement pour le bien de sa colonie.

11

La tempête qui s'annonce

De tous les grands problèmes écologiques auxquels l'humanité est contrainte de faire face au XXIe siècle, le changement climatique est peut-être le plus familier et sans nul doute l'un des plus urgents.

Pourtant, c'est seulement dans les années 1990, donc récemment, que les scientifiques sont parvenus à un consensus sur le fait que les gaz à effet de serre produits par les activités humaines modifient notre climat. Même aujourd'hui il existe encore des négateurs, incluant malheureusement le précédent président des États-Unis et un grand nombre de ses partisans – mais il y a bien des gens qui affirment que la Terre est plate[38]. Pour ceux d'entre nous qui vivent dans le monde réel, il est évident que

---

[38] Il est facile d'en rire mais, d'un certain côté, c'est grave. Il existe réellement une *Flat Earth Society* basée au Royaume-Uni, avec des ramifications au Canada et en Italie. Ses membres croient que notre planète est un disque avec, au centre, le pôle Nord qui forme un trou et, tout autour, l'Antarctique, un rebord de 50 mètres de haut. Ils affirment qu'une conspiration mondiale tramée par les gouvernements essaye de nous convaincre que la Terre est sphérique. La chambre d'écho des réseaux sociaux semble encourager ces croyances délirantes, à tel point que, ces dernières années, les membres de cette société ont dépassé les cinq cents – bien que je les soupçonne de ne pas tous être totalement sérieux. Néanmoins, qu'un nombre significatif de gens puissent croire une chose aussi absurde devrait être un sujet de préoccupation et je me demande ce qu'une véritable conspiration bien financée serait capable d'accomplir (en truquant des élections, par exemple, ou avec des pratiques d'écoblanchiment nuisant à l'environnement).

La tempête qui s'annonce

l'homme modifie le climat, et rapidement. Jusqu'à présent, le climat s'est réchauffé d'environ 1 °C depuis 1900, ce qui ne paraît pas beaucoup. En matière de changement de température, cela équivaudrait grosso modo à déménager de la ville de Birmingham, au centre de l'Angleterre, pour s'installer à Brighton sur la côte sud ; étant donné que ce changement s'est opéré sur plus d'une centaine d'années, pas une seule personne vivant *in situ* ne l'aurait remarqué ; voilà un bel exemple de référence changeante. En revanche, moi qui suis né juste au nord de Birmingham et qui ai effectivement déménagé du côté de Brighton, j'ai remarqué la différence parce que le changement s'est effectué brusquement.

Évidemment, côté météo, passer de Birmingham à Brighton ne semble pas une si mauvaise chose pour tous ceux d'entre nous qui vivent sous un climat frais, tempéré ; d'ailleurs, je me suis toujours demandé si cela n'expliquait pas en partie l'apparente apathie d'un grand nombre d'habitants du Royaume-Uni et d'autres pays humides et frisquets à l'égard du changement climatique. Mais c'est, bien sûr, passer complètement à côté de la gravité de la menace. À moins d'agir très vite pour réduire de manière drastique les émissions de gaz à effet de serre, nous verrons sans doute les températures moyennes s'élever de 3 °C à 4 °C au cours de la vie des enfants d'aujourd'hui. Cette élévation des températures ne sera pas répartie de façon égale : la plupart des prévisions laissent penser que le niveau de la plupart des océans montera un peu, avec des températures qui dépasseront de beaucoup la moyenne aux pôles et sur les vastes masses continentales, en particulier en Afrique et en Asie. De nombreuses régions d'Afrique et d'Asie deviendront par conséquent plus ou moins invivables, et ce sont justement dans ces régions que réside la majorité des populations humaines.

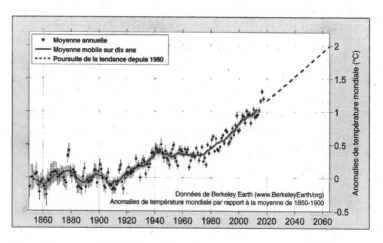

Températures mondiales de 1860 à nos jours, avec projections jusqu'en 2065 : Au rythme actuel de sa progression, la température moyenne à long terme de la Terre atteindra 1,5 °C au-dessus de la moyenne de 1850-1900 en 2040, et 2 °C vers 2065. De http://berkeleyearth.org/global-temperatures-2017/.

Tenter de prévoir l'évolution du changement climatique est probablement l'entreprise scientifique la plus importante de tous les temps, de quoi occuper des milliers de spécialistes durant des dizaines d'années. La science n'est pas précise, en particulier parce que le climat est affecté par de complexes « boucles de rétroaction » qui peuvent être difficiles à comprendre ou à intégrer avec précision dans des modèles mathématiques. Une rétroaction positive accélérera le changement climatique ; certaines prévisions suggèrent même que le réchauffement global risque de se transformer en processus d'emballement que nous ne pourrons tout simplement pas stopper, peut-être dès 2030. Par exemple, la glace et la neige des pôles et des régions montagneuses, en réfléchissant la chaleur du soleil, participent à la réduction du réchauffement de la Terre. Mais au fur et à mesure qu'elles fondent et reculent, elles réfléchissent moins de chaleur, ce qui entraîne une accélération de la fonte, et ainsi de suite. Voilà ce qu'on appelle une rétroaction positive. De la même manière, le dégel de la toundra du Grand Nord provoque la remontée du méthane qui, constitué au cours de plusieurs millénaires par le pourrissement très lent et anaérobique de la matière organique, restait jusqu'alors emprisonné sous la glace. Or le méthane est un gaz à effet de serre beaucoup plus puissant que le dioxyde de carbone ; ainsi, plus de dégagement de méthane égale un plus grand réchauffement égale plus de dégagement de méthane, etc. Le réchauffement des sols accélère le rythme d'oxydation de la matière organique en dioxyde de carbone et dégrade donc la santé du sol tout en augmentant les émissions de gaz à effet de serre. Le réchauffement risque également d'accroître la fréquence des feux de forêts qui, bien sûr, transforment très vite les arbres brûlés en fumée et en dioxyde de carbone.

Par ailleurs, il existe quelques rétroactions négatives susceptibles de ralentir le changement climatique, dont un accroissement du dégagement de chaleur dans l'espace au fur et à mesure que la Terre se réchauffe n'est pas la moindre. Des niveaux plus élevés de dioxyde de carbone peuvent aider les plantes à pousser plus vite, donc à absorber davantage de dioxyde de carbone. Il y a beaucoup d'autres boucles de rétroaction, positives et négatives, certaines clairement démontrées, les autres plus spéculatives, mais les climatologues sont largement d'accord sur ce point : les effets des rétroactions positives surpassent de loin ceux des rétroactions négatives. Globalement, le climat se réchauffe, c'est une certitude ; à quelle vitesse exactement, on ne le sait pas trop et cela dépend beaucoup, bien sûr, de ce que l'on va faire.

Encore plus difficiles à prévoir sont les autres aspects de notre futur climat, en particulier l'intensité et la fréquence des précipitations et des phénomènes météorologiques extrêmes tels que les ouragans. Le réchauffement implique une évaporation plus importante de l'eau à la surface de la terre et de la mer ; or, comme ce qui monte doit toujours redescendre, cela signifie inévitablement davantage de précipitations, surtout davantage de pluies torrentielles, donc davantage d'inondations. On a déjà constaté une augmentation de la fréquence et de l'intensité des ouragans dans l'Atlantique, dont certains ont eu des conséquences dévastatrices sur le sud des États-Unis et les Caraïbes. De nombreux modèles indiquent de profonds changements des régions où il pleuvra, d'ici la fin du siècle : même si, globalement, les précipitations seront plus nombreuses, on s'attend à ce que certains endroits en reçoivent beaucoup moins. On prévoit notamment une extension du Sahara vers le nord jusqu'au sud de l'Europe, et vers le sud jusqu'à l'intérieur de l'Afrique équatoriale, tandis que des parties du bassin de l'Amazone risqueront de s'assécher de telle sorte que, de toute façon, le peu qu'il reste des forêts tropicales disparaîtra probablement.

L'élévation projetée du niveau de la mer fait également l'objet de nombreux débats. Il est indubitable que les couches de glace recouvrant les terres des régions polaires et les grandes chaînes montagneuses de la planète sont en train de fondre et de s'écouler lentement dans la mer. En 1850, le Glacier National Park, dans l'État du Montana, dénombrait cent cinquante glaciers. Aujourd'hui, il n'en a plus que vingt-six. Il faudra peut-être bientôt lui trouver un autre nom. En même temps, l'eau déjà contenue dans la mer se dilate en se réchauffant. De nombreuses estimations prévoient que son niveau pourrait monter de un à deux mètres d'ici la fin de ce siècle. Deux mètres peuvent sembler peu de chose, pourtant ils suffiraient à engloutir entièrement les Maldives, les îles Marshall, la majeure partie du Bangladesh (l'un des pays les plus peuplés de la Terre

La tempête qui s'annonce

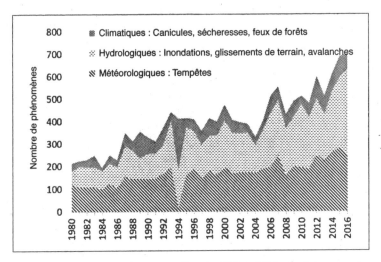

Fréquence des catastrophes naturelles de 1980 à 2016 : La fréquence des catastrophes naturelles dues aux inondations, tempêtes et incendies a plus que triplé depuis 1980. Les données sont basées sur les pertes couvertes par les assurances. Les catastrophes qui affectent les humains auront également de profonds effets sur les insectes. Source : *The Economist*.

avec 168 millions d'habitants), de la Floride, et plusieurs mégapoles comme Jakarta et Shanghai.

En 2100, rien qu'aux États-Unis, on estime à 2,4 millions le nombre de foyers qui se retrouveront sous l'eau. Mais il est légitime de craindre que l'élévation du niveau de la mer sera encore supérieure. Certaines études laissent penser que nous approchons d'un seuil critique au-delà duquel la couche de glace du Groenland fondra inévitablement ; à elle seule, elle ferait monter le niveau de six mètres. La plupart des prédictions sur le changement climatique se concentrent sur l'apparence du monde entre aujourd'hui et la fin de ce siècle, or le niveau de la mer continuera à s'élever pendant plusieurs siècles, même si la température se stabilise. Tout simplement parce que les énormes blocs de glace fondent très lentement ; certaines parties de l'Antarctique sont enterrées sous 4 kilomètres de glace. On estime que si nous brûlions toutes nos réserves de combustibles fossiles, cela suffirait à faire fondre toute la glace de l'Antarctique, quitte à ce qu'elle mette mille ans à se dissoudre inexorablement dans les océans. Le niveau de la mer s'élèverait alors de 58 mètres, laissant très peu de terre à ce qu'il subsisterait de vie terrestre.

De toute façon, il semble que les inondations deviendront de plus en plus fréquentes, soit à cause des fortes précipitations provoquant des crues soudaines quand ruisseaux et rivières sortent de leur lit, soit à cause de la montée du niveau de la mer et de l'intensification des ondes de tempêtes dans les régions côtières.

Si de nombreux endroits sont menacés par les inondations, d'autres risquent plutôt de brûler. En 2019, la Californie ainsi que plusieurs pays méditerranéens, dont l'Espagne, ont été confrontés à une multitude d'incendies sans précédent. Rendus arides par un drainage artificiel ou une sécheresse, les sols tourbeux peuvent eux aussi s'enflammer : par exemple, en 1997-1998, des précipitations inhabituellement faibles durant un épisode El Niño ont provoqué dans les forêts tropicales de Bornéo et Sumatra des incendies qui se sont étendus aux tourbières et ont brûlé pendant des mois, détruisant six millions d'hectares de forêts et relâchant environ deux milliards de tonnes de dioxyde de carbone[39]. D'autres feux de tourbières ont éclaté en Asie du Sud-Est en 2002, 2013, 2014 et 2015. Au Brésil, les récents incendies furent pour la plupart allumés délibérément, encouragés par le président populiste Bolsonaro désireux d'ouvrir l'Amazonie à l'exploitation

---

39 Pour replacer ceci dans son contexte, il faut préciser que les émissions globales de dioxyde de carbone de tous les combustibles fossiles brûlés en 1997 équivalaient environ à 24 milliards de tonnes, donc ces feux de tourbières à eux seuls en ont rajouté 10 %.

agricole et minière. Bien entendu, ces feux ont augmenté les émissions globales de gaz à effet de serre, en transformant le carbone contenu dans le bois, les feuilles, le sol, et même les paresseux, en dioxyde de carbone et en fumée polluante (source majeure de pollution particulaire extrêmement nocive pour la santé humaine). Dans l'ensemble, le défrichement de la forêt tropicale entraîne la libération d'environ 4,8 milliards de tonnes de dioxyde de carbone par an, ce qui équivaut à 8 % de toutes les émissions de gaz à effet de serre.

Il n'est guère surprenant d'entendre parler d'incendies dans des régions aussi chaudes et souvent arides ; mais, en 2019, on a aussi vu, chose incroyable, de vastes étendues de Sibérie, de Suède et du Groenland en feu ; la chaleur a fini par assécher et enflammer les couches de tourbe qui se sont ensuite consumées pendant tout l'été sans qu'il soit possible de les éteindre. Dans les régions polaires, la conséquence de ces feux est souvent un dépôt de suie qui assombrit la neige et accroît l'absorption de la chaleur, ce qui la fait fondre encore plus vite.

Certains endroits risquent de devoir affronter à la fois les feux et les inondations, quoique peut-être pas en même temps. En 2018, par exemple, de fortes pluies tombant sur des coteaux californiens précédemment dénudés par des incendies provoquèrent des glissements de terrain catastrophiques qui tuèrent vingt-trois personnes lorsque des milliers de tonnes de boue et de rochers dévalèrent les pentes abruptes.

Force est de constater que le changement climatique va nous poser d'énormes problèmes, à nous humains, mais qu'en est-il de ses effets sur les insectes et le reste de la faune ? Récemment encore, on ne possédait pas de preuves solides des impacts majeurs qu'il avait déjà eus sur les populations d'insectes. Or les aires de répartition de certains d'entre eux ont commencé à se déplacer en réaction au climat ; les bourdons européens et nord-américains ont tendance à disparaître des zones méridionales pour gagner des altitudes plus élevées dans des régions montagneuses. On a aussi la preuve que le moment de l'émergence au printemps de certains insectes herbivores et pollinisateurs s'est découplé de celui de leur plante hôte : par exemple, certaines plantes de montagne du Colorado fleurissent désormais avant que les bourdons qui s'en nourrissent sortent de leur hibernation, ce qui n'était jamais arrivé auparavant. Peut-être que si le changement s'opérait lentement, les abeilles ou les fleurs seraient capables de s'adapter. Jusqu'ici, les modifications auxquelles elles se sont trouvées confrontées étaient assez subtiles, mais avec l'accélération du changement climatique au XXIe siècle, ce rythme devrait devenir beaucoup plus rapide.

Tandis que pour la plupart des groupes d'insectes c'est sous les tropiques que l'on observe le plus de diversité, les bourdons, dans leur ensemble, se rencontrent plutôt sous des climats relativement frais. Ils sont devenus gros et poilus pour conserver leur chaleur. Intuitivement, on se dit que le changement climatique doit être particulièrement mauvais pour eux. Grâce aux prévisions climatiques on est en mesure d'élaborer une carte des futures répartitions possibles de la faune et la flore, basée sur l'éventail des conditions climatiques actuelles. Des modèles informatiques peuvent en effet calculer exactement l'éventail des conditions climatiques dans lesquelles vit une espèce particulière, tendances annuelles de température, précipitations, etc. puis, à partir de là, déterminer l'endroit du monde où elle pourra rencontrer à l'avenir le même type de climat. Comme on peut s'en douter, il est prévu que presque toutes les espèces s'éloigneront de l'équateur. Ces calculs ont été effectués pour tous les bourdons européens (et de nombreuses autres créatures) ; on ne s'étonnera pas qu'il y ait des gagnants et des perdants. *Bombus mesomelas*, par exemple, le bourdon élégant, est un joli spécimen au thorax gris cendre et au derrière doré, que l'on trouve dans les prairies fleuries du sud de l'Europe. Dans le futur, il pourrait théoriquement déménager au Royaume-Uni. En revanche, des espèces familières comme le bourdon des champs, le bourdon des prés, le bourdon des pierres et le bourdon des jardins devraient disparaître des plaines d'Angleterre et de la majeure partie de l'Europe d'ici 2080, mais ils pourront subsister en Écosse et en Scandinavie. Quant au bourdon des arbres, qui n'est arrivé d'Europe continentale au Royaume-Uni qu'en 2001, il devrait en être reparti à la fin du siècle.

Et qu'en est-il des autres groupes d'insectes thermophiles, plus typiques, comme les papillons ? Pour eux, le réchauffement devrait être une aubaine, au moins dans les pays tempérés comme le Royaume-Uni où beaucoup d'espèces vivent près de la limite nord de leur aire de répartition. Martin Warren et ses collègues de l'association *Butterfly Conservation* (préservation des papillons) ont analysé les changements survenus dans les populations de quarante-six espèces de papillons qui, toutes, avaient atteint la limite nord de leur aire de répartition au Royaume-Uni ; les espèces dont on pouvait attendre qu'elles apprécient le réchauffement. Entre 1970 et 2000, les trois quarts de ces espèces ont diminué considérablement. La tendance est très différente entre les spécialistes des habitats sédentaires (soit vingt-huit espèces peu mobiles et exigeantes, aux besoins très spécifiques) et les généralistes très mobiles (dix-huit espèces). Si un déclin de 89 % a été observé chez les sédentaires, il était seulement de 50 % chez les généralistes, parmi lesquels un petit nombre prospérait. Ceci nous donne un indice sur les raisons pour lesquelles le réchauffement climatique n'a pas jusqu'ici profité aux papillons, même à ceux qui aiment la chaleur. Très mobiles, les papillons généralistes peuvent se déplacer plus facilement en réponse au réchauffement ; ils sont donc plus susceptibles de trouver un endroit où ils sont capables de survivre, quand ils l'atteignent. Au contraire, les papillons spécialistes ont tendance à être moins mobiles, aussi, même en admettant qu'ils réussissent à faire le voyage, ils mourront si, en arrivant, ils ne trouvent pas un habitat qui leur convient.

Ici, il est utile de marquer une petite pause pour préciser que le climat a toujours changé et que les modifications des distributions des espèces sont une réaction naturelle qui se produit depuis des millions d'années. Des papillons et des bourdons aux chênes en passant par les caribous, tous ont bougé, plus ou moins facilement, au fil des apparitions et disparitions des ères glaciaires. Un chêne peut lâcher un gland à quelques mètres au nord de son tronc, ou avoir la chance qu'un geai le transporte quelques centaines de mètres plus loin, si bien qu'au bout de dix mille ans une succession d'arbres peut s'étendre sur cent kilomètres en direction du pôle Nord. Pour les bourdons et les papillons, c'est beaucoup plus facile puisqu'ils ont des ailes. Le problème est que, cette fois, le changement climatique se produit extrêmement vite, dans un monde où les habitats naturels sont déjà sérieusement dégradés et très éparpillés. Résultat, la plupart des papillons et des bourdons n'ont pas l'air de vouloir émigrer vers le nord. Ils disparaissent des limites sud de leurs aires de répartition en Europe et en Amérique du Nord, et ne semblent pas entreprendre l'avance prédite vers les limites septentrionales, à l'exception d'un très petit nombre d'entre eux. En outre, les espèces aux faibles capacités de dispersion, tels que les chênes, les escargots ou les cloportes, ont besoin d'un habitat plus ou moins continu s'ils doivent se décaler lentement vers le nord ou le sud. Dans le monde préhumain, cela n'aurait posé aucun problème. Aujourd'hui, où la majeure partie des terres est exploitée de manière intensive par l'agriculture et l'autre partie couverte de routes, de terrains de golf, d'habitations ou d'usines, il leur est beaucoup plus difficile de se déplacer. Il y a beaucoup moins d'endroits où un gland peut tomber et se développer en un arbre adulte qui produira à son tour des glands. Même les créatures volantes comme les bourdons, capables de traverser à toute allure une autoroute ou un champ, s'ils choisissent de le faire, ont besoin de trouver un endroit approprié pour vivre une fois arrivés de l'autre côté. La réalité, aujourd'hui, c'est que de nombreuses créatures survivent en populations très réduites dans des petites poches d'habitat plus ou moins isolées : les réserves naturelles et compagnie. Leurs chances de réussir à progresser vers le nord pour conserver une longueur d'avance sur le réchauffement climatique sont minces, d'autant plus qu'elles dépendent des fleurs dont elles se nourrissent, et qui doivent se déplacer en même temps qu'elles. Par exemple, d'après les modèles climatiques, de vastes zones de Grande-Bretagne seraient récemment devenues capables de recevoir l'azuré de l'ajonc, un joli petit papillon bleu violacé dont le revers des ailes est somptueusement taché de crème, orange et noir. Pourtant, ce papillon ne s'est pas envolé majestueusement dans cette direction ; il continue à s'accrocher à quelques parcelles de landes, son habitat favori, dans le sud de l'Angleterre. Le climat du nord pourrait lui plaire mais les landes y sont rares ; de toute façon, il a peu de chances de pouvoir les atteindre par ses propres moyens. Idem pour le bourdon élégant mentionné plus haut, *Bombus mesomelas*, qui vit actuellement dans les prairies vallonnées de l'Italie et des pays voisins. En théorie, le climat du sud du Royaume-Uni lui conviendrait fort bien à la fin de ce siècle, mais comment s'y rendra-t-il ? Et en admettant qu'il y parvienne, les plantes des prairies italiennes seront-elles déjà arrivées avant lui pour l'accueillir (très peu probable), ou sera-t-il capable de s'adapter aux plantes qu'il y trouvera (possible) ? À mon avis, il est plus probable que l'azuré de l'ajonc et le bourdon élégant s'éteindront tous les deux *in situ* au fur et à mesure que leurs habitats deviendront trop chauds pour eux.

Les modèles climatiques qui prévoient les futures répartitions possibles des espèces se basent en général sur des moyennes – température moyenne mensuelle, précipitations moyenne, etc. Mais ils ne peuvent pas tenir compte des effets qu'auront les phénomènes météorologiques extrêmes, comme les sécheresses, les canicules, les feux de forêts, les tempêtes, les inondations, tous susceptibles de devenir de plus en plus fréquents et extrêmes. Nous n'avons qu'une faible idée des impacts qu'ils auront sur les insectes, sinon que très peu de ces impacts seront, à coup sûr, positifs. Les feux tueront naturellement des insectes, mais l'afflux de nouvelles fleurs qui suit les incendies dans certains écosystèmes bénéficiera à certains. Les tempêtes estivales ont tendance à écharper les plus délicats comme les papillons, et les crues subites à détruire les nids souterrains des bourdons, par exemple. Les sécheresses soumettent les plantes à un stress hydrique qui bloque la production du nectar dans les fleurs, ce qui nuit forcément aux pollinisateurs, tandis que les insectes amateurs de froid tels que les bourdons auront tellement chaud pendant les canicules qu'ils ne seront même plus capables de butiner. Lorsque les périodes de sécheresse se prolongent, les plantes se flétrissent et deviennent immangeables pour les chenilles ; au cours de la canicule estivale de 1976, en Angleterre, de nombreuses chenilles de l'azuré bleu céleste sont mortes parce que leur plante hôte, le fer à cheval, s'est desséchée sous l'effet de la chaleur. Résultat, le nombre des adultes baissa énormément l'année suivante et certaines populations disparurent. Bien sûr, les insectes ont déjà affronté ces phénomènes dans le passé, mais la fréquence et l'intensité accrues des phénomènes extrêmes à une époque où beaucoup d'insectes connaissent déjà un fort déclin sera peut-être pour certains le coup de grâce.

Néanmoins, si le changement climatique est globalement une très mauvaise nouvelle, il peut bénéficier à un petit nombre d'insectes. Résistantes, mobiles, douées d'une grande capacité d'adaptation, des créatures telles que les mouches domestiques, qui se reproduisent dans les excréments de l'homme et du bétail, ou les couches sales pourrissantes jetées dans les décharges, pourront se multiplier encore plus vite lorsqu'il fera plus chaud. Le nombre toujours croissant d'humains et de bestiaux signifie pour elles un apport toujours croissant de nourriture. Le réchauffement permettra aux insectes ravageurs d'engendrer davantage chaque année, et donc de développer plus rapidement une résistance aux pesticides. Leurs populations atteindront des tailles considérables avant d'être frappées par l'hiver ; mais comme les hivers seront plus doux, quelques-unes seront capables de s'épanouir tout au long de l'année. Pour le moment, la grande « ceinture de blé » de l'Amérique du Nord profite d'un climat plus ou moins optimal pour la culture (ce n'est pas par hasard) ; même sans tenir compte des insectes ravageurs, il est prévu que les récoltes baisseront d'environ 10 % pour chaque degré de réchauffement. Par-dessus le marché, la multiplication accélérée des nuisibles tels que les pucerons et les chenilles devrait encore réduire les récoltes de 10 à 25 % supplémentaires pour chaque degré de réchauffement, estimation qui s'applique également aux autres denrées de base mondiales comme le riz et le maïs.

Outre les ravageurs de cultures, tout organisme capable de supporter la vie dans les zones urbaines devrait prospérer au cours des prochaines années car les villes s'étendront inévitablement de plus en plus, avec une population humaine se dirigeant allègrement vers les dix milliards d'individus sinon davantage. *Aedes aegypti*, le moustique porteur de la fièvre jaune, semble s'être bien adapté à l'urbanisation ; il prospère dans les agglomérations, se reproduit dans les gouttières bouchées, les vieux pneus, les tonneaux, les seaux et tous les débris où l'eau peut stagner. C'est l'un des principaux vecteurs de plusieurs maladies graves dont la dengue, le chikungunya, l'infection à virus Zika et, bien sûr, la fièvre jaune. L'anophèle, *Anopheles*, principal transmetteur de la malaria, bénéficie lui aussi des activités humaines. Les cas de malaria tendent à devenir de plus en plus fréquents dans les régions où les forêts ont été défrichées pour créer des terres agricoles parce que ce moustique aime se reproduire dans les flaques et les fossés exposés au soleil, plus difficiles à trouver au fond d'une forêt épaisse. Les prévisions climatiques suggèrent que la malaria risque de se propager à des altitudes plus élevées sous les tropiques, par exemple en Colombie, au Kenya et en Éthiopie. Ces régions ont des populations très denses, en partie parce que, jusqu'à une date récente, elles n'étaient pas touchées par le paludisme. Les États du sud des États-Unis, le sud-est de l'Europe, certaines parties de la Chine et la région surpeuplée de São Paolo et Rio de Janeiro au Brésil risquent fort de devenir des terrains propices à cette maladie d'ici 2050. On prévoit de la même manière que la dengue deviendra beaucoup plus commune dans toute l'Amérique du Nord, allant même jusqu'au sud du Canada. Une estimation laisse penser que le nombre de personnes susceptibles de contracter des maladies virales propagées par le moustique de la fièvre jaune et son cousin le moustique tigre *(Aedes albopictus)* augmentera d'un milliard d'ici la fin du siècle (sans tenir compte de l'augmentation des populations humaines). La seule bonne nouvelle, c'est que certaines plaines équatoriales deviendront peut-être trop chaudes pour que la malaria puisse s'y transmette – mais elles seront probablement aussi trop chaudes pour que des êtres humains puissent y survivre, de toute façon.

S'il semble certain que, dans le futur, le changement climatique aura de profonds impacts sur les insectes, cela peut-il expliquer leur déclin actuel ? Les auteurs de l'étude Krefeld ont cherché, en particulier, à savoir si le changement climatique pouvait être la cause de cette baisse spectaculaire de 76 % de la biomasse des insectes dans les réserves naturelles allemandes. Même si les conditions météorologiques quotidiennes ont beaucoup joué sur la capture des insectes – comme on peut aisément le deviner, les prises étaient plus importantes pendant les journées ensoleillées – le climat global de l'Allemagne n'a pas tellement changé durant la période relativement courte de vingt-six ans de cette étude. Quand ses auteurs avaient conclu que le changement climatique ne pouvait pas expliquer ce déclin, l'ensemble de la communauté scientifique ne les avait pas contredits, car il existait beaucoup d'autres coupables possibles.

En 2017, l'année de la parution de l'étude allemande, Sarah Loboda de l'université McGill, au Canada, publia des données sur l'évolution des populations de mouches trouvées au Groenland, des insectes résistants, adaptés au froid, au vent et aux étés très courts. L'article fit l'objet d'une attention limitée, peut-être parce que tout le monde se fiche des mouches ; cependant, il décrit une baisse de leur population de 80 % sur une période de dix-neuf ans, jusqu'en 2014 : légèrement plus rapide que celle observée par les Allemands. Loboda attribue cet effondrement au changement climatique, qui est plus marqué aux pôles que partout ailleurs ; au Groenland, les autres impacts d'origine humaine sont négligeables. Puis, en 2018, parut l'étude de Brad Lister sur les forêts de Porto Rico, et le changement climatique revint sur le devant de la scène pour expliquer le déclin des insectes. Lister, vous vous en souvenez peut-être, avait échantillonné des insectes dans une forêt tropicale en 1976 et 1977 ; ensuite, il était revenu sur les mêmes sites trente-quatre ans plus tard, en 2011-2013, pour recommencer exactement le même échantillonnage. Il avait découvert que la biomasse des insectes pris sur des pièges collants avait chuté de 80 %. Or ces forêts n'avaient pas été exploitées, ni altérées directement de quelque manière que ce soit par des activités humaines durant ces trente années, et aucun pesticide n'avait été vaporisé dessus ou à proximité, pour autant qu'on sache (ce qui était également le cas des sites observés au Groenland). Apparemment, la forêt n'avait absolument pas changé, sauf que la plupart de ses insectes avaient disparu. À la différence de l'Allemagne cependant, on sait, d'après les données d'une station météorologique située dans la forêt, que le climat s'était modifié depuis la fin des années 1970, avec une augmentation de 2 °C de la moyenne des températures journalières maximales. Lister en avait conclu provisoirement que c'était la cause la plus probable du déclin. En tant que « référent » de son article – puisqu'on m'avait demandé d'évaluer sa qualité dans le cadre du processus d'examen par des pairs – je n'avais pas trouvé de meilleure explication, même si elle ne me convainquait pas totalement. Que la température fût le seul facteur paraissant s'être modifié ne signifiait pas qu'elle devait être la cause de l'effondrement des populations d'insectes. Il aurait pu y avoir, par exemple, une épidémie dévastatrice de quelque maladie inconnue les frappant, une contamination des forêts par quelque polluant non identifié, ou la visite d'une armée d'extraterrestres mangeurs d'insectes (OK, je l'admets, celle-ci n'est pas trop crédible). Je veux juste dire qu'il existait beaucoup d'autres explications possibles.

L'article de Lister attira vivement l'attention ; il apparut alors que la preuve du changement de température présentait une faille. Le matériel d'enregistrement avait été remplacé entre ses deux visites à Porto Rico et, au lieu de suivre un processus graduel, la hausse des températures paraissait coïncider avec l'installation du nouvel équipement. En d'autres termes, il semblait probable que le climat, en réalité, n'avait pas changé autant que le montrait l'enregistrement, mais que le saut apparent de la température était plutôt dû, au moins en partie, au changement des méthodes utilisées pour la mesurer. Quelques analyses critiques suggérant que l'article était truffé de lacunes parurent alors, mais si l'on met de côté la question du climat, la découverte principale de l'article – le déclin massif de l'abondance des insectes – demeurait incontestable.

Pour le moment, le futur climat de notre planète est encore entre nos mains. Nous l'avons déjà profondément modifié, mais si nous agissions de manière décisive nous pourrions l'empêcher d'empirer. Les projections très sombres de l'aspect que pourrait revêtir la planète à la fin de ce siècle ne doivent pas nécessairement se réaliser. En 2016, 196 gouvernements du monde entier réunis dans le cadre de l'accord de Paris prirent des engagements pour maintenir l'augmentation de la température moyenne au-dessous de 2 °C, idéalement au-dessous de 1,5 °C, par rapport aux niveaux préindustriels. Depuis, pas un seul grand pays industrialisé n'est en bonne voie de respecter ces engagements. Toutes les mesures mises en place jusqu'ici pour s'attaquer au changement climatique, comme la multiplication des sources d'énergie verte (éolienne, solaire, hydraulique, etc.), le passage aux voitures plus économiques en combustible, la meilleure isolation des maisons, et ainsi de suite, n'ont eu aucun effet mesurable sur les émissions de dioxyde de carbone : elles continuent d'augmenter chaque année *à un rythme qui s'accélère*[40]. Nous utilisons simplement plus d'énergie que jamais, plus qu'assez pour anéantir les bénéfices de ces nouvelles technologies. On pourrait s'attendre à ce que la création d'énergies vertes réduise le besoin en énergie issue des carburants fossiles, or jusqu'ici ça n'a pas marché. Au lieu de cela, notre économie énergivore avale toute l'énergie qu'elle peut et en réclame toujours davantage.

Pendant ce temps, Donald Trump sortait les États-Unis de l'accord de Paris (heureusement Joe Biden a signé leur retour dès le premier jour de son mandat). Vous pouvez vous rendre compte par vous-même de l'évolution des efforts des pays pour lutter contre le changement climatique sur le site de Climate Action Tracker (CAT) (https://climateactiontracker.org). Seuls le Maroc et la Gambie, aux émissions quasi nulles, sont en voie de tenir les promesses de l'accord de Paris. Les pays dont les efforts se révèlent terriblement insuffisants et qui risquent de nous conduire tout droit vers un réchauffement global de 4 °C ou davantage (catastrophique pour toute vie sur Terre) incluent les États-Unis, l'Arabie saoudite et la Russie. Ce n'est peut-être pas une coïncidence si ces trois pays se trouvent être les trois plus gros producteurs de pétrole du monde. Il n'est pas interdit de les soupçonner de ne pas avoir vraiment à cœur de lutter contre le changement climatique. Dans le cas des États-Unis, c'était on ne peut plus clair

---

40 Au moment où j'écris ceci, novembre 2020, le monde est confiné à cause de l'épidémie de coronavirus. Cela va sans doute réduire un peu, temporairement, les émissions de gaz à effet de serre.

La tempête qui s'annonce

sous l'administration Trump. Détail intéressant, la Russie a d'autres raisons d'ignorer les périls du changement climatique car pendant les mois d'hiver, la glace de mer rend de nombreux ports russes impraticables ; mais ils en seront bientôt libérés presque toute l'année. En outre, de vastes étendues de terres septentrionales qui sont actuellement trop froides pour toute production agricole deviendront propres à la culture des céréales, de sorte que la Russie pourrait fort bien prendre la relève lorsque les récoltes de blé des États-Unis commenceront à diminuer. Il ne faut donc pas attendre de Vladimir Poutine qu'il se joigne de sitôt à la lutte contre le changement climatique.

Le problème fondamental avec l'accord de Paris, c'est qu'il ne dispose d'aucun moyen d'action. Il repose entièrement sur des pays qui ont choisi de limiter leurs propres émissions, sans pénalité en cas d'échec. Il est très facile pour un gouvernement de faire une promesse à long terme en sachant que d'autres hommes politiques seront aux manettes lorsqu'il faudra rendre des comptes. Il suffit de se reporter à la Convention sur la diversité biologique de 1992 signée à Rio de Janeiro par le même groupe, exactement, des 196 gouvernements qui ont signé l'accord de Paris. Dans la Convention de Rio, nos gouvernements promettaient d'enrayer la perte de biodiversité globale d'ici 2020. En réalité, la période comprise entre 1992 et 2020 a vu se produire la plus grande perte de biodiversité mondiale depuis les derniers 65 millions d'années. On ne peut pas se fier aux promesses creuses de nos gouvernements pour sauver la planète.

LE MONARQUE COUPE-VEINE

Le monarque d'Amérique du Nord est réputé pour sa beauté ainsi que pour sa migration extraordinaire entre le Canada et le Mexique où il hiverne, mais ses chenilles ont elles aussi de quoi nous étonner. Elles se nourrissent des feuilles des asclépiades, une espèce de plante dont la sève blanche et collante est également appelée latex.
Un grand nombre de végétaux produisent du latex, dont on récolte un certain type pour le transformer en caoutchouc. Naturellement, cette substance a deux fonctions : elle bouche les blessures en séchant, à la manière d'une croûte, et elle empoisonne, en se collant à lui, tout herbivore qui tenterait de grignoter la plante. Cela réussit à décourager beaucoup d'insectes ; pourtant quelques-uns, comme la chenille du monarque, ont développé le moyen de déjouer cette défense. La chenille creuse tout simplement une tranchée à la base d'une feuille pour sectionner les veines contenant le latex : une fois que le latex s'est écoulé, elle peut tranquillement consommer le reste de la feuille privée de défense.

12

La Terre, véritable boule de Noël

Tout le monde connaît les images satellites spectaculaires de notre planète, la nuit, suspendue dans l'espace comme une boule de Noël, avec ses masses continentales incrustées des lueurs orangées émanant de milliards d'ampoules électriques. L'Amérique du Nord, l'Europe, l'Inde, la Chine et le Japon, en particulier, scintillent d'une lumière festive. Les villes se distinguent nettement, les plus étincelantes étant les grandes métropoles ; et sur la plupart des côtes brille un ruban d'aménagements humains. Il existe très peu d'endroits vraiment noirs sur la terre ferme, en dehors des étendues gelées des pôles, des déserts, de quelques rares régions d'Amazonie et du Congo. On estime que la quantité de lumière diffusée la nuit augmente de 2 à 6 % par an. Chaque jour la population humaine s'accroît d'environ 225 000 individus : assez pour une nouvelle ville chaque nuit, pour une nouvelle source de lumière visible de l'espace.

La plupart des réserves naturelles dans lesquelles ont été piégés les insectes de l'étude allemande sont relativement proches des agglomérations urbaines. Même si les lumières vives ne s'aperçoivent pas toujours depuis ces endroits, le halo lumineux, nom donné à la pollution lumineuse diffuse dans l'atmosphère au-dessus des villes, peut être observé à des centaines de kilomètres de distance de sa source. Certains scientifiques ont affirmé que cette pollution lumineuse est susceptible d'avoir contribué au déclin dramatique des insectes. Mais cette explication est-elle plausible ?

    Examinons les manières dont la pollution lumineuse peut nuire aux insectes. Plus de 60 % des invertébrés sont nocturnes ; pour naviguer et s'orienter, la plupart s'aident de la lueur des étoiles ou de la lune. Les lumières artificielles attirent les insectes volants tels que les papillons de nuit et les mouches. Nettement désorientés, ils se cognent aux lampes, se brûlent ou se blessent, s'épuisent et deviennent plus vulnérables face à leurs prédateurs. Je me souviens comme si c'était hier d'un campement en Australie tropicale où des lampes de faible intensité montées sur des piquets balisaient le chemin qui menait aux toilettes. La nuit, au pied de chaque piquet se tenait en embuscade au minimum un gros crapaud buffle prêt à engloutir la quantité quasi infinie des insectes venus heurter les lampes. Même chose en Espagne, où j'ai vu des foules de geckos affamés s'amasser autour des lumières pour se gaver d'insectes éblouis. Les araignées tissent souvent, au-dessous ou au-dessus des éclairages extérieurs, des toiles qui se remplissent vite de mouches et autres petits insectes, tandis que les chauves-souris profitent des nuées d'insectes déboussolés pour foncer dans le tas et s'emparer d'une proie. Au matin, en l'absence de crapauds buffles, d'araignées, de chauves-souris ou de geckos, les insectes survivants se retrouvent souvent étourdis et posés bien en vue contre un lampadaire ou un mur voisin où les oiseaux insectivores n'ont aucun mal à les picorer. Tout chasseur de papillon de nuit lisant ces lignes sait maintenant qu'il doit vider ses pièges aux premières lueurs de l'aube, faute de quoi les troglodytes et les mésanges apprendront vite à les visiter pour se régaler d'un somptueux petit déjeuner, ne laissant derrière eux qu'un amas d'ailes.

La Terre, véritable boule de Noël

La raison pour laquelle les insectes sont attirés la nuit par les lumières n'a jamais été vraiment expliquée. Naturellement, les papillons de nuit n'essayent pas de s'envoler vers la lune. Plusieurs théories s'affrontent ; la plus populaire et la plus convaincante se fonde sur l'idée que les insectes s'orientent avec la lune lorsqu'ils migrent. Un insecte projetant de couvrir une longue distance en ligne droite volerait suivant un angle fixe par rapport à notre satellite et, grâce à une sorte d'horloge interne, ajusterait doucement cet angle au fur et à mesure que la nuit progresse et que la lune traverse le ciel. Les abeilles utilisent le soleil de la même manière quand elles se déplacent de parcelle de fleurs en parcelle de fleurs. D'après cette théorie, les insectes nocturnes confondraient n'importe quelle lumière vive avec la lune mais comme celle-ci est proche et non pas à des milliers de kilomètres, leur angle de vol se décale très rapidement s'ils volent en ligne droite. Pour rectifier leur trajectoire, ils décrivent vers sa source une courbe qui se transforme en spirale décroissante jusqu'à la heurter[41]. Quoi qu'il en soit, il ne fait aucun doute que nos lumières artificielles entraînent tous les ans des milliards d'insectes vers un trépas précoce. Chaque lampe est un « gouffre démographique » aspirant continuellement les insectes, nuit après nuit.

Il est également probable que nos lumières causent des problèmes plus insidieux. Si certains insectes évitent de se heurter aux lampes, ils n'en sont pas moins désorientés par leur faute. On sait, par exemple, que les bousiers sont capables de détecter dans le ciel le halo de la voie lactée et de s'en servir pour s'orienter et garder une trajectoire rectiligne tout en faisant rouler leurs boules d'excréments. On ne

---

[41] J'aborde aussi ce sujet dans mon livre *Le Jardin Jungle* (Éditions du Rouergue, 2022, pour la traduction française).

sait pas encore à quel point ils peuvent être perturbés si leur route passe à proximité d'une lumière artificielle. Mais le plus important, peut-être, c'est que la majorité des insectes, y compris ceux dont l'activité est surtout diurne, utilisent la lumière comme un repère essentiel pour déclencher leur horloge biologique. Ainsi, beaucoup d'organismes règlent leur cycle de vie sur la longueur des journées, émergeant de leur hibernation ou pondant leurs œufs au moment de l'année le plus approprié. Certains insectes synchronisent leur recherche de nourriture avec la période du mois où la lune est la plus brillante. Les éphémères font coïncider leur émergence à l'état adulte avec la pleine lune. La synchronisation de ces cycles est vitale : pensez à ce qui arriverait à un éphémère, qui vit seulement quelques heures, ou au mieux quelques jours, s'il ne réglait pas correctement le moment de son émergence. Il ne trouverait pas de partenaire avec qui s'accoupler et mourrait seul, sans avoir exploité son potentiel de reproduction. Il existe peu d'études scientifiques concernant les effets de la pollution lumineuse sur les cycles des insectes de ce genre, mais il semble très plausible que ceux qui vivent à proximité de lumières vives puissent confondre un réverbère avec la pleine lune ou le soleil levant, et détraquer d'une manière désastreuse leur horloge biologique.

Pour quelques rares insectes, nos éclairages constituent un obstacle particulier lorsqu'ils doivent chercher un ou une partenaire. Les lucioles et les vers luisants, par exemple, produisent de la lumière pour attirer un membre du sexe opposé. Chez les vers luisants européens (qui sont des coléoptères et non des vers), les femelles émettent une charmante lueur verte à laquelle les mâles ne peuvent résister. Pendant des millions d'années leurs derrières lumineux furent très facilement repérables dans la nuit noire, mais aujourd'hui, elles sont obligées de rivaliser avec les lumières beaucoup plus vives de l'espèce humaine. Pour un ver luisant mâle, se retrouver attiré par une ville serait catastrophique.

Le risque posé par la lumière artificielle dépend du type de lampe utilisé. Les chasseurs de papillons de nuit le savent depuis longtemps : celles qui émettent beaucoup d'ultraviolets attirent le plus grand nombre d'insectes. En Europe, jusqu'à une date récente, les réverbères étaient essentiellement équipés de lampes au sodium haute pression ou bien de lampes à vapeur de mercure émettant une quantité élevée d'UV. Par mesure d'économie d'énergie, beaucoup ont été remplacées par des diodes électroluminescentes (LED) qui diffusent généralement un large spectre de lumière blanche visible et peu d'UV. On pourrait penser que c'est une bonne nouvelle pour les insectes, or il existe une grande variabilité dans les proportions des différentes longueurs d'onde émises par les LED, le type « blanc froid » produisant beaucoup de lumière bleue de faible longueur d'onde. Et justement, ce type-là semble attirer les insectes autant, sinon plus, que les vieilles lampes au sodium.

Il ne fait aucun doute que nos lumières sèment la mort et la confusion dans le monde des insectes, mais ont-elles réellement un effet significatif sur le niveau de leur population ? Comme c'est si souvent le cas, nous n'en savons rien. Concevoir les expériences à grande échelle, concrètes et satisfaisantes, nécessaires pour étudier les insectes volants serait très compliqué. Idéalement, il faudrait disposer de multiples réplications de parcelles d'habitat « éclairé » et « non éclairé », chacune attentivement surveillée dans la durée ; mais ces parcelles de terre devraient être très éloignées les unes des autres afin que la lumière des habitats « éclairés » ne déborde pas sur les habitats « non-éclairés », et de toute façon le halo lumineux du ciel poserait un problème, sauf si l'on arrivait à mener l'expérience dans un lieu aussi reculé que le centre du Congo. Faire une demande de subvention pour une telle étude serait une entreprise fascinante, mais je doute que quiconque soit disposé à la financer de sitôt.

LE VER LUISANT DE NOUVELLE-ZÉLANDE

Dans les grottes de Nouvelle-Zélande vit une créature insolite que les scientifiques ont baptisée *Arachnocampa luminosa*. Elle est quasiment devenue une attraction touristique : des milliers de visiteurs font la queue pour voir ces minuscules animaux accrochés au plafond où ils brillent d'une douce lueur bleu-vert. Lorsqu'ils sont très abondants, on peut avoir l'illusion d'un ciel rempli d'étoiles.

Arachnocampa luminosa n'a aucun lien de parenté avec les vers luisants qu'on trouve en Europe, ni avec les lucioles d'Amérique du Nord et des tropiques, qui sont tous des coléoptères. Le ver luisant de Nouvelle-Zélande, lui, appartient à un groupe de mouches, les *Keroplatidae*. À la différence de la plupart des moucherons fongiques, qui se nourrissent de champignons comme leur nom l'indique, celui-ci est un prédateur. Ses larves – qu'on pourrait appeler des asticots puisque ce sont des mouches à leur stade immature – commencent à luire dès leur sortie de l'œuf. Elles tissent autour d'elles un nid de soie fixé au plafond de la grotte et en laissent pendre des douzaines de fils qui, ornés chacun de gouttelettes adhésives, brillent comme un collier de perles dans la lueur diffusée par chaque larve. Attirés par cette lumière, les petits insectes volants se collent aux gouttelettes. Les larves n'ont plus qu'à tirer le fil en l'avalant au fur et à mesure qu'il remonte pour manger les insectes prisonniers tant qu'ils sont encore en vie.

13

Les invasions

Le monde moderne a vu de nombreux organismes redistribués par l'homme depuis leur habitat naturel vers de nouvelles régions du globe – parfois délibérément, mais le plus souvent accidentellement. Les rats bruns et les rats noirs, par exemple, se sont répandus sur la Terre entière, même sur les îles les plus perdues des océans, en embarquant comme passagers clandestins à bord de nos bateaux. Dans le passé, il y a eu beaucoup d'introductions délibérées, parfois sans aucune raison valable. Importés en Amérique du Nord en 1890 par Eugene Schieffelin, les étourneaux sont aujourd'hui considérés comme de sérieux nuisibles (alors que, malheureusement, leur nombre baisse au Royaume-Uni). Cet Américain a également essayé d'y acclimater, mais sans succès, des bouvreuils, des alouettes, des pinsons et des rossignols, apparemment parce qu'il admirait Shakespeare et que tous ces oiseaux figurent quelque part dans les œuvres du barde. Aujourd'hui, cela peut nous paraître loufoque mais, au XIXe siècle, introduire des espèces non-natives juste pour s'amuser était une distraction très à la mode ; en Amérique, en Australie et en Nouvelle-Zélande, des « sociétés d'acclimatation » encourageaient activement cette pratique.

Pendant que certaines espèces étaient introduites pour des raisons fantaisistes, d'autres étaient importées comme gibiers à chasser pour se nourrir ou pour le plaisir. C'est ainsi

Les invasions

que des lapins ont été lâchés en Australie où ils se sont multipliés aussi vite que, eh bien, des lapins, avec des conséquences écologiques et économiques désastreuses. Des renards ont été introduits eux aussi afin d'offrir aux expatriés britanniques une bonne excuse pour enfiler leur redingote rouge et galoper dans la campagne à la tête d'une meute. Malgré les chiens, les renards ont prospéré grâce aux lapins qui leur offraient à profusion de quoi se restaurer. S'ils s'étaient contentés de boulotter les lapins, tout eût été pour le mieux dans le meilleur des mondes, mais, et ça n'a rien de surprenant, ils ont vite pris goût à la faune sauvage indigène, surtout aux marsupiaux, dont le bilby ou bandicoot-lapin (aujourd'hui en danger d'extinction par leur faute) et le petit bilby ou bandicoot-lapin à queue blanche (éteint depuis 1950).

En Nouvelle-Zélande, les colons manquaient d'animaux intéressants à chasser : il n'y avait aucun mammifère terrestre et les Maoris avaient déjà mangé tous les moas géants de l'île du Sud avant l'arrivée des Européens. Alors, pour compenser, ils n'introduisirent pas moins de sept espèces différentes de cervidés : cerfs élaphes, cerfs sika, daims, cerfs de Virginie, sambars, cerfs rusa et wapitis, ainsi que des chamois des Alpes et des tahrs de l'Himalaya (grandes chèvres de montagne). Le cerf élaphe, en particulier, s'est abondamment reproduit et ses grands troupeaux sont à l'origine d'un surpâturage très dommageable pour l'environnement.

Au XXe siècle, de nombreuses introductions délibérées d'espèces prédatrices ont été réalisées dans le but de contrôler des nuisibles, mais cela n'a pas souvent fonctionné aussi bien qu'on s'y attendait. L'exemple le plus célèbre est sans nul doute celui du crapaud buffle importé d'Amérique du Sud vers l'Australie où il était censé débarrasser les cultures de canne à sucre des insectes qui les ravageaient. Malheureusement, personne ne l'avait expliqué aux crapauds qui, au lieu de s'attaquer à ces ravageurs, décidèrent d'aller manger tous les autres insectes indigènes d'Australie. En chemin, ils se multiplièrent prodigieusement, si bien qu'une marée brune de peau verruqueuse s'étendit en sautillant sur tout l'est de l'Australie. Aujourd'hui, on estime que le pays en compte plus de 200 millions.

L'escargot rose, *Euglandina rosea*, lui, est moins connu. Originaire du sud des États-Unis, cette créature rapide (pour un escargot) chasse et dévore les autres espèces de gastéropodes. Ce prédateur fut introduit à Hawaï dans les années 1950 pour lutter contre les escargots géants africains qui avaient été eux-mêmes introduits pour nourrir la population (quel sac de nœuds). Devenus incontrôlables, les géants se sont mis à dévorer les cultures ; or les escargots roses n'ont rien fait pour les en empêcher car ils préféraient grimper aux arbres à la recherche d'escargots indigènes beaucoup plus savoureux. En quelques années, pas moins de huit espèces endémiques ont ainsi disparu.

Bien que de telles introductions délibérées d'animaux soient désormais illégales dans de nombreux pays, nous continuons à déplacer des abeilles autour de la planète, comme je l'ai mentionné au chapitre 10. Nous semblons également fermer les yeux sur le commerce des plantes de jardin exotiques, dont un grand nombre est transporté d'un pays à un autre ou d'un continent à un autre. Elles peuvent se révéler terriblement invasives, ainsi que le sont devenus au Royaume-Uni le rhododendron pontique, la renouée du Japon, la berce du Caucase et la balsamine de l'Himalaya. En outre, ces plantes risquent d'être accidentellement accompagnées de maladies ou de nuisibles : la rouille, par exemple, en Australie. Là-bas, cette maladie fongique d'Amérique du Sud attaque et souvent même tue les eucalyptus, les rince-bouteilles, les arbres à thé et beaucoup d'autres arbustes indigènes ; depuis son arrivée en 2010,

Les invasions

elle ravage les écosystèmes naturels. Idem pour la pyrale du buis, un insecte normalement discret et inoffensif d'Asie qui, accidentellement introduit en Europe en 2007, détruit maintenant avec le même appétit les haies de buis ornementales et nos rares buis sauvages. Une fois que les parasites ou les maladies se sont échappés de leur terre d'origine, ils ont souvent des effets plus dévastateurs qu'ils n'en avaient au sein de l'écosystème où leurs hôtes avaient eu le temps de s'adapter à eux pendant des milliers d'années ; généralement, il n'existe aucun moyen de s'en débarrasser.

Même sans le transport délibéré des animaux ou des plantes, l'ampleur du commerce mondial des marchandises de toutes sortes rend inévitable l'introduction accidentelle d'espèces non-natives. Certaines espèces invasives voyagent clandestinement dans les containers d'expédition. On pense que la punaise diabolique[42] est arrivée en Amérique en 1998 avec un chargement de machines provenant d'Asie ; en quinze ans, elle a réussi à se répandre dans tous les États-Unis. Ce large insecte brun tacheté, en forme de bouclier, suce la sève de nombreux fruits, surtout celle des pommes, des abricots et des cerises, sur lesquels elle laisse des cicatrices et des trous qui les rendent invendables. Principal ravageur des arbres fruitiers et de certains légumes, la punaise diabolique cause 37 millions de dollars de dégâts par an sur les récoltes. Les frelons asiatiques, mentionnés plus haut, sont sans doute arrivés en France avec un lot de poteries chinoises ; depuis, ils se sont installés dans une grande partie de l'Europe de l'Ouest. Quelques gros titres de journaux à sensation, totalement faux, ont prétendu que cette espèce de frelon constituait une menace pour les humains, ce qui

---

42 La punaise diabolique appartient à une famille d'insectes – cousins des pucerons – les *Pentatomidae*. On la surnomme aussi punaise à bouclier à cause de sa forme, ou punaise puante à cause de l'odeur nauséabonde qu'elle dégage quand elle est dérangée ou attaquée.

est absurde ; en revanche, elle représente un danger réel pour les gros insectes. Malheureusement pour les apiculteurs, les frelons asiatiques apprécient tout particulièrement les abeilles mellifères : si leurs ouvrières repèrent une ruche, elles lui rendent de multiples visites, capturant à chaque fois une abeille pour la rapporter au nid, si bien que la taille de la colonie d'abeilles diminue progressivement.

D'autres nuisibles ont accompagné clandestinement des chargements d'aliments, à la faveur des énormes échanges commerciaux de produits frais à travers le monde. La drosophile japonaise, par exemple, a été découverte pour la première fois en 2008. Cette minuscule mouche, d'à peine 3 mm de long, pond ses œufs dans des fruits encore verts qui, une fois arrivés à maturité, se retrouvent plein d'asticots. Cette espèce réussissant à produire jusqu'à treize générations par an, elle se multiplie à une vitesse prodigieuse. Elle montre une nette préférence pour les cerises, les baies, les pêches, le raisin et autres fruits à peau fine ; on estime qu'au cours de la première année de sa présence aux États-Unis, elle a coûté à l'industrie fruitière la coquette somme de 500 millions de dollars. Un de mes amis, qui vit en Californie, à Davis, avait l'habitude de cueillir chaque année dans son jardin des paniers entiers de cerises délicieuses. Depuis que la drosophile japonaise a fait son apparition, il n'en a plus jamais mangé une seule – toutes, sans exception, grouillent désormais d'asticots frétillants.

Vous vous demandez peut-être ce que tout cela a à voir avec le déclin des insectes puisque toutes les petites bêtes dont on vient de parler n'ont pas l'air de se porter si mal. Eh bien, les changements provoqués par les envahisseurs ont souvent des conséquences néfastes majeures sur la faune indigène, y compris les insectes. Certains envahisseurs, tels que le frelon asiatique et le crapaud buffle, sont des prédateurs d'insectes. Prenez par exemple la gambusie, un poisson d'Amérique

Les invasions

mangeur de moustiques, introduit dans tous les pays du monde pour aider à lutter contre le paludisme. La gambusie ne mange pas seulement la larve du moustique mais tous les insectes aquatiques qu'elle peut rencontrer. Les rats et autres rongeurs introduits en Nouvelle-Zélande constituent, eux, une menace majeure pour le weta géant (un cousin des criquets, assez lent et incapable de voler, aujourd'hui en voie d'extinction). La coccinelle asiatique a considérablement réduit le nombre des coccinelles autochtones du Royaume-Uni. Des espèces de fourmis introduites accidentellement, comme la fourmi de feu et la fourmi d'Argentine, peuvent avoir de sérieux impacts sur la vie des insectes indigènes, en particulier celle des autres fourmis. Examinons le cas de la fourmi d'Argentine[43] qui, comme vous l'aurez deviné, vient d'Amérique du Sud : elle a déjà envahi le sud de l'Europe, les États-Unis, le Japon, l'Afrique du Sud et l'Australie, ainsi que de nombreuses îles océaniques, même aussi lointaines que l'île de Pâques ; lorsqu'elle débarque quelque part, elle extermine plus ou moins totalement les espèces de fourmis locales, ce qui entraîne sur les écosystèmes des répercussions telles que la réduction de la dispersion des graines (certaines fourmis indigènes transportent des graines). Dans le sud de la Californie, la baisse considérable de l'abondance de fourmis natives est à l'origine du déclin du très rare lézard cornu,

---

43 Les fourmis d'Argentine sont uniques. Elles forment d'immenses « méga-colonies » pouvant s'étendre sur des centaines de kilomètres et contenir des milliers de milliards d'individus. Cela explique peut-être leur talent à vaincre et évincer toutes les autres espèces de fourmis. Chez la plupart de ces dernières, les colonies, très territoriales, se battent entre elles, souvent à mort. D'une certaine façon, elles sont carrément leur propre pire ennemi. En revanche, les fourmis d'Argentine, qui manquent de diversité génétique, sont incapables de faire la différence entre leurs camarades de nid et les membres des colonies voisines. Résultat, elles se comportent comme si la population entière n'était qu'une seule unité, plus ou moins harmonieuse, comptant beaucoup de reines. En Europe, une méga-colonie s'étend sur 6 000 kilomètres le long des côtes de l'Atlantique et de la Méditerranée, du Portugal jusqu'en Italie.

prédateur spécialiste des fourmis sauf, malheureusement, des fourmis d'Argentine[44] qu'il ne semble pas trouver à son goût.

La propagation des concurrents ou prédateurs étrangers comme le frelon asiatique a un impact direct sur la vie d'autres insectes tandis que la propagation des parasites de plantes peut avoir des impacts indirects sur les espèces associées aux plantes attaquées. La graphiose de l'orme en est un exemple célèbre. Autrefois l'orme était l'un des arbres les plus communs et les plus imposants du Royaume-Uni, du nord-ouest de l'Europe et d'une grande partie de l'Amérique du Nord. L'orme anglais, qui pouvait atteindre 45 mètres de haut, figure sur certaines peintures emblématiques du paysage anglais comme *La Cathédrale de Salisbury vue depuis le sud-ouest* de John Constable. En 1910, les signes d'une maladie des ormes commencèrent à se manifester en Europe continentale, avec l'apparition de branches mortes au sommet des arbres. En 1921, une équipe de scientifiques hollandais l'identifia et découvrit qu'elle était causée par un champignon originaire d'Asie – d'où le surnom de « maladie hollandaise de l'orme » qu'on lui donne parfois. On pense qu'elle est arrivée en Europe avec des chargements de bois et qu'elle s'est ensuite propagée d'arbre en arbre par l'intermédiaire de différents types de coléoptères xylophages indigènes. En 1928, elle a sauté d'Europe en Amérique du Nord, encore une fois avec un transport de grumes. En Europe, les premières poussées furent modérées et tuèrent assez peu d'arbres, mais en 1967, une souche plus virulente arriva du Japon, via des billes de bois canadiennes expédiées

---

44 Vous vous demandez peut-être pourquoi les fourmis d'Argentine semblent vivre en relative harmonie avec d'autres espèces dans leur milieu naturel. Cela tient probablement en partie au fait qu'elles y sont contrôlées par des prédateurs et des agents pathogènes qui ne les accompagnent pas lorsqu'elles partent envahir d'autres régions, et en partie au fait que, dans leur milieu naturel, les autres espèces ont eu des milliers d'années pour s'adapter à leur présence.

au Royaume-Uni pour la construction de bateaux. En dix ans, 25 millions d'ormes moururent, rien qu'au Royaume-Uni. Moi qui suis né en 1965, je garde un souvenir très net du paysage de mon enfance, rempli d'arbres squelettiques en train de mourir ou déjà morts. Les ormes européens survivent aujourd'hui en surgeons dans les haies car la maladie n'attaque pas les petites plantes, mais il ne reste que très peu d'adultes.

La disparition massive de végétaux aussi importants que l'orme a obligatoirement eu des impacts sur les insectes, car plus d'une centaine d'espèces étaient associées à ces arbres. Les deux plus connues sont la thècle de l'orme et la grande tortue ; ce premier papillon est devenu aujourd'hui très rare et le deuxième ne se reproduit plus au Royaume-Uni depuis les années 1960[45]. La situation critique des insectes associés aux ormes a probablement été encore aggravée par des tentatives bien intentionnées de lutter contre la propagation de la maladie au moyen d'insecticides destinés à éliminer les coléoptères xylophages responsables de la diffusion du champignon. Aux États-Unis, dans les années 1950 et 1960, le DDT et sa cousine la dieldrine, vaporisés trois fois par an sur les ormes, provoquèrent la mort d'un très grand nombre d'oiseaux forestiers et, bien que ce ne soit pas documenté, presque certainement celle d'un très grand nombre d'insectes.

Aujourd'hui, la triste histoire des ormes paraît se répéter avec les frênes. *Chalara fraxinea* est un champignon pathogène venu lui aussi d'Asie où il infecte naturellement les espèces de frênes indigènes sans leur faire trop de mal. Bien que ce champignon n'ait pas été formellement décrit avant 2006, on pense qu'il est arrivé en Europe vers 1992, date à laquelle les premiers arbres présentant

---

45 Ces deux papillons restent présents en France mais tendent à se raréfier (NDE).

des symptômes furent observés en Pologne. Même après que la maladie fut bien identifiée en Europe continentale, et reconnue comme une menace sévère pour les frênes, le Royaume-Uni continua à en importer de jeunes sujets d'Europe jusqu'en 2012. Cette même année, on enregistra les premiers frênes infectés, à proximité des sites ayant reçu des jeunes sujets importés. Le gouvernement interdit alors les importations et ordonna la destruction de cent mille arbres de pépinières, mais le champignon était déjà là.

Heureusement, une petite proportion, peut-être 5 %, semble résister à la maladie ; donc, même si nous perdons la majorité de nos frênes, nous pourrons au moins replanter les rejetons des sujets les plus résistants. Malheureusement, ils risquent d'être à leur tour décimés par un nouveau fléau asiatique qui se dirige vraisemblablement vers nous grâce à un magnifique petit coléoptère vert métallique, l'agrile du frêne. Depuis 2002, cet insecte ravage l'Amérique du Nord où il en a déjà tué dix millions. En 2013, il a été repéré à 250 kilomètres environ à l'ouest de Moscou, et comme il gagne du terrain à raison d'une quarantaine de kilomètres par an, il est bien parti pour envahir l'Europe. Dans mon jardin du Sussex, j'ai deux magnifiques frênes adultes. Tous les deux sont aujourd'hui attaqués par la chalarose ; au cours des années qui viennent, je ne pourrai rien faire d'autre que les regarder mourir lentement. Comme la disparition des ormes, la perte des frênes aura inévitablement des conséquences sur la faune. Pas moins de 239 espèces d'invertébrés et 548 types de lichens se rencontrent uniquement sur ces arbres ; donc ces organismes seront durement touchés. La xanthie topaze, par exemple, dont les chenilles se nourrissent du frêne, est déjà classée au Royaume-Uni dans la catégorie des papillons de nuit « vulnérables » car on estime que sa population a décliné de 74 % entre 1968 et 2002.

Les invasions

Les insectes indigènes sont aussi susceptibles d'être gravement impactés par la propagation des plantes invasives étrangères venues concurrencer les plantes hôtes dont ils se nourrissent. Aux États-Unis, plus d'un million d'hectares de parcs nationaux sont véritablement infestés de plantes invasives, en particulier des herbes telles que le cenchrus cilié, la baldingère faux-roseau et beaucoup d'autres fleurs sauvages européennes aussi communes que le pissenlit, la centaurée et la marguerite. Le kudzu d'Asie, quant à lui, étouffe maintenant les forêts primaires du sud des États-Unis. De la même façon, le lantana, un bel arbrisseau d'Amérique du Sud, apparaît de plus en plus en massifs énormes dans les parcs nationaux des États de l'est de l'Australie. Les effets des plantes étrangères ont tendance à être négatifs, mais pas toujours. Dans son analyse des études réalisées sur les impacts des plantes invasives sur les arthropodes (insectes, araignées, crustacées, etc.), Andrea Litt de l'université A&M du Texas fait remarquer que 48 % de ces études trouvaient moins d'espèces d'arthropodes dans les régions fortement envahies par des plantes étrangères, tandis que 17 % des études en trouvaient davantage. Parfois, les plantes étrangères et les pollinisateurs étrangers peuvent même s'allier : en Australie, le lantana et la vipérine commune sont tous les deux principalement pollinisés par les abeilles mellifères européennes, tandis qu'en Tasmanie j'ai vu des lupins arborescents de Californie et des chardons européens pollinisés à la fois par des abeilles et des bourdons terrestres européens. Les abeilles et les plantes étrangères en tirent ensemble un bénéfice, mais probablement au détriment des plantes et des pollinisateurs indigènes qui étaient là avant.

Par le biais de notre redistribution incessante et maladroite des plantes, des animaux et des maladies, nous risquons d'aboutir à une simplification et une homogénéisation massives de la faune et de la flore mondiales. Le danger serait de se retrouver partout avec les mêmes espèces robustes, résistantes. Ravagées par des agents pathogènes étrangers, concurrencées par des herbes envahissantes ou dévorées par des nuisibles étrangers, les plantes indigènes se raréfient. Les insectes indigènes déclinent au fur et à mesure que leurs plantes hôtes disparaissent et qu'ils sont eux-mêmes attaqués par des prédateurs étrangers, infectés par des maladies étrangères ou supplantés par plus forts qu'eux. Dans certaines régions du monde, comme Hawaï et la Nouvelle-Zélande, des communautés entières de plantes et d'animaux indigènes ont été balayées et remplacées par un méli-mélo d'espèces venues des quatre coins du monde. Vu l'ampleur des échanges commerciaux internationaux, les déplacements ultérieurs accidentels de plantes et d'animaux sont inévitables, mais nous pourrions faire bien davantage pour réduire les risques en suivant l'exemple de l'Australie et de la Nouvelle-Zélande qui, toutes deux, ont instauré des fouilles rigoureuses aux frontières et des règles de quarantaine.

Pour moi, l'une des plus grandes joies que je retire des voyages est la découverte de papillons, d'oiseaux, d'abeilles, de fleurs que je n'avais encore jamais vus ; partout où l'on va, la nature indigène est différente. Cette diversité géographique explique en partie comment notre planète en est arrivée à abriter une variété de vie aussi merveilleuse. L'évolution a mis des millions d'années à créer lentement des assemblages uniques de plantes et d'animaux dans chaque région de notre planète ; quant à nous il ne nous a fallu qu'une ou deux centaines d'années pour tout mélanger. Nous ne pouvons pas défaire ce que nous avons déjà fait, mais nous pourrions prendre la précaution de réduire la fréquence des invasions futures, et alléger ainsi l'une des pressions exercées sur notre biodiversité mal en point.

LE GRAND SPHINX DE LA VIGNE

Pour de nombreux oiseaux adultes qui essayent de rassasier leurs petits affamés, les chenilles sont des morceaux de choix, et même leurs préférés. Résultat, elles ont développé un large éventail de déguisements déroutants. On pourrait facilement prendre, par exemple, la chenille du papillon du céleri pour une fiente d'oiseau, et d'autres pour des petits bâtons. Celle du bombyx du hêtre ressemble à une fourmi quand elle est petite, puis à une araignée quand elle grandit (camouflage bizarre car beaucoup d'oiseaux sont friands d'araignées). La chenille de la *Nemoria arizonaria*, elle, revêt carrément deux formes différentes : au printemps, la première génération se confond avec les chatons de chêne qu'elle mange ; en été, la seconde génération, celle qu'on trouve quand les chatons sont tombés, a l'air d'une brindille. Mais ma préférée est la chenille du grand sphinx de la vigne, peut-être parce que je garde un bon souvenir de celles que, dans mon enfance, je voyais grignoter des feuilles d'épilobe. Lorsqu'elle atteint sa taille maximale, cette grosse chenille présente une vague ressemblance avec une trompe d'éléphant – ce qui n'est pas un déguisement tellement utile en Angleterre, vous me direz – mais quand on la dérange, elle gonfle l'avant de son corps, dilate une paire de taches qui peuvent passer pour deux grands yeux avec leurs pupilles, et alors, on dirait un serpent qui se cabre.

14

Les inconnues connues et inconnues

Je me rappelle, comme si c'était hier, mon éclat de rire en entendant le charabia apparemment inintelligible de Donald Rumsfeld, interrogé en 2002 sur l'absence de toute preuve reliant Saddam Hussein à la fourniture d'armes de destruction massive : « Nous savons aussi qu'il y a des inconnues connues ; c'est-à-dire que nous savons qu'il y a des choses que nous ne savons pas. Mais il y a aussi des inconnues inconnues – c'est-à-dire des choses que nous ne savons pas que nous ne savons pas. » Sur le moment, je l'ai pris pour un bouffon, mais avec le recul je pense que sa remarque était pertinente et sans doute importante. Il faisait une distinction entre les choses dont on ne sait pas qu'elles vont arriver mais que l'on pourrait raisonnablement prévoir, et les choses qui pourraient arriver mais qu'on n'a pas la possibilité de prévoir en s'appuyant sur une expérience passée. Il existe beaucoup de facteurs qui, on le sait, nuisent aux insectes (les certitudes connues), et encore beaucoup plus dont on connaît l'existence et dont on pourrait raisonnablement prévoir qu'ils vont nuire aux insectes, mais sur lesquels on manque de données fiables (les inconnues connues). Il existe aussi, inévitablement, des facteurs auxquels on n'a pas encore pensé, ou qui dépassent l'état actuel des connaissances scientifiques, et que l'on découvrira (ou pas) un jour (les inconnues inconnues).

Les inconnues connues et inconnues

Au cas où vous penseriez que je souffre à mon tour d'une crise de délire à la Rumsfeld, laissez-moi d'abord vous donner quelques exemples. À propos du déclin des insectes, on pourrait inclure dans les inconnues connues les effets des nouveaux pesticides, ou de n'importe quel autre polluant produit par les humains, tels que les métaux lourds comme le mercure relâchés par l'exploitation minière et les industries. Chaque année nous fabriquons environ trente millions de tonnes de 144 000 produits chimiques artificiels différents destinés à des usages variés – pesticides, médicaments, ignifugeants, plastifiants, peintures antisalissures, conservateurs, colorants, plus une myriade d'autres – dont la plupart imprègnent l'environnement mondial. Des taux élevés de polychlorobiphényles (PCB) et de polybromodiphényléthers (PBDE) ont été récemment découverts chez des crustacées (crabes, crevettes, etc.) vivant à 11 000 mètres sous la mer au fond de la fosse des Mariannes (avec des tas de sacs en plastique). La majorité des polluants n'ont pas fait l'objet d'études visant à connaître leur impact sur les insectes, ou la faune en général, ni d'ailleurs sur les humains. Ces crabes des profondeurs se portent peut-être bien, malgré les PCB, ou très mal ; ce ne sont pas les créatures les plus faciles à examiner. Mais on peut parier qu'au moins quelques-uns de ces produits chimiques ont quelque part un impact sur certains insectes. Il existe une telle quantité de produits chimiques de toutes sortes que les scientifiques n'ont pas eu le temps de les analyser ; et la production des nouveaux dépasse la capacité de la science à les suivre. Ces produits chimiques, nous les connaissons (au moins en partie), mais nous ne savons pas encore s'ils sont nocifs : voilà des inconnues connues.

Une autre inconnue connue est l'impact de la circulation automobile sur la vie des insectes. Planter des fleurs sauvages sur les bords des routes et les ronds-points est désormais devenu une pratique courante – ça peut être très beau et fournir éventuellement de vastes zones d'habitats fleuris reliant les agglomérations entre elles. En revanche, cette stratégie présente deux inconvénients : premièrement, les insectes attirés par ces fleurs risquent de se faire écraser par les véhicules ; deuxièmement, ils peuvent être affectés par les polluants. Alors, ces plates-bandes fleuries font-elles plus de mal que de bien ? Un jour, j'ai rédigé une demande de subvention pour l'étude de ce problème, mais elle m'a été refusée (sans doute à juste titre car je ne sais pas trop si les méthodes que je proposais d'utiliser étaient tout à fait convaincantes). Parmi les milliers d'articles sur les pollinisateurs publiés ces dernières années, très peu tentaient d'aborder cette question. On ne connaît tout simplement pas avec certitude l'effet final de ces plates-bandes fleuries, bien que la réponse soit probablement qu'il varie d'une route à l'autre. Le danger représenté par les accidents de la circulation doit dépendre de la vitesse des véhicules ; il y a une très jolie bande de fleurs sauvages sur le terre-plein central de Lewes Road, qui pénètre dans Brighton, non loin de l'université où je travaille. La vitesse y est limitée à 50 km/h, mais en général la circulation est pratiquement à l'arrêt à cause des bouchons ; on imagine donc que peu d'insectes s'y font écraser. Un escargot aurait même des chances raisonnables de pouvoir atteindre sain et sauf le terre-plein fleuri. Par ailleurs, il y a aussi de superbes massifs de fleurs le long de l'A27, une deux fois deux voies où les voitures foncent à longueur de journée à 110 km/h ou plus. On attribue souvent la rareté des insectes écrasés sur les pare-brise depuis quelques années à la raréfaction des insectes, or cela pourrait en partie s'expliquer par l'amélioration de l'aérodynamisme des voitures et l'augmentation du trafic : de nombreux véhicules rapides suivent de très près d'autres véhicules rapides qui ont déjà balayé tous les

Les inconnues connues et inconnues

insectes sur leur passage. Les effets des gaz d'échappement ne sont pas eux non plus bien compris. Quel mal l'essence au plomb fait-elle aux insectes ? Des études en laboratoire ont montré que même les vapeurs de l'essence sans plomb perturbent la capacité des abeilles à apprendre et mémoriser les parfums des fleurs gratifiantes, tandis que les vapeurs du diesel dégradent directement le parfum des fleurs, ce qui gêne les abeilles dans la recherche de celles qu'elles préfèrent. Les abeilles qui volent au-dessus du terre-plein central de Lewes Road ne risquent pas d'être tuées par des voitures lancées à toute vitesse, mais le fait de baigner dans les gaz d'échappement des véhicules bloqués des deux côtés doit leur compliquer la tâche pour réussir à identifier les meilleures fleurs et collecter efficacement nectar et pollen. Il n'est pas impossible que la nourriture qu'elles prélèvent soit si polluée que leurs larves en meurent ; on n'en sait rien.

Dans un même ordre d'idées, l'effet de la pollution particulaire de notre atmosphère sur les insectes n'a pas encore été étudié. La pollution particulaire – les fines particules de poussière en suspension dans l'air – provient des gaz d'échappement et de la poussière soulevée par les véhicules, des nombreuses activités industrielles telles que la production d'énergie, et aussi des éruptions volcaniques et des feux de forêts (qu'ils soient « naturels » ou provoqués par le changement climatique). Les particules sont connues pour avoir de profonds impacts sur la santé humaine – on estime que pour la seule année 2016, elles furent responsables de 4,2 millions de morts prématurées. L'inhalation des particules de l'air entraîne chez l'être humain accident vasculaire cérébral, maladie cardiaque, maladie pulmonaire obstructive, cancer, et altère l'intelligence, entre autres méfaits. Les insectes aussi doivent respirer, mais ils le font d'une façon différente de la nôtre. Au lieu d'avoir des poumons qui aspirent puis expulsent l'air, ils possèdent sur les côtés une série de petits trous qu'on appelle des spiracles, reliés à un réseau de ramifications encore plus petites, des tubules remplis d'air qui serpentent à travers les tissus. Les insectes dépendent largement de l'oxygène qui se diffuse vers l'intérieur de leur corps et du dioxyde de carbone qui se diffuse vers l'extérieur, cependant quelques-uns des plus grands insectes tels que les sphinx et les bourdons sont capables d'exercer des mouvements musculaires pour forcer l'air à entrer ou sortir si c'est nécessaire. Bien qu'il paraisse évident que la présence de particules (parfois de substances toxiques) susceptibles de bloquer ces tubules est dangereuse, aucune étude scientifique ne semble avoir été menée sur le sujet, étonnamment.

  L'un des aspects les plus controversés de la pollution particulaire de l'atmosphère est la propagation délibérée de poussière via les gaz d'échappement des avions pour essayer de manipuler la météo, soit par l'ensemencement des nuages, soit par le contrôle du rayonnement solaire, une technique connue sous le nom de géo-ingénierie. En 2015, j'ai publié avec Chris Exley, de l'université de Keele, une courte étude dans laquelle nous révélions avoir trouvé dans les tissus des bourdons du Royaume-Uni des taux étonnamment élevés d'aluminium, assez peut-être pour les mettre en danger. Chez les humains, l'aluminium a déjà été lié à des affections diverses, dont la maladie d'Alzheimer. Nous n'avions aucune idée de la provenance de cet aluminium. Peu de temps après la parution de cet article, j'ai été contacté par plusieurs personnes convaincues que nous tenions là une preuve étayant la théorie des chemtrails – qui rend les gouvernements et l'industrie aéronautique complices d'une conspiration mondiale visant à manipuler le climat. Ces personnes semblent partir du principe que les contrails, les traînées de vapeur laissées par les avions, se dissipaient naturellement mais que, depuis 1995, elles stagnent

Les inconnues connues et inconnues

plus longtemps dans le ciel parce qu'elles sont désormais saturées de produits chimiques introduits par des grandes entreprises ou des gouvernements dans le but de manipuler les gens ou l'environnement. Les partisans de cette théorie ont l'air de croire que la plupart des avions de ligne, sinon tous, sont équipés de réservoirs et de dispositifs leur permettant de lâcher des substances chimiques derrière eux en vol. Ils prétendent que de l'aluminium et d'autres produits, de l'acide sulfurique par exemple, sont déversés sur la Terre où ils tuent les insectes, les arbres et pourquoi pas les gens.

Avec beaucoup de réticence, j'ai accepté de rencontrer l'une de ces conspirationnistes lors d'un déplacement que j'effectuais à Boulder, dans le Colorado. Elle m'a paru tout à fait équilibrée, rationnelle, et m'a gentiment offert quelques bonnes bières pendant que nous bavardions dans le jardin d'un bar et qu'elle me montrait des photos de formations nuageuses bizarres qui, selon elle, étaient causées par les chemtrails. Ensuite, comme preuve supplémentaire, elle a attiré mon attention sur des arbres aux feuilles jaunissantes qui ne paraissaient pas en très bonne santé en bordure d'un parking ; mais comme ils étaient photographiés en septembre, époque où les feuilles deviennent naturellement sénescentes, je n'ai pas trouvé son argument très convaincant. Malgré tout, cela m'a intrigué et poussé à faire quelques recherches dans la littérature scientifique. Je n'ai pas trouvé grand-chose, en dehors d'un article rédigé par deux entomologistes américains, Mark Whiteside et Marvin Herndon, qui se servaient de preuves circonstancielles pour affirmer que les cendres volantes de charbon (déchet produit par les centrales électriques au charbon et qui contient différentes toxines dont des métaux lourds) étaient utilisées dans les chemtrails au-dessus de l'Amérique du Nord, et que c'était là une cause majeure de la mortalité massive des insectes.

Terre silencieuse

Les défenseurs de la théorie des chemtrails sont généralement considérés comme des fêlés, à juste titre, car il est absurde de croire qu'une conspiration à l'échelle internationale telle qu'ils la décrivent pourrait demeurer secrète. Ce n'est pas beaucoup plus plausible que de prétendre que la Terre est plate. Néanmoins, la géo-ingénierie est bien réelle. Elle a été testée à petite échelle, et des expériences de plus grande envergure sont prévues. En 2017, l'université de Harvard a annoncé le début d'une étude de 20 millions de dollars pour tester l'ensemencement à petite échelle de l'atmosphère supérieure avec de l'eau, du carbonate de calcium ou de l'oxyde d'aluminium afin de lutter contre le changement climatique (l'expérience était planifiée pour le début de 2019, il y a plus d'un an au moment où j'écris ces lignes, mais je ne trouve pas encore de rapport sur ce qui s'est passé)[46]. La pertinence de ce travail rend certains climatologues sceptiques. Comme le dit Kevin Trenberth, l'un des principaux contributeurs au rapport d'évaluation du GIEC (Groupe d'experts intergouvernemental sur l'évolution du climat) : « La géo-ingénierie n'est pas la solution. Détourner le rayonnement solaire affecte la météo et le cycle de l'eau. Cela favorise la sécheresse. Cela déstabilise les choses et risque de provoquer des guerres. Les effets secondaires sont nombreux, et nos modèles ne sont pas assez au point pour en prédire les conséquences. » Il paraît plutôt clair que c'est une mauvaise idée, difficile à réglementer, comme un grand nombre de technologies humaines susceptibles d'avoir des conséquences pour chacun de nous (tel que le développement de l'intelligence artificielle). Un petit pays pourrait, théoriquement, modifier le climat du monde entier. On imagine facilement la géo-ingénierie utilisée en dernier recours dans une tentative désespérée d'éviter le désastre

---

46 Cette expérience a été annulée en 2021 (NDT).

Les inconnues connues et inconnues

lorsque les impacts dévastateurs du changement climatique commenceront à se faire sentir, mais cela risquerait bien de faire encore empirer les choses au lieu de les améliorer. Quant à l'impact sur les insectes, nous ne pouvons que supposer ce qu'il serait. Comme le dirait Donald, c'est une inconnue connue.

Beaucoup d'autres technologies modernes sont susceptibles de représenter une menace pour les insectes, mais soit les preuves manquent soit elles ne sont pas concluantes. Tous les circuits électriques créent des champs électromagnétiques et l'on sait que des insectes comme les fourmis sont capables de les détecter. De la même façon, on s'est aperçu que les puissants champs magnétiques créés autour des câbles à haute tension altéraient les capacités cognitives des abeilles mellifères. Les abeilles (et peut-être de nombreux autres insectes) utilisent le champ magnétique de la Terre pour s'orienter. Dans le cas des abeilles sociales telles que les bourdons et les abeilles mellifères, la faculté de pouvoir retrouver le chemin du nid est absolument vitale, car si elles n'y réussissent pas, elles ne tardent pas à mourir. À quel point leur navigation peut-elle être affectée par les champs électriques créés par les câbles à haute tension qui traversent les campagnes ? Il paraît plausible qu'ils sont susceptibles de perturber sérieusement leur comportement, mais personne ne s'y est intéressé.

Si les champs électromagnétiques fixes entourant les installations électriques sont relativement localisés, le rayonnement électromagnétique des radiofréquences des antennes de téléphonie mobile et de wifi est plus ou moins partout, zigzagant sans arrêt autour de nous et à travers nous. Ces ondes sont peu énergétiques, au contraire des hautes fréquences des radiations électromagnétiques tels que les rayons gamma et les rayons X, qui, eux, sont très nocifs pour les tissus humains. En revanche, l'exposition aux ondes des radiofréquences augmente de manière exponentielle au fur et à mesure que la technologie progresse et que les demandes de bandes passantes s'intensifient. La nouvelle technologie 5G utilise un rayonnement électromagnétique d'une fréquence plus élevée, entre 30 et 300 GHz – ces mêmes fréquences produites par votre four à micro-onde, en fait – ; c'est une bande passante qui n'avait pas encore été utilisée pour les télécommunications. Comme les ondes de cette fréquence ne se propagent pas loin, la technologie 5G exige l'installation à intervalles réguliers, le long de nos rues, de centaines de milliers de petits transmetteurs prévus pour connecter jusqu'à 100 milliards d'appareils dans le monde entier en 2025. Toute partie du corps très proche d'un téléphone mobile est très légèrement échauffée par ces ondes. Cet effet sera plus marqué à proximité des nouveaux transmetteurs 5G producteurs de micro-ondes.

Ma participation active à la mobilisation du public sur le déclin des abeilles, par le biais d'interviews et de conférences, m'amène souvent à être contacté par des individus excentriques qui ont échafaudé leurs propres théories sur le sujet. Leurs croyances, comme celles des conspirationnistes des chemtrails, reposent sur des preuves peu, voire pas du tout, convaincantes, mais ils s'y accrochent avec passion. Certains prétendent que diverses maladies, touchant les abeilles et les humains – notamment les tumeurs cérébrales ou différents cancers dont la leucémie – peuvent résulter de l'exposition aux signaux émis par les téléphones mobiles. J'ai bien sûr rencontré des gens persuadés que la moindre exposition au rayonnement électromagnétique, comme celui des téléphones et de la wifi, les rend malades – c'est ce qu'on appelle le « syndrome de l'hypersensibilité aux ondes électromagnétiques ». Aussi triste que cela soit, ce n'est étayé par aucune preuve scientifique solide. Un bon nombre d'études épidémiologiques à grande échelle ont tenté de déterminer si l'utilisation du téléphone mobile pouvait causer des cancers ; la plupart ont conclu qu'elle n'en causait probablement pas, mais certaines ont trouvé quelques liens fragiles. L'effet ne peut pas être très important car, autrement, il aurait été clairement détecté. En 2011, le Centre international de recherche sur le cancer (CIRC), une agence de l'Organisation mondiale de la santé (OMS), a chargé un groupe d'experts dans ce domaine d'examiner toutes les preuves disponibles. Leur conclusion sur l'utilisation du téléphone mobile classée « cancérogène possible pour l'homme » ne fait pas vraiment avancer le débat.

Beaucoup moins d'efforts ont été déployés pour comprendre les effets potentiels du rayonnement électromagnétique provenant des télécommunications sur les insectes ou la faune en général. Une étude fascinante a découvert un lien extrêmement négatif entre la puissance du rayonnement électromagnétique et le nombre des moineaux domestiques dans différents quartiers de la ville espagnole de Valladolid ; ses auteurs suggèrent que cela pourrait expliquer la chute impressionnante du nombre de moineaux dans les agglomérations urbaines d'Europe. Cependant, ce type d'étude corrélative n'est pas convaincant car il peut exister beaucoup d'autres facteurs associés à la puissance du rayonnement électromagnétique ; le plus évident étant que les endroits qui comptent le plus grand nombre de gadgets électroniques comptent aussi probablement le plus grand nombre de gens susceptibles de faire fuir les moineaux. D'autres études, au cours desquelles des téléphones mobiles ont été placés dans des ruches, ont détecté chez les abeilles ouvrières une augmentation du *piping* – ces sons aigus habituellement émis lorsque la ruche est dérangée – ; ces études ont été critiquées à cause de leur manque de réplication. De toute façon, la présence d'un téléphone mobile dans une ruche n'est pas un scénario particulièrement réaliste.

    Le plus préoccupant, c'est que très peu de recherches ont été effectuées dans ce domaine. On a mis en place une succession de réseaux mondiaux de télécommunication pour une vaste expérience sans réplication au sein de laquelle quasiment chaque être vivant sur la planète est exposé à une dose rapidement croissante de radiofréquences, sans qu'on soit sûr à cent pour cent des conséquences que cela peut avoir. La 5G promet d'exposer constamment chaque citadin à une dose de micro-ondes d'une énergie supérieure. Sur un réseau social, j'ai vu une vidéo qui montrait des douzaines d'abeilles mortes, par terre, sous un transmetteur 5G, or non seulement ce n'est pas une preuve scientifique probante mais ça peut être un truquage. J'ai également été contacté par des gens convaincus qu'il n'y a pas d'épidémie de coronavirus, que le Covid-19 est une invention, que tous les symptômes sont imputables à la 5G. Non seulement c'est une théorie complètement démente, mais elle est potentiellement dangereuse si elle est prise au sérieux. Voilà qui confirme chez l'humain une capacité à délirer assez inquiétante. Néanmoins, ce n'est pas parce que quelques individus sont fous que la 5G est sans conséquence pour la santé humaine ou animale. À mon avis, il serait raisonnable de procéder à des enquêtes sérieuses avant d'aller de l'avant. La technologie 4G est déjà assez stupéfiante en permettant à chaque individu de la planète de télécharger un flot constant de fadaises et de blabla sans intérêt à une vitesse prodigieuse. Est-ce vraiment un gros problème si, de temps en temps, votre réseau social met deux ou trois secondes à se réactualiser ? Est-ce qu'on ne pourrait pas tenir le coup quelques années de plus, approfondir les recherches sur la sécurité, prendre le temps de déployer la 5G ?

Les inconnues connues et inconnues

Avant de tourner la page sur le monde obscur des inconnues connues, il faut que je parle ici du risque, peut-être le plus controversé de tous, que présentent les organismes génétiquement modifiés, souvent abrégés en OGM ; ce serait une négligence de ma part de ne pas l'aborder. Les OGM sont des organismes dont l'ADN a été délibérément altéré, en prélevant par exemple un gène dans un organisme pour l'insérer dans l'ADN d'un autre. Si, aux yeux de certains, ce sont des « monstres de Frankenstein » à très haut risque, d'autres voient en eux une technologie prometteuse qu'il faudrait adopter. Comme on peut s'y attendre, les opposants aux pesticides tendent à être anti-OGM, car ils considèrent ces deux technologies dangereuses et « contre-nature ». Il existe des raisons légitimes de s'inquiéter, par exemple le danger qu'une culture génétiquement modifiée s'hybride avec une espèce sauvage apparentée, permettant ainsi au gène inséré de s'introduire dans une autre espèce. S'il s'agit, par exemple, d'un gène qui confère une résistance à un herbicide, il pourrait alors rendre la mauvaise herbe beaucoup plus difficile à maîtriser. D'un autre côté, les cultures OGM peuvent présenter de gros avantages, tels que celui de mieux résister à la sécheresse ou d'être plus nutritives. Si une plante cultivée pouvait devenir plus résistante à l'attaque des insectes, cela pourrait rendre les insecticides inutiles, avec des bénéfices potentiels pour la faune. Personnellement, je ne pense pas qu'il faille rejeter la technologie des OGM. Néanmoins, jusqu'à présent, elles ont été développées par des grandes sociétés dont le but évident est de s'en mettre plein les poches plutôt que de rendre service aux gens ou à l'environnement. Les plantes « Roundup ready » en sont un bon exemple puisqu'elles ont été mises au point par Monsanto, la compagnie qui fabrique le Roundup (herbicide à base de glyphosate). Leur introduction sur le marché s'est accompagnée d'une très nette augmentation de l'utilisation du Roundup, évidemment nocif pour l'environnement et hautement susceptible de nuire à la santé humaine (voir chapitre 8). En outre, le rendement des cultures OGM ne s'est pas révélé supérieur, ou si peu, à celui des cultures traditionnelles, alors que les semences coûtent beaucoup plus cher aux agriculteurs qui les achètent. Bref, à mon avis, la technologie des OGM pourrait être un outil positif si elle se trouvait entre les mains d'une organisation bienveillante, mais malheureusement, pour le moment, ce n'est pas le cas.

D'autres technologies génétiques d'une pertinence encore moins certaine paraissent sur le point de voir le jour. Un récent « balayage d'horizon » des futures menaces qui pèsent sur la biodiversité a attiré l'attention sur les nouveaux pesticides « extincteurs de gènes » à base d'ARN[47]. Ils sont pulvérisés sur les cultures, là où l'on veut qu'ils soient ingérés par les insectes nuisibles dont on veut modifier l'expression génétique. De cette manière, presque n'importe quel gène peut être efficacement « réduit au silence », c'est-à-dire empêché de fonctionner. Si un gène vital pour la santé ou la reproduction est bloqué, le parasite meurt ou cesse de se reproduire. Théoriquement, cela pourrait permettre de produire une large gamme de pesticides, chacun ciblant un gène particulier chez une espèce particulière de ravageur. Donc inoffensif pour les autres insectes, à condition que ceux-ci ne possèdent pas un gène similaire. Cependant, étant donné que seuls les génomes d'une infime proportion de tous les organismes existants ont été séquencés, savoir avec certitude quel organisme risque de posséder le même gène que le nuisible n'est pas simple. On devrait probablement s'assurer que le pesticide ne risque pas de

---

47 ARN = Acide ribonucléique. L'ARN est un cousin de l'ADN (acide désoxyribonucléique) capable de stocker l'information génétique de la même façon.

Les inconnues connues et inconnues

bloquer notre propre expression génétique, mais comment pourrait-on être certain qu'il n'affecterait pas l'un, ou plusieurs, des micro-organismes bénéfiques qui vivent sur nous et à l'intérieur de nous ?

Pour finir, j'aimerais vous parler des inconnues inconnues, mais, naturellement, je ne peux pas. S'il m'en venait une à l'esprit, elle deviendrait aussitôt une inconnue connue. Il paraît fort probable que beaucoup d'autres activités humaines nuisent à la santé des insectes de différentes manières qu'il nous reste à reconnaître, car le rythme de développement et de déploiement des nouvelles technologies dépasse de loin la capacité des scientifiques à prévoir des conséquences inattendues. Il existe aussi, sans doute, de nombreux facteurs naturels qui affectent les insectes et que nous ne comprenons pas ; des types de maladies que nous n'avons pas encore découverts, par exemple. Ce seraient les « inconnues inconnues » de Rumsfeld, demeurant bien sûr par définition inconnues, pour le moment. Pourtant, il paraît tout à fait certain qu'elles doivent exister, dangereusement tapies dans les abysses de notre ignorance.

LES BOURDONS ÉLECTROSTATIQUES

Les bourdons sont les géants intellectuels du monde des insectes, capables de naviguer sur de longues distances en utilisant le soleil et le champ électromagnétique de la Terre comme boussole, mémorisant la position des points de repère, apprenant à reconnaître les fleurs les plus gratifiantes et à en extraire le maximum.

Au cours de mes propres recherches j'ai découvert que les bourdons laissaient involontairement des empreintes odorantes sur les fleurs ; ils les flairent pour déceler la trace éventuelle d'une visite récente et décider si cela vaut la peine de s'y poser ou non, car celles d'où se dégage une odeur d'empreinte nouvelle ont toutes les chances d'être vides. De nouvelles études ont révélé un autre superpouvoir des bourdons : ils sont capables de détecter des charges électrostatiques et d'en tirer des informations utiles. En volant, ils amassent une charge positive, tout comme nous le faisons en marchant sur une moquette. En général, les fleurs sont chargées négativement, de sorte qu'à l'approche d'un bourdon, le pollen à charge négative a tendance à se soulever de la fleur pour se coller à l'insecte. Lorsque celui-ci se pose, sa charge positive et la charge négative de la fleur s'annulent l'une l'autre. Donc non seulement les fleurs récemment visitées gardent l'odeur du visiteur précédent, mais leur charge négative est moins grande. Il se trouve que les bourdons sont capables de détecter cette différence, apparemment à la manière dont les petits poils de leur corps se dressent en présence d'un champ électromagnétique. Cela leur fournit une preuve supplémentaire que la fleur est vide, et qu'ils perdraient une ou deux précieuses secondes à s'y poser pour chercher du nectar.

15

La mort à petit feu

Alors, de tous les facteurs de stress auxquels les insectes sont exposés dans le monde moderne, quel est le véritable responsable de leur déclin ? Qui est le coupable ? La réponse : tous, bien sûr. Dans *Le Crime de l'Orient-Express*, le célèbre détective Hercule Poirot finit par déduire que la victime a été poignardée douze fois par douze personnes différentes ; presque tous les protagonistes du roman sont coupables. Le déclin des insectes est le résultat de tous les facteurs que j'ai décrits : perte d'habitat, espèces invasives, maladies d'importation, combinaison de pesticides, changement climatique, pollution lumineuse et probablement d'autres agents d'origine humaine que l'on n'a pas encore identifiés. Il n'y a pas qu'un seul coupable. Dans le roman d'Agatha Christie, Ratchett aurait pu survivre à un ou deux coups de couteau, certainement pas à douze. On pourrait ergoter autour de celui qui a provoqué la blessure la plus profonde, mais ce ne serait pas un exercice particulièrement productif.

La pertinence de cette analogie a ses limites car, contrairement à la mort brutale d'un passager très impopulaire dans un train, la disparition des insectes a débuté il y a des dizaines d'années dans le monde entier. Différentes combinaisons de facteurs sont susceptibles d'avoir affecté différentes espèces d'insectes à des moments différents et dans des endroits différents. Mais, surtout, nous savons maintenant que de nombreux facteurs de stress nuisant aux insectes n'agissent pas indépendamment les uns des autres. J'ai déjà parlé de la manière dont certains types de fongicides, quasiment non-toxiques pour les insectes, peuvent bloquer chez ces derniers les mécanismes de désintoxication. Si un insecte est exposé en même temps à ce type de fongicide et à un insecticide, celui-ci peut devenir jusqu'à mille fois plus toxique. De la même façon, de minuscules doses d'insecticides néonicotinoïdes, beaucoup trop faibles pour tuer directement une abeille, semblent détruire leur système immunitaire, de sorte que n'importe quel virus présent chez cet insecte pourrait se multiplier rapidement et finir par tuer son hôte. Ces insecticides semblent également altérer la capacité des abeilles à réguler leur propre température corporelle et celle de leur colonie. Les abeilles mellifères saines se rafraîchissent toutes seules si elles ont trop chaud et se réchauffent si elles ont trop froid, mais celles à qui on a fait absorber des petites doses d'insecticide n'y parviennent plus aussi bien – un insecticide peut donc rendre les abeilles moins aptes à supporter les vagues de chaleur. Les nids de bourdons à qui on a administré de faibles doses de néonicotinoïdes réussissent encore moins à stabiliser la température de leur couvain. En altérant la flore intestinale des abeilles, les fongicides et les herbicides affectent indirectement et de manière complexe leur santé et leur résistance aux maladies. Dans tous ces exemples, les effets de deux facteurs de stress différents réunis sont plus puissants que la somme des effets de chaque facteur de stress isolé.

Jusqu'ici, je n'ai mentionné que les interactions entre deux facteurs de stress, principalement parce que c'est à peu près le maximum que la science peut gérer. Une bonne expérience visant à analyser, par exemple, les impacts d'un pesticide sur les abeilles, impliquerait d'exposer des abeilles ou des colonies entières à une gamme de doses différentes.

La mort à petit feu

Pour vous donner un exemple hypothétique, supposons que l'on veuille étudier l'effet d'une nouvelle substance chimique X sur des colonies d'abeilles. On pourrait choisir d'introduire dans la nourriture de ces colonies expérimentales 1, 5, 10 ou 50 parties par milliard de X. On aurait alors besoin de « réplication » – c'est-à-dire de plusieurs colonies pour chacune des doses – car chaque colonie étant légèrement différente des autres, elle répondra différemment, et l'analyse statistique des résultats sera impossible à faire sans un minimum de trois colonies pour chaque dose. On aura aussi besoin de colonies « contrôle », à qui on donnera une nourriture saine, vierge de substance chimique. Jusque-là, cela nécessite donc d'avoir cinquante colonies. Si l'on veut en plus étudier les effets d'un agent pathogène et la manière dont il interagit avec la substance X, cela doublera immédiatement, au minimum, la taille de l'expérience – vingt colonies recevant chacune une dose de pesticide, la moitié étant exposées à l'agent pathogène, l'autre moitié sans agent pathogène. À présent, c'est une centaine de colonies qu'il faudrait. Ajouter un troisième facteur doublerait encore la taille de l'expérience, et à ce point elle deviendrait probablement impossible sur un plan logistique, à moins que le chercheur ne dispose d'un budget énorme et d'une armée d'assistants. Pourtant, dans le monde réel, les insectes sont bien sûr constamment bombardés par de multiples facteurs de stress. Imaginez la femelle d'un syrphe vivant sur des terres agricoles ; au printemps, elle se nourrit des fleurs de colza en s'exposant à un mélange de pesticides. Une fois la floraison du colza terminée, il ne lui reste pas grand-chose à manger ; alors, affamée et empoisonnée, elle quitte les lieux pour aller voir plus loin ; elle traverse le champ électromagnétique d'une ligne à haute tension en se dirigeant vers les bords fleuris d'une route, esquive les véhicules et se retrouve environnée de gaz d'échappement. Pendant tout ce temps, son système immunitaire a peut-être essayé de se défendre contre une maladie étrangère attrapée sur une fleur contaminée, combat difficile car sa flore intestinale a été détruite par les fongicides auxquels elle s'est frottée. Si elle parvient à pondre des œufs, ils risquent d'être attaqués par des coccinelles asiatiques invasives, ou tués par une canicule estivale. Même si l'on n'a qu'une vague idée de la manière dont tous ces facteurs de stress peuvent interagir, il ne faut pas s'étonner que cette femelle de syrphe finisse par mourir d'une façon ou d'une autre, ou que si peu de ses descendants arrivent à survivre.

Le papillon monarque offre un bon exemple de l'impact des facteurs multiples, complexes et interactifs sur la survie des insectes. Le déclin vertigineux de ce magnifique insecte charismatique en Amérique du Nord a donné naissance à une pléthore d'études scientifiques qui essayent d'en identifier la cause. Celle qui a été retenue en premier est l'utilisation accrue des désherbants glyphosate et dicamba, favorisée par le développement des cultures de maïs et de soja transgéniques résistantes aux herbicides. Un agriculteur qui fait pousser des plantes « normales » ne peut pas lutter facilement contre les mauvaises herbes à l'aide d'un herbicide car il risque de faire mourir ses plantations en même temps. En revanche, un agriculteur qui fait pousser des plantes OGM rendues insensibles à un herbicide peut arroser directement ses plantations avec celui-ci car il tuera uniquement les mauvaises herbes. Ainsi, les agriculteurs ont soudain la possibilité d'avoir des champs entiers presque totalement débarrassés des mauvaises herbes. Autrefois, les asclépiades, principale source de nourriture des chenilles du papillon, étaient très communes sur toutes les terres arables ; aujourd'hui, elles le sont évidemment beaucoup moins, ce qui signifie que le monarque a beaucoup moins de nourriture à sa disposition.

La mort à petit feu

Cependant, une recherche réalisée récemment par l'université de Stanford suggère que d'autres éléments entrent en jeu. Les asclépiades se défendent contre les herbivores en produisant des cardénolides toxiques qui imprègnent leurs feuilles et leur sève. Les chenilles du monarque ont évolué en développant une tolérance à ces poisons qu'elles stockent dans leur propre corps afin que leurs prédateurs les trouvent immangeables. Ces derniers sont d'ailleurs avertis par les rayures noir et jaune vif que leur goût doit être épouvantable. Les cardénolides contenus dans le corps des chenilles ont un deuxième objectif, les débarrasser d'un parasite unicellulaire au nom imprononçable, *Ophryocystis elektroscirrha*. S'il n'est pas maîtrisé, ce micro-organisme endommage les intestins de la chenille, ce qui peut la tuer ou la transformer en un papillon adulte aux ailes déformées qui aura peu de chances de survivre. L'écologiste Leslie Decker a découvert que les asclépiades qui poussaient sous des niveaux élevés de dioxyde de carbone produisaient des cardénolides différents et moins efficaces contre *Ophryocystis elektroscirrha*.

Les organisations environnementales recommandent souvent aux propriétaires de planter des asclépiades dans leur jardin afin d'encourager les monarques à y venir. L'espèce la plus commune est *Asclepia curassavica*, l'asclépiade de Curaçao, native du Mexique, dont les taux de cardénolides sont plus élevés que ceux des asclépiades d'Amérique du Nord sur lesquelles ils se nourrissent normalement. Ces taux représentent le maximum toléré par les chenilles. En les cultivant expérimentalement à des températures légèrement élevées, Matt Faldyn, de l'université d'État de Louisiane, a découvert que les asclépiades produisaient encore plus de cardénolides et ne pouvaient plus être consommées par les monarques. « Il existe chez ces toxines une zone 'Boucle d'or' dans laquelle elles ne sont ni trop toxiques ni trop faibles. Avec le changement climatique, l'asclépiade peut dépasser ce seuil critique et quitter la zone 'Boucle d'or' », a-t-il expliqué dans une interview.

Le changement climatique pousse également les monarques à pénétrer plus au nord qu'ils n'en avaient l'habitude à l'intérieur du Canada, ce qui signifie que leur vol de retour automnal vers le Mexique se rallonge chaque année. Par conséquent, le changement climatique impacte sans doute subtilement ce papillon à la fois par ses effets sur la qualité des plantes dont il se nourrit et par l'allongement de sa migration annuelle.

Même sur leurs sites de repos hivernal tout ne va pas pour le mieux. En Californie, vingt de ces sites ont été dégradés par les activités humaines rien qu'au cours des cinq dernières années ; d'autres sont menacés par des implantations de lotissements. Dans les montagnes de la Sierra Madre au Mexique, les sites d'hivernage sont mis en danger par la déforestation et l'exploitation minière. L'un des grands défenseurs de ces sites, l'ancien bûcheron Homero Gómez Gonzáles devenu militant écologiste, fut assassiné dans des circonstances mystérieuses en janvier 2020, à peu près en même temps que Raúl Hernández Romero, guide touristique d'une réserve de papillons.

C'est cette combinaison de facteurs, certains manifestes, d'autres plus subtils, qui conduit à l'extinction du monarque. Ses spécialistes suggèrent qu'on a peut-être atteint le point de non-retour où la population chute sous un seuil critique, s'effondre et s'éteint. Comme ce fut le cas auparavant pour la tourte voyageuse, ce papillon autrefois très commun aura peut-être bientôt disparu pour toujours du paysage.

Il est devenu courant de parler de « résilience » à propos de la santé d'un organisme tel que le syrphe, le monarque, l'abeille, l'humain – ou même d'un « super-organisme » tel qu'une colonie d'insectes sociaux – pour évoquer sa capacité à se remettre d'aplomb après avoir été soumis à un stress ou une perturbation. Toutes ces créatures possèdent des mécanismes qui tentent de conserver un équilibre stable, de maintenir le statu quo. Si un corps humain ou une ruche a trop chaud, des mécanismes se déclenchent pour les ramener à leur état optimal : nous transpirons et nous cherchons l'ombre, tandis que les abeilles ventilent leur nid afin d'y faire pénétrer un air plus frais. Si notre corps manque de nourriture, nous ressentons la faim et nous mangeons, tandis qu'une ruche manquant de réserves expédie un plus grand nombre d'ouvrières en mission de ravitaillement.

Imaginez maintenant que la santé d'un organisme puisse être visualisée sous la forme d'une bille posée au fond d'un bol aux bords abrupts. Si un agresseur repousse la bille du centre, elle revient vite au milieu. Mais, imaginez qu'à chaque nouvelle agression la pente des bords s'adoucisse, le bol devient de moins en moins profond, de sorte que la bille est plus facilement repoussée loin du centre et plus lente à y revenir. Au bout d'un moment, la bille finira par rouler dans une soucoupe, et la moindre perturbation suffira à la faire tomber par-dessus bord. Chaque fois que notre corps est soumis à un stress, tel qu'une canicule, une maladie, une toxine ou une blessure physique, il consomme de l'énergie pour se remettre d'aplomb, et nous laisse un peu moins aptes à affronter un stress éventuel qui surviendrait tout de suite après (le bol est moins profond). Si nous sommes empoisonnés, affamés et atteints d'une infection, une vague de chaleur peut se révéler le stress ultime qui nous achèvera. Il est possible d'appliquer le même concept à des populations entières, et même à des écosystèmes, les deux tendant à montrer un degré de résilience limité. Si vous pêchez quelques poissons dans la mer, leur population se reconstituera, mais si vous en prélevez trop, les survivants risqueront de se retrouver en si petit nombre que leur population cessera d'être viable et disparaîtra. Cela a encore plus de chances de se produire si, en plus, la mer est polluée ou si des aires de frai ont été détruites. Abattez quelques arbres dans une forêt humide tropicale, elle s'en remettra, il en poussera de nouveaux pour combler les vides. Abattez tous les arbres, le sol sera tellement lessivé que la forêt ne pourra plus se régénérer et sera définitivement remplacée par de pauvres broussailles. La pollution par les engrais des lacs limpides et riches en vie peut les transformer plus ou moins définitivement en réserves d'eau trouble avec des efflorescences algales nocives répétées et une très faible biodiversité.

Notre planète a résisté remarquablement bien aux bourrasques des changements dont nous sommes responsables, cependant il serait idiot de croire que cela va continuer. Jusqu'à maintenant, une proportion relativement faible d'espèces a été rayée de la surface de la Terre mais presque toutes les espèces sauvages comptent désormais en leur sein un nombre d'individus ne représentant qu'une fraction de leur abondance passée ; elles survivent dans des habitats dégradés, fragmentés et sont victimes d'une multitude de problèmes d'origine humaine en constante évolution. Notre compréhension est encore loin de nous permettre de prévoir la résilience dont sont encore capables nos écosystèmes appauvris, pas plus que le seuil au-delà duquel l'effondrement deviendra inévitable. Dans l'analogie de Paul Ehrlich avec les rivets qui maintiennent l'aile d'un avion, nous pourrions fort bien être proches du point où l'aile se décroche.

L'HUMBLE PSYCHÉ

Les psychés, *Psychidae*, forment une famille de papillons nocturnes peu connue mais répandue dans le monde entier. Leurs chenilles ont l'habitude de se fabriquer un fourreau protecteur en soie mêlée de feuilles ou de brindilles. Une stratégie qu'adoptent aussi les trichoptères, auxquels les amateurs de baignade dans les mares sont plus habitués. Étant donné que chaque espèce de psyché utilise des matériaux différents, on réussit à en identifier un certain nombre simplement à partir de cet étui.

Le plus caractéristique est celui de l'*Apterona helicoidella*, magnifique étui hélicoïdal construit avec des particules de terre mélangées à ses propres excréments, et qui ressemble étonnamment à une coquille d'escargot. Les larves des psychés sortent la tête de leur fourreau afin de se nourrir de feuilles ou de lichens puis, une fois leur taille maximum atteinte, elles se transforment en pupes à l'intérieur. Les psychés adultes, dépourvus de pièces buccales, vivent seulement quelques jours. Le mâle s'envole pour trouver une partenaire, tandis que la femelle sédentaire sort brièvement de son fourreau ou bien reste à l'intérieur, laissant alors le mâle allonger vers elle son abdomen pour qu'ils puissent s'accoupler. Une fois ses œufs pondus dans le fourreau, elle meurt très vite, après avoir sans doute trouvé la vie bien monotone. Comme les femelles ne se déplacent jamais de plus de quelques centimètres, on pourrait penser que les psychés se propagent très lentement ; or ils disposent de deux moyens de dispersion des plus inhabituels. Le premier : si une femelle fécondée pleine d'œufs est mangée par un oiseau qui picore son fourreau, les œufs traverseront le tube digestif du volatile sans en pâtir parce qu'ils sont aussi durs que les graines de certaines plantes telles que la mûre, et seront déposés avec les excréments à des kilomètres de l'endroit où leur mère a été boulottée. Le deuxième : s'inspirant des araignées, beaucoup de psychés au premier stade larvaire jouent les montgolfières ; suspendus au bout d'un fil de soie, ils laissent le vent les emporter dans les airs.

QUATRIÈME PARTIE

OÙ VA-T-ON ?

J'ai trois enfants. Qu'ils puissent hériter d'une Terre appauvrie et dégradée m'inquiète énormément. Depuis la révolution industrielle, les parents pouvaient regarder l'avenir sereinement en sachant que leurs enfants auraient, en moyenne, une vie meilleure que la leur. Je crains que, désormais, cela ne soit plus le cas. Aujourd'hui, l'avenir est incertain ; notre civilisation montre les signes évidents d'un début d'effritement.

Bien sûr, notre civilisation du XXIe siècle est profondément différente des civilisations qui se sont déjà effondrées, comme celles des Mésopotamiens ou des Romains. Nous possédons des technologies qu'ils ne pouvaient même pas imaginer, de Twitter aux armes nucléaires en passant par la géo-ingénierie et le génie génétique. Nous pouvons peut-être les utiliser pour nous sauver, mais elles peuvent également accélérer notre chute. Les Romains se pensaient sans doute très intelligents, eux aussi ; ils n'envisageaient probablement pas la mort de leur civilisation, et pourtant elle a pris fin. Je pense que des heures sombres nous attendent à notre tour et que le sort des insectes, ces minuscules créatures qui nous entourent, est au cœur de ce cataclysme imminent.

Terre silencieuse

Dans cette quatrième partie, je vous expose ma vision d'un changement possible d'orientation vers un monde meilleur, plus vert, plus propre, vibrant de vie. Mais d'abord, laissez-moi vous brosser un tableau de celui dont nos enfants risquent d'hériter si nous continuons à exploiter sans relâche les ressources limitées de notre Terre...

16

Un tableau du futur

Je suis fatigué, j'ai du mal à garder les yeux ouverts. Il est 3 heures du matin, mais il fait toujours très chaud ; encore une de ces nuits étouffantes et silencieuses qui sont devenues la norme ces derniers temps. Sans stridulation de grillon ni hululement de chouette. Assis sur une vieille chaise en bois, je tiens mon fusil sur mes genoux. J'aurais pu prendre un coussin à l'intérieur de la maison, mais si je m'installe trop confortablement, je risque fort de m'endormir.

À la lumière de la demi-lune, je distingue le potager surélevé – les rangées des poireaux, panais, carottes et betteraves, les topinambours de plus de 2 mètres de haut qui les dominent, les courges et les citrouilles indisciplinées qui débordent des plates-bandes, avec leurs fruits gonflés presque prêts à être ramassés. Plus loin, il y a notre petit verger où les formes sombres des pommes, des poires, des pêches et des nectarines pendent des branches. En avril et mai, nous avons travaillé pendant des semaines à la pollinisation des fleurs à la main ; mes trois petits-enfants grimpaient comme des singes dans les pommiers et les poiriers pour polliniser les parties les plus hautes, en faisant bien attention à ne pas arracher un seul bouton de fleur. À la différence d'autres arbres, les pommiers ne donnent des fruits que si leurs fleurs reçoivent du pollen en provenance d'un sujet porteur d'une autre variété de pomme ; nous avons donc soigneusement recueilli le pollen des fleurs de chaque pommier, en brossant avec précaution leurs anthères au-dessus d'un pot à confiture, et l'avons appliqué ensuite sur les parties femelles d'un arbre de variété différente. Pour cela nous avons utilisé les vieux pinceaux de mon père, les précieux pinceaux en poil de martre avec lesquels il peignait ses aquarelles, il y a longtemps, à une autre époque.

Au fur et à mesure que l'année avance, nous procédons de la même manière sur toutes nos plantations, pollinisant soigneusement à la main les citrouilles, les courges et les haricots d'Espagne. Avec les courges, c'est facile car il n'y a que quelques fleurs femelles à polliniser, mais avec les haricots d'Espagne c'est beaucoup plus délicat. Chaque hiver, nous laissons dans le sol quelques légumes racines – carottes, poireaux, panais – pour qu'ils refleurissent l'année suivante ; nous les pollinisons alors à la main et nous récoltons les graines que nous faisons sécher avant de les planter au printemps suivant. Nous sommes obligés d'être organisés et efficaces si nous ne voulons pas mourir de faim. Nous privilégions surtout les fruits et les légumes que nous pouvons stocker pour les consommer en hiver et au début du printemps, pendant les mois de disette. Vers la fin janvier, les citrouilles commencent à moisir, mais nous continuons à en manger jusqu'à ce qu'elles se décomposent en bouillie. Les pommes que nous rangeons dans le grenier, où elles sont à l'abri des voleurs, se gardent en général jusqu'à la fin du mois de février, quoiqu'elles se conservent moins bien avec ces hivers qui se réchauffent un peu plus chaque année. Ces derniers temps, nous avons obtenu très peu de bonnes récoltes de pommes : le climat, devenu trop chaud pour elles ici, dans le sud de l'Angleterre, convient mieux aux olives, aux amandes, aux figues et aux nectarines ; malheureusement, nous n'en avons pas beaucoup. Nous aurions dû nous préparer à l'avance, les planter il y a plus de trente ans, en prévision du changement climatique.

Un tableau du futur

Mars et avril sont les mois les plus difficiles, lorsque les récoltes de l'année précédente sont terminées et que les plantations de printemps n'ont pas encore commencé à produire. Le brocoli est un légume génial qui fleurit justement à cette période ; on peut le compléter avec des plantes sauvages comme les pousses d'ortie, les racines de pissenlit, l'éleusine, le mouron blanc, et aussi n'importe quel vieux légume moisi qui nous reste. Les jeunes feuilles de bouleau et de tilleul gonflent les salades. Les enfants se plaignent, mais ils sont mieux lotis que la plupart.

Je deviens trop vieux pour ces gardes de nuit. Je suis né au tout début du nouveau millénaire ; l'année prochaine, j'aurai quatre-vingts ans. Mes os me font mal même quand il fait chaud ; et en hiver, c'est encore pire. Un moustique vrombit près de mon oreille, je lui donne une claque sans le voir. Il y en a beaucoup plus qu'avant, c'est l'un des rares insectes qui semble prospérer. Ils ne se font plus avaler par les chauves-souris – voilà des dizaines d'années que je n'en ai plus vu – et les grosses pluies d'été leur fournissent toute l'eau dont ils ont besoin pour se reproduire, en plus de la chaleur qui favorise leur multiplication. Récemment, on a eu des cas de malaria au village ; cette maladie qui progresse vers le nord à travers toute l'Europe a atteint l'Angleterre dans les années 2060. Chaque piqûre peut se révéler fatale car nous n'avons pas accès aux médicaments qui pourraient nous protéger.

Mon père avait l'habitude de nous faire remarquer combien il était ironique que les belles créatures utiles aient pour la plupart disparu alors que les nuisibles proliféraient. Sans hirondelles ni martinets pour les gober, les mouches domestiques sont devenues chaque été un véritable fléau. Les limaces sont plus nombreuses que jamais car les orvets, les hérissons et les carabidés qui freinaient leur propagation ont disparu. En été, les pucerons grouillent sur nos légumes et nos arbres fruitiers, détruisant parfois complètement nos plantations de haricots et faisant tomber les fruits par terre avant qu'ils soient mûrs. Quand j'étais beaucoup plus jeune, ces ravageurs se faisaient dévorer par les coccinelles, les syrphes, les cantharides et les perce-oreilles. Ce sont toujours les créatures les plus élevées dans la chaîne alimentaire qui disparaissent les premières parce qu'elles sont moins abondantes et se reproduisent plus lentement. Les tigres, les ours polaires et les harpies féroces se sont éteints longtemps avant les cerfs, les phoques et les singes qu'ils chassaient. Les nuisibles comme les pucerons, les aleurodes, les limaces, les moustiques et les mouches domestiques se reproduisent à toute vitesse ; ils sont capables d'évoluer rapidement en développant une résistance aux pesticides et en s'adaptant aux changements climatiques. Malheureusement, les abeilles et les coccinelles n'ont pas réussi, elles.

Je regarde à nouveau ma montre. Les aiguilles semblent avoir à peine bougé. Mon fils doit me remplacer à 4 heures, il ne me reste plus trop longtemps à attendre.

J'en ai vu des changements. Quand j'étais adolescent, j'avais de tout. Tout le monde avait de tout, du moins dans les pays occidentaux. Je me souviens des supermarchés regorgeant d'aliments exotiques : fruits de la passion, ananas, mangues, avocats, et même kumquats et lychees, arrivés par avion des quatre coins de la Terre, exposés sur les étalages douze mois sur douze. Aujourd'hui, ça paraît complètement fou. À l'époque, on trouvait ça normal. La nourriture était si bon marché qu'on achetait plus qu'il n'était nécessaire ; on jetait même une bonne partie des aliments qu'on avait mis au frigo dès qu'ils commençaient à moisir. Les emballages en plastique débordaient des poubelles à roulettes ; ils étaient emportés et ensevelis au fond de grands trous creusés dans le sol, avec des montagnes de couches sales et de jouets en plastique cassés, où le tout pourrissait pour l'éternité. En fait, ce sont les ananas qui me manquent le plus – les ananas bien mûrs du Brésil d'où dégoulinait un délicieux jus sucré quand on les découpait. Et le chocolat, évidemment – ah, comme le chocolat me manque. J'ai essayé d'expliquer le goût du chocolat à mes petits-enfants, mais c'est impossible bien sûr. Les gens consommaient tellement d'aliments riches que le monde entier a connu une épidémie d'obésité et une vague de diabète dues à un excès de sucres. Aujourd'hui, les gros se comptent sur les doigts d'une main.

J'ai besoin d'uriner ; je me lève avec raideur de ma chaise et je me rapproche du bac à compost en clopinant, mes genoux craquent. Je pose le fusil contre le côté du bac, une grande boîte en bois brut remplie de feuilles variées, de déchets de cuisine, de mauvaises herbes et toute autre matière organique sur laquelle on peut mettre la main, y compris les excréments de nos toilettes sèches et les crottes de poules ramassées dans l'enclos où elles sont enfermées. On a environ une douzaine de ces tas répartis autour du jardin. Uriner dessus leur apporte des nutriments, en particulier les précieux phosphates, et accélère le processus de compostage. Quand l'industrie pétrochimique a fini par s'effondrer dans les années 2040, les engrais artificiels bon marché sont devenus impossibles à obtenir. Il a fallu revenir aux vieilles méthodes de fertilisation des cultures – gérer soigneusement la matière organique, la décomposer, rendre les nutriments au sol. Les nombreux agriculteurs qui avaient épuisé leurs terres et s'étaient retrouvés entièrement dépendants des intrants chimiques ne pouvaient plus faire pousser quoi que ce soit ; ils ont laissé leurs champs à l'abandon. En octobre nous allons dans les bois voisins, ou du moins ce qu'il en reste, pour ramasser des sacs de feuilles. Nos chênes natifs qui, depuis l'âge de glace, furent pendant des millénaires les arbres les plus communs de Grande-Bretagne, n'ont pas pu résister au climat changeant et imprévisible. La sécheresse de 2042 en a tué beaucoup ; aujourd'hui presque tous sont morts, leurs squelettes pourrissants sont un des traits caractéristiques du paysage local. Heureusement pour nous, le bois le plus proche, à quelques mètres du chemin qui mène à notre petite maison, contenait aussi pas mal de châtaigniers qui ont mieux supporté le climat. Les châtaignes sont un complément bienvenu à notre régime alimentaire, et nous compostons les feuilles pour enrichir ensuite la terre, perpétuant ainsi l'action commencée par mon père il y a près de soixante-dix ans quand il a acheté le cottage et le jardin. Connaissant la valeur d'un sol en bonne santé, il a si bien consolidé sa teneur en matière organique que la terre du potager est profonde, riche et noire. S'il ne l'avait pas fait, nous serions incapables de nourrir les douze personnes qui dépendent de cette parcelle de terrain légèrement inférieure à un hectare.

Je suis sur le point de me rasseoir une fois de plus quand, dans la haie, un bruissement brise le silence. J'espère que c'est un lapin. Du temps de mon père, le jardin en était rempli la nuit ; aujourd'hui ce sont des créatures rares, très prisées pour leur chair délicieuse. Les écureuils ont presque tous été mangés, eux aussi, de même que les rats. Je lève mon fusil, je vise le feuillage, mais mes yeux ne sont plus ce qu'ils étaient et je n'arrive pas à voir qui est à l'origine de ce bruit. Je ne peux pas me permettre de rater ma cible parce qu'il nous reste juste quelques douzaines de cartouches, et peu d'espoir de pouvoir s'en procurer d'autres. J'ai acheté ce .22 Long Rifle quand j'avais une trentaine d'années et que la viande devenait de plus en plus chère. C'était pour tuer du gibier destiné à la casserole, surtout des pigeons et des lapins, en complément de notre alimentation. Je l'ai entretenu soigneusement car il s'est révélé être l'un de mes biens les plus précieux ; cependant, quand il n'y aura plus de cartouches, il ne me servira plus à rien, sauf peut-être à bluffer. J'espère par-dessus tout que ce n'est pas quelqu'un qui rampe sous la haie. Le jardin est entouré d'épais buissons d'aubépine que mon père avait renforcés avec du grillage à mouton surmonté de fil de fer barbelé, mais ça ne suffit pas à arrêter les voleurs qui réussissent parfois à le couper et à s'introduire chez nous dans le noir pour voler nos fruits et légumes.

Autrefois, ce pays était riche ; aujourd'hui, les gens sont prêts à risquer leur vie pour quelques pommes de terre. Des signes annonciateurs étaient déjà visibles depuis longtemps, mais les choses ont commencé à se gâter pour de bon dans les années 2040. Personne n'a réellement pris la mesure de tout ce qui allait de travers. Personne ne voulait croire qu'une civilisation mondiale possédant de telles connaissances et de telles technologies était en train de s'effondrer. Pourtant, cela n'aurait pas dû paraître si surprenant car d'autres civilisations s'étaient effondrées avant la nôtre. En fait, toutes les civilisations créées un jour se sont effondrées. Pour les Romains qui vivaient à l'apogée de leur empire, il était inconcevable que cette civilisation immense puisse se faire écraser par des tribus grossières venues du nord qui réduiraient leurs villes puissantes en ruines, en chaos. L'Histoire nous a appris que les grandes civilisations apparaissent et disparaissent : les empires Han, Maurya, Gupta et Mésopotamiens, tous très complexes, modernes et sophistiqués pour leur temps, sont tombés ; la plupart des gens ignorent même jusqu'à leur existence.

Avant ma naissance, il y a très longtemps, dans les années 1960 et 1970, des scientifiques ont commencé à prévenir les gens que le climat risquait d'être modifié, qu'on était en train de polluer les sols, les rivières, les mers, et de massacrer les belles forêts tropicales autrefois pleines de vie. En 1992, 1 700 scientifiques du monde entier ont publié un manifeste : le *World Scientists' Warning to Humanity*. Ils y expliquaient que l'humanité courait tout droit au désastre en érodant et dégradant les sols vitaux, en réduisant la couche d'ozone et en polluant l'air, en abattant les forêts tropicales humides, en se livrant à la surpêche dans les mers, en provoquant des pluies acides, en créant des « zones mortes » polluées dans les océans, en précipitant l'extinction de nombreuses espèces, en épuisant les indispensables nappes phréatiques, et en modifiant déjà considérablement le climat. Ils avertissaient sans ménagement qu'un « grand changement dans notre gestion de la Terre est obligatoire si l'on veut éviter une immense souffrance humaine ». Ils insistaient sur la nécessité de diminuer les émissions de gaz à effet de serre et de supprimer progressivement les carburants fossiles, de limiter la déforestation et d'inverser la tendance à la disparition de la biodiversité.

Les gouvernements y accordèrent peu d'attention, pas plus que le reste de l'humanité. Vingt-cinq ans plus tard, en 2017, les scientifiques ont renouvelé leur alerte, en signalant que pratiquement rien n'avait été mis en œuvre pour réduire les maux infligés à la planète par la population humaine sans cesse croissante. Cette fois, le manifeste était signé par plus de 20 000 scientifiques, dont mon père ; j'ai un vieil exemplaire de ce rapport rangé quelque part dans ma bibliothèque. Ils attiraient l'attention sur le fait que si les problèmes d'ozone et de pluies acides avaient été partiellement résolus, tous les autres avaient nettement empiré, et que des problèmes supplémentaires étaient encore venus s'y ajouter. Leur nouveau rapport documentait en détail l'ampleur de l'aggravation de la crise. En vingt-cinq ans, depuis leur premier manifeste, les ressources par personne en eau douce avaient chuté de 25 % ; le nombre de « zones mortes » océaniques avait augmenté de 60 % ; le nombre de vertébrés sauvages avait encore diminué de 30 % ; les émissions de dioxyde de carbone avaient augmenté d'environ 60 %, passant de 22 gigatonnes à 36 gigatonnes par an ; le climat s'était réchauffé d'à peu près un demi-degré Celsius ; la population de ruminants émetteurs de méthane était passée d'environ 3,2 millions à 3,9 millions, et la population humaine de 5,5 milliards à 7,5 milliards. Ils prévenaient également que le changement climatique risquait fort de devenir un processus hors de contrôle et que nous avions déclenché la sixième extinction massive de notre planète, 65 millions d'années après que la cinquième eut effacé les dinosaures de sa surface. « Bientôt, écrivaient-ils, il sera trop tard pour modifier le cap de notre trajectoire défaillante, et le temps nous est compté. Nous devons reconnaître, dans notre vie quotidienne comme dans nos institutions dirigeantes, que la Terre, avec toute sa vie, est notre seule demeure. » Personne ne les a écoutés.

La même année, un groupe d'entomologistes allemands, assistés dans une modeste mesure par mon père, avait publié des données montrant que la biomasse (le poids) des insectes des réserves naturelles d'Allemagne capturés dans des pièges avait décliné de 76 % sur une période de vingt-six ans, entre 1990 et 2016. Les auteurs de cette étude prévenaient que si les insectes continuaient à décliner, les écosystèmes ne tarderaient pas à s'effilocher car les insectes y jouaient une myriade de rôles essentiels. L'avertissement de ces scientifiques a peut-être été ignoré, mais les médias se sont emparés de cette étude qui a bénéficié d'une couverture mondiale. J'étais adolescent alors ; je me souviens encore de mon père donnant sans arrêt des interviews par téléphone pour des radios ou des quotidiens, expliquant patiemment aux journalistes pourquoi le déclin des insectes serait une catastrophe pour tout le monde. Cependant, malgré le battage médiatique, ni les politiciens ni personne d'autre n'a entrepris une action sérieuse.

Pourquoi n'avons-nous pas réagi ? Nous, humains, ne semblons pas être très doués pour comprendre la situation dans son ensemble. Nous avons beau être informés du changement climatique, des extinctions d'espèces, de la pollution, de l'érosion des sols, de la déforestation, etc., nous demeurons incapables de saisir à quel point leurs effets combinés sont dévastateurs. Même les scientifiques qui ont rédigé ces deux avertissements à l'attention de l'humanité ne le comprenaient pas eux-mêmes pleinement. Focalisés chacun de leur côté sur leur propre discipline, ils avaient tendance à travailler en vase clos. Les spécialistes du changement climatique alertaient sur les impacts d'un climat perturbé, les biologistes parlaient des conséquences de la perte de la biodiversité, les experts en matière de pêche mettaient en garde contre l'épuisement des stocks de poissons, les écotoxicologues étudiaient l'empoisonnement aux métaux lourds ou la pollution par les plastiques, et ainsi de suite. Aucun d'entre eux n'a réellement anticipé l'interdépendance de tous ces processus, avec des synergies que personne ne pouvait prévoir.

Notre échec à prévenir la crise pourrait être attribué à un système politique qui contraint nos politiciens à se focaliser sur les prochaines élections au lieu d'établir des plans à long terme. Beaucoup de gens en ont rejeté la responsabilité sur un système capitaliste cupide permettant à de gigantesques multinationales de concentrer entre leurs mains plus de pouvoirs que les hommes politiques ou même des pays entiers, et façonner le monde de manière à maximiser leurs profits sans se soucier des coûts humains ou environnementaux. Ils y étaient aidés par la foi quasi universelle en une croissance économique infinie, ainsi que, je pense, par l'idée que croissance économique et bien-être étaient liés, et que la vie s'améliorerait d'année en année, comme elle l'avait fait pendant si longtemps, tant que

Un tableau du futur

l'économie continuerait à croître. Je soupçonne beaucoup de gens d'avoir également cru que la technologie résoudrait nos problèmes, que nous étions destinés à voyager dans l'espace, comme dans les films de science-fiction. Lorsque les ressources de la Terre seraient épuisées, nous irions tout simplement coloniser Mars. Qu'on n'ait jamais réussi à aller plus loin que la Lune depuis les années 1960 aurait dû nous mettre la puce à l'oreille, nous faire comprendre que, sur ce plan, les progrès étaient incertains.

Bien que la plupart des scientifiques nous aient mis en garde contre cette idée, certains voulurent tenter de réparer notre climat malade à l'aide de la géo-ingénierie, en obscurcissant l'atmosphère avec des produits chimiques afin de refléter la lumière du soleil et en ensemençant les nuages. Il s'est avéré que le climat était beaucoup trop complexe à contrôler de cette manière ; leurs efforts n'ont réussi qu'à augmenter nos problèmes de pollution et à rendre la météo encore plus imprévisible. Des machines furent mises au point pour extraire le dioxyde de carbone de l'air mais, vu l'ampleur du problème, les quantités qui ont pu être retirées se sont révélées terriblement insuffisantes. Les options rudimentaires les plus évidentes – la plantation d'arbres à grande échelle et l'entretien du sol – furent ignorées, alors que la déforestation délibérée était autorisée à continuer à un rythme soutenu, facilitée par le changement climatique et la fréquence accrue des feux de forêts. Mon père m'a raconté que, dans les années 2020, des scientifiques avaient même essayé de remplacer nos abeilles en voie de disparition par des petits robots volants capables de polliniser les cultures ; mais ils étaient si chers et maladroits, comparés aux vraies, que le projet finit par être abandonné. Ils avaient également tenté de modifier génétiquement des abeilles mellifères en les rendant résistantes aux pesticides ; or, à cause d'un effet secondaire imprévu, les « super abeilles » se révélèrent moins résistantes aux maladies : elles ne vécurent pas longtemps.

Au début des années 2020, la pandémie de Coronavirus, baptisée Covid-19, qui mit à mal les économies et tua beaucoup trop de gens, était la conséquence directe du commerce des animaux sauvages pour l'alimentation et la médecine, en amenant les humains en contact très rapproché avec de nouvelles maladies. Puis, au fil de la décennie, le changement climatique se fit sentir avec une violence qui avait été prédite mais ignorée. Des ouragans à répétition frappèrent l'est des États-Unis et des Caraïbes tandis que des incendies ravageaient une grande partie de l'Australie, de la Californie et du bassin méditerranéen. Même des forêts scandinaves commencèrent à brûler et des tourbières à se consumer dans la région subarctique, vomissant encore plus de gaz à effet de serre dans l'atmosphère. Chaque année, des millions de personnes mouraient du smog produit par ces feux, combiné à la pollution des usines et des véhicules. Les réfugiés climatiques contraints à s'entasser dans des hébergements provisoires offraient les conditions idéales pour de nouvelles émergences de maladies.

En 2030 il était déjà sans doute trop tard. La montée inexorable des océans commençait à rompre régulièrement les protections contre les inondations, aidée par les fortes pluies et les ondes de tempête. Dans le monde entier, des crues dévastatrices paralysèrent de nombreuses métropoles : Londres, Jakarta, Shanghai, Mumbai, New York, Osaka, Rio de Janeiro et Miami se retrouvèrent sous les eaux, parmi tant d'autres. Affaiblies par les pandémies, les économies devenaient incapables de faire face à la progression vertigineuse des coûts d'installation de nouvelles défenses anti-inondations, construites en béton pour la plupart et dont la fabrication libérait encore plus de dioxyde de carbone. L'ampleur des catastrophes entraîna la faillite des compagnies d'assurances – les contrats habitation ne furent bientôt plus qu'un souvenir du passé. Des régions entières étaient submergées ; une grande partie du Bangladesh disparut sous les eaux, même chose pour la Floride, les Maldives et les Fens dans l'est de l'Angleterre.

Quoi que fissent les humains, le changement climatique devint impossible à enrayer, à cause de ce phénomène baptisé par les scientifiques « rétroaction positive ». La réduction des calottes glaciaires des pôles diminuait la réflexion de l'énergie solaire, ce qui entraînait une augmentation du réchauffement, donc de la fonte de la glace, et ainsi de suite. Sous l'effet du dégel du permafrost de l'Arctique, d'énormes quantités de méthane emprisonnées jusque-là dans le sol étaient relâchées ; or le méthane est un gaz à effet de serre beaucoup plus puissant que le dioxyde de carbone. À cause de la diminution des précipitations sur l'Amazone, résultat de l'évolution des conditions météorologiques, le peu de forêt tropicale humide restant dans cette région dépérissait ; avec sa mort, c'est un écosystème vieux de 55 millions d'années qui a disparu, le plus riche de la Terre. Quand les sols de faible épaisseur autrefois retenus par les forêts furent réduits en poussière, encore plus de gaz à effet de serre se retrouvèrent à leur tour libérés.

Et surtout, la capacité du monde à nourrir l'humanité commençait à faiblir. Dans les années 2040, une succession de sécheresses estivales frappant la « ceinture de blé » de l'Amérique du Nord réduisit de façon drastique la disponibilité de cette céréale de base. Pendant ce temps, en Afrique, le Sahara avançait vers le sud, chassant d'innombrables paysans de leurs terres au fur et à mesure que leurs récoltes s'effondraient. Ils avaient peu d'endroits où aller car les températures de l'Afrique équatoriale étaient déjà devenues si hautes qu'il était presque impossible à un être humain d'y vivre. Dans le même temps, les récoltes de plantes pollinisées par les insectes, incluant tout, des amandes aux tomates et aux framboises en passant par le café et le chocolat, diminuaient faute d'insectes pollinisateurs dont le nombre se raréfiait sur toute la planète. Les attaques de ravageurs sur les cultures empiraient au fur et à mesure que leur résistance au barrage des pesticides dont ils avaient été victimes pendant des dizaines d'années se renforçait, et que les températures de plus en plus élevées leur permettaient de se reproduire bien plus vite. Les ennemis naturels des insectes nuisibles, des insectivores tels que les coccinelles, les syrphes, les névroptères et les carabidés avaient depuis longtemps été exterminés. Dans les pâturages, les bouses de vaches s'accumulaient de plus en plus et étouffaient l'herbe à cause de la raréfaction des bousiers et des scatophages du fumier incapables de supporter les médicaments et les pesticides qu'on injectait aux animaux et qui se retrouvaient dans leurs bouses. Sans insectes pour éliminer les déjections, il y avait par conséquent moins d'herbe à brouter, et les infestations de parasites intestinaux qui pondaient dans les excréments se multipliaient.

Comme si tout cela ne suffisait pas, de nombreux agriculteurs se rendaient compte que les couches de terre arable étaient devenues incroyablement minces et infertiles au bout d'une centaine d'années de cultures intensives, une grande partie du sol s'étant érodé ou oxydé. Constamment pollués, les sols qui subsistaient étaient pauvres en lombrics et autres petites bêtes qui les aidaient autrefois à se maintenir en bonne santé. Dans les régions du monde les plus chaudes et les plus sèches, comme la vallée centrale de Californie, les puits qui, pendant des décennies, avaient servi à pomper l'eau des nappes phréatiques pour irriguer les cultures, étaient désormais à sec tandis qu'ailleurs les grands fleuves cessaient tout simplement de couler en été à cause de la surexploitation.

Un tableau du futur

Les récifs coralliens des mers tropicales se révélèrent tout particulièrement sensibles à la hausse des températures qui les faisait blanchir et mourir. Avant ma naissance, mes parents avaient pris des cours de plongée sous-marine dans la Grande Barrière de corail, au large de l'Australie ; ils se plaisaient toujours à décrire l'étonnante diversité des créatures colorées qu'ils y avaient rencontrées. En l'espace d'un an seulement, en 2016, j'avais alors quinze ans, la moitié de la Grande Barrière de corail mourut. En 2035, presque tous les récifs coralliens du monde étaient déjà morts, privant de leurs principales zones de frai et d'alevinage un grand nombre de poissons que l'on pêchait auparavant pour les manger. Dans les eaux plus fraîches, la recherche désespérée de poissons poussait les flottes de chalutiers industriels à passer outre les tentatives des gouvernements pour limiter les prises, décimant ainsi ce qu'il restait des grandes réserves halieutiques. En 2050, il n'y avait presque plus rien dans les océans, en dehors des bancs de méduses immangeables qui proliféraient faute de poissons.

Peut-être que si les gouvernements avaient écouté ces témoignages et travaillé main dans la main, la civilisation aurait pu être encore sauvée en 2035. Malheureusement, juste au moment où l'espèce humaine avait réellement besoin de combiner tous ses moyens et son expertise pour relever le plus grand des défis auxquels elle s'était jamais trouvée confrontée, elle tourna le dos à la raison. Augmentation des prix des denrées alimentaires, baisse du niveau de vie, hausse du chômage, flot sans cesse croissant de réfugiés arrivant dans les pays développés aboutirent à des émeutes, à des manifestations et à l'élection des candidats des partis extrémistes. Les alliances internationales furent abandonnées en faveur des politiques isolationnistes et nationalistes. Les pays placèrent leurs propres intérêts avant ceux de l'humanité et de ceux qui partageaient notre planète.

Les accords sur les quotas de pêche et sur la lutte contre le changement climatique furent rompus, l'aide internationale retirée. On se méfiait des scientifiques, on les tournait en dérision, on rejetait leurs preuves. La vérité était définie par ceux qui criaient le plus fort, ou qui possédaient l'argent pour l'acheter. Certains disaient qu'on venait d'entrer dans l'ère de la post-vérité, quelle que soit la signification de ce terme – il devint si populaire qu'en 2016 l'Oxford *English Dictionary* le choisit comme « mot de l'année ».

L'impact de l'effondrement écologique fut beaucoup plus immédiat dans les pays en voie de développement. Les inondations, les incendies et les famines laissèrent plus d'un milliard de personnes démunies, sans abri, désespérées. Des millions de gens moururent à la suite de famines d'une ampleur jusque-là inimaginable tandis que d'autres essayaient de s'enfuir, créant des mouvements migratoires massifs vers les régions plus fraîches du nord et du sud de la planète. Des guerres civiles et des conflits internationaux éclatèrent, souvent fondés sur des clivages ethniques et religieux car, cherchant un coupable sur qui rejeter la faute de leurs souffrances, les gens embrassaient des doctrines toujours plus extrêmes et xénophobes.

Dans les pays plus peuplés du monde industrialisé, nous comptions depuis longtemps sur les importations pour nous nourrir. En 2018, le Royaume-Uni produisait à peine la moitié des denrées nécessaires à sa population. En 2040 près de quatre-vingts millions de personnes vivaient sur cette île bondée ; avec l'aménagement continu des terres arables pour y construire des logements et le déclin des récoltes sur le peu de champs subsistant, nous importions plus de 60 % de notre alimentation. Même après que les famines eurent commencé à ravager de nombreux pays en voie de développement nous avons continué à importer leurs produits car, étant riches, nous pouvions nous le permettre alors qu'eux ne le pouvaient pas. Mais au fil du temps, la production alimentaire s'effondra dans le monde entier et il devint de plus en plus difficile d'acheter des vivres, à n'importe quel prix. Les étagères des supermarchés se vidaient, les familles stockaient le maximum. Les grands camps de réfugiés aux portes de Douvres, en Angleterre, et dans presque tous les ports de la Méditerranée, devinrent pour beaucoup de gens une source de ressentiment bouillonnant. Pourquoi devrions-nous nourrir tous ces étrangers, demandaient-ils, alors que nous-mêmes avons faim ?

L'inégalité extrême qui était une des réalités de la vie au début du XXIe siècle alimenta aussi un énorme ressentiment car, tandis que les pauvres commençaient à souffrir de la faim et que les sans-abri devenaient de plus en plus nombreux dans les rues, les riches réussissaient toujours à vivre dans un grand confort. Mais, finalement, la source de leur richesse s'affaiblit. Tandis que la mer montait et que les abeilles disparaissaient, le cours des actions chuta, les fonds spéculatifs fermèrent, les banques s'écroulèrent. À cause de l'hyperinflation, l'argent finit par perdre presque toute sa valeur et tout le monde devint pauvre. Nous avions perdu de vue le fait que le fondement de notre civilisation, et de cette croissance économique qui avait tant préoccupé nos hommes politiques, reposait sur un environnement sain. Sans les abeilles, le sol, les bousiers, les lombrics, l'eau propre et l'air pur, on ne peut rien faire pousser, et sans nourriture l'économie n'est rien.

Notre civilisation ne s'est pas effondrée tout d'un coup. Elle s'effilochait déjà lentement depuis des dizaines d'années. Persuadés pendant longtemps que la croissance reprendrait bientôt, nous n'avons pas vraiment compris ce qui était en train de se passer. L'espérance de vie, qui avait régulièrement progressé au Royaume-Uni en cent soixante ans, d'un peu moins de quarante ans en 1850 à plus de quatre-vingt ans en 2011, décrochait. Pour la première fois depuis les premiers recensements, elle commença à diminuer peu à peu dans les catégories les plus défavorisées de la société ; mais, à l'époque, peu de gens y firent attention. Au cours des décennies suivantes, elle continua à baisser lentement au fur et à mesure que le niveau de vie déclinait et que notre système de santé s'écroulait gentiment. Les hôpitaux furent bientôt paralysés par le fardeau de la population vieillissante, de l'épidémie d'obésité et des maladies chroniques connexes telles que le diabète, dans les années 2020, mais aussi par des éclosions répétées de bactéries résistantes aux antibiotiques, dans les années 2030. Dans les années 2040, les écoles, les hôpitaux et les routes commencèrent à tomber en ruine ; il devint fréquent que les policiers, les soignants et les enseignants ne reçoivent pas leur chèque à la fin du mois ; de toute façon, même s'ils le recevaient, ils n'avaient pas de quoi nourrir leur famille. Au bout de mille ans d'urbanisation galopante, les villes se retrouvaient soudain abandonnées par leurs habitants, soit à cause des inondations soit parce qu'il n'y avait plus assez de nourriture pour satisfaire leurs besoins. L'ordre public se délita, le pillage devint monnaie courante, les gens récupéraient et volaient ce qu'ils pouvaient. Mourant de faim, les réfugiés s'échappèrent de leurs camps, aggravant le chaos. Finalement, l'approvisionnement en électricité vint à flancher, avec des coupures de courant qui ont d'abord duré des heures, puis des jours, jusqu'à ce qu'il n'y en ait plus du tout. Nous avons connu une année très difficile lorsque nous avons perdu un plein congélateur de nourriture.

L'approvisionnement en eau, lui, s'est prolongé un peu plus longtemps, mais pas beaucoup. Sans électricité pour alimenter les stations de pompage, les robinets ont vite cessé de couler. Le ruisseau le plus proche se trouvait à huit cents mètres de notre maison et, de toute façon, il était

Un tableau du futur

complètement pollué ; avec mes frères, nous avons creusé un puits dans l'espoir de trouver une eau plus propre. Nous avons été obligés de traverser à peu près cinq mètres d'une lourde argile de Weald avant d'atteindre le grès aquifère. Un travail éreintant et dangereux, car non seulement nous ne savions pas ce que nous faisions mais nous ne disposions pas de briques pour consolider les parois. Aujourd'hui, arroser les légumes pendant les longues sécheresses d'été est une tâche interminable ; il m'arrive souvent de raconter à mes petits-enfants mes souvenirs de l'époque où nous avions de l'eau à volonté, quand elle jaillissait des tuyaux et des tourniquets qui arrosaient tout seuls le jardin, comme par magie.

Et voilà pourquoi je me retrouve ici à scruter l'obscurité en espérant que je n'aurai pas à menacer quelqu'un de lui tirer dessus. Notre famille ne s'en est pas trop mal sortie. Nous avons la chance de vivre dans une zone relativement tranquille et d'avoir un bout de terrain où l'on peut faire pousser nos fruits et légumes. Une surface assez petite pour être défendable, et juste assez grande pour nourrir les trois générations qui s'entassent dans notre petite maison. Depuis ces dernières années, les choses commencent à devenir un peu plus faciles. En 2050, la Terre avait dix milliards d'habitants, mais aujourd'hui, en 2080, il doit y en avoir un peu moins, même si personne ne les compte. Des milliards de gens sont morts – la plupart à cause des famines aggravées par les épidémies de choléra et de typhoïde, la propagation des bactéries résistantes aux antibiotiques, la malaria et les génocides. Actuellement, il est difficile de savoir ce qu'il se passe dans le reste du monde ; mais, ici, on a eu moins d'intrusions ces derniers temps. Les êtres désespérés et affamés qui erraient autrefois dans la campagne en récupérant tout ce qu'ils pouvaient dénicher, sont pour la plupart partis – morts sans doute.

Terre silencieuse

    Mon vieux cœur fait un bond. Je viens de voir un mouvement. Mais la forme qui bouge est trop petite pour être un humain. Quel soulagement. Qu'est-ce que c'est ? Une silhouette sombre et basse sur ses pattes émerge lourdement de la haie. Non, ce n'est pas possible ?
    Je n'en crois pas mes yeux. Un hérisson. Je souris bêtement dans le noir. La dernière fois que j'en ai vu un, j'étais encore adolescent. Je pensais qu'ils avaient tous disparu depuis longtemps et, miracle, en voici un qui s'avance cahin-caha dans les broussailles à la recherche de limaces. C'est peut-être le signe que le monde se rétablit lentement. J'ai déjà remarqué que les cours d'eau ont l'air plus limpides. Il n'y a plus de pesticides ni d'engrais chimiques, plus d'usines qui crachent des fumées. Cette année, j'ai pu montrer à ma petite-fille son premier paon-du-jour – cela faisait des années que je n'avais pas vu un seul papillon. Les tigres, les rhinocéros, les pandas, les gorilles et les éléphants se sont tous éteints depuis longtemps, ce ne sont plus que des animaux mythiques, des créatures de livres de contes qu'elle ne verra jamais ; mais peut-être, un jour, aura-t-elle la chance d'assister au retour des abeilles ?

LA CIGALE PÉRIODIQUE

Plutôt moches avec leurs yeux bulbeux écartés et leurs grandes ailes membraneuses, les cigales sont les cousines géantes des pucerons ; on les trouve en général sur les arbres des régions au climat plutôt chaud. Leur corps trapu d'environ 2,5 cm de long, mais plus du double chez certaines espèces tropicales, renferme une chambre de résonance creuse. Celle-ci permet au mâle de produire le son le plus fort émis par un insecte, la cymbalisation – bruit de cliquetis pouvant atteindre jusqu'à 110 décibels, entendu à un kilomètre à la ronde, voire davantage, et dont l'objectif est d'attirer une partenaire. Il existe beaucoup de familles de cigales ; parmi elles, quelques-unes résidant dans l'est de l'Amérique du Nord et connues sous le nom de cigales périodiques ont adopté un cycle de vie extrêmement prolongé ; les adultes ne voient pas le jour avant l'âge de treize ou dix-sept ans, selon les espèces. Les larves vivent sous terre ; ces nymphes brunes peu séduisantes grandissent avec une extrême lenteur en suçant la sève des racines des arbres. Curieusement, elles suivent le passage des années tout en restant enterrées dans une obscurité totale et émergent avec une synchronisation incroyable à quelques jours d'écart les unes des autres. Plus d'un million d'individus peuvent ainsi surgir à l'intérieur d'une zone d'un hectare, parfois dans des jardins de banlieue, en faisant un vacarme effroyable qui oblige souvent les habitants à évacuer le quartier. Comme les adultes vivent seulement quelques semaines, le tintamarre s'arrête assez vite, et c'en est fini pour treize ou dix-sept ans. D'après les scientifiques, ce cycle de vie prolongé et synchronisé est une manière insolite d'échapper aux prédateurs – car l'union fait la force. Les oiseaux insectivores en avalent bien quelques-unes, mais elles sont si nombreuses que la grande majorité leur échappe. Une population d'oiseaux mangeurs-de-cigales ne pourrait pas se développer car il leur faudrait attendre treize ou dix-sept ans avant de voir arriver leur prochain festin.

CINQUIÈME PARTIE

QUE POUVONS-NOUS FAIRE ?

Il n'est pas encore trop tard. Jusqu'ici, seule une faible proportion d'insectes, et plus généralement de vie sur Terre, a disparu. Il en mourra sans aucun doute davantage puisque chaque jour des espèces s'éteignent, mais tout comme on pourrait arrêter le rouleau compresseur du changement climatique en quelques décennies si on s'y attelait sérieusement, on pourrait arrêter et peut-être même commencer à inverser la perte de la biodiversité. La majorité de l'étonnante faune avec laquelle nous partageons notre planète pourrait être sauvée, pour son propre bien, et aussi pour que nos descendants puissent en profiter. Les insectes, en particulier, se reproduisent assez vite, contrairement aux tigres ou aux rhinocéros ; si on leur accordait seulement un espace où vivre en paix et si on allégeait certaines des pressions que l'on fait peser sur eux, ils réussiraient à récupérer rapidement. Étant donné que les insectes sont pratiquement à la base de la plupart des chaînes alimentaires, leur rétablissement est une condition préalable à celui des oiseaux, des chauves-souris, des reptiles, des amphibiens, etc. Un avenir vivant, vert, durable où l'on côtoierait une multitude grouillante d'autres organismes, grands et petits, est à notre portée.

Terre silencieuse

Le premier pas, peut-être le plus difficile à faire, pour atteindre un tel avenir est de dialoguer avec le public – convaincre les citoyens, d'une manière ou d'une autre, que les insectes sont importants et qu'ils ont besoin de notre aide. Les gens ne prendront aucune mesure pour les aider s'ils ne s'intéressent pas à leur sort. Mais, une fois que nous les aurons tous ralliés à notre cause, le reste devrait être facile...

17

Sensibiliser les citoyens

Arrêter et inverser le déclin des insectes, ou s'attaquer à l'une des multiples menaces environnementales majeures auxquelles nous sommes confrontés, nécessite une action menée à de multiples niveaux, du grand public aux agriculteurs, distributeurs alimentaires et autres secteurs en passant par les autorités locales et les décideurs politiques du gouvernement – autrement dit une action menée par nous tous. C'est l'effet combiné de toutes nos actions nocives qui nous a mis dans ce pétrin ; il faudra l'effort concerté de tous pour nous en sortir. Voilà un sacré défi à relever car, pour le moment, j'ai l'impression qu'une très large proportion de la population ne se préoccupe guère des problèmes environnementaux. Ici, en Grande-Bretagne, les récentes élections et le débat sur le Brexit ont donné lieu à très peu de discussions sérieuses sur l'environnement[48], malgré la preuve évidente qu'au XXIe siècle les plus grands défis de l'humanité portent sur la surexploitation insoutenable des ressources limitées de la planète. Pénurie d'eau imminente, érosion du sol, pollution et crise de la biodiversité devraient être des sujets de conversation brûlants dans le monde entier, non seulement parce qu'ils auront

---

48 La campagne électorale de décembre 2019 a déclenché une guerre d'enchères entre les partis politiques pour savoir lequel promettrait de planter le plus grand nombre d'arbres, une idée bienvenue mais mal pensée, de pure forme, vraisemblablement impossible à mettre en œuvre d'une façon correcte.

des impacts énormes sur l'économie et la santé, mais parce qu'ils sont obstinément ignorés par la plupart des gens. Comme les autruches, nous nous cachons la tête dans le sable.

On est encore si loin de mesurer correctement la situation critique du milieu naturel qu'il paraît encore normal, acceptable de tuer des animaux pour le plaisir. Chaque année, rien qu'au Royaume-Uni, trente-cinq millions de faisans sont élevés et lâchés afin qu'un petit nombre d'individus puissent tirer sur ces créatures naïves à moitié apprivoisées[49]. Nous sommes simplement trop nombreux (et bientôt encore plus) pour tolérer que l'on continue à tuer des animaux par plaisir. Nous devons, d'une manière ou d'une autre, persuader tout le monde que l'environnement doit être traité avec respect, et enseigner aux enfants qu'il est tout simplement inacceptable de tuer, de polluer, de jeter des ordures n'importe où. Mais comment peut-on y arriver quand des personnalités en vue s'amusent, le week-end, à massacrer des faisans et des gélinottes ?

Bien sûr, je ne suis pas le seul à me sentir frustré. En 2017, plus de vingt mille scientifiques inquiets (dont moi), originaires de 184 pays différents, ont signé un deuxième manifeste, le *World Scientists' Warning to Humanity : A Second Notice*. Leur avertissement est plutôt brutal. Il dit entre autres choses : « Le plus inquiétant, c'est la trajectoire actuelle du changement climatique potentiellement catastrophique. Nous avons déclenché un phénomène d'extinction massive... Le sixième en 540 millions d'années, au

---

49 L'élevage des oiseaux pour la chasse est extrêmement improductif et nuisible à l'environnement. Environ 60 % de ces faisans, soit à peu près 21 millions de volatiles, ne sont jamais tirés ; au lieu de ça, ils meurent de maladie, de faim, écrasés sur les routes, ou dévorés par des renards et autres prédateurs, ce qui est susceptible de favoriser anormalement de hautes densités de populations de ceux-ci, en plus des répercussions annexes sur nos écosystèmes.

cours duquel de nombreuses formes de vie actuelles pourraient être annihilées ou du moins vouées à l'extinction dès la fin de ce siècle. » Dans leur grande majorité, les scientifiques sont des êtres prudents. Que vingt mille d'entre nous apposent leur signature au bas de ce manifeste devrait faire comprendre au monde entier que le problème mérite toute l'attention de l'humanité ; mais peu de gens ont entendu cet avertissement, et ils sont encore moins nombreux à en avoir tenu compte. En revanche, le mouvement Extinction Rebellion montre clairement que certaines personnes, jeunes pour la plupart, prennent conscience du fait qu'on est en train de leur voler leur avenir. Ils se sentent frustrés et en colère parce qu'ils savent que le temps presse et que si nous attendons que des Greta Thunberg soient assez âgées pour occuper des positions influentes en politique, il sera trop tard. Un nouveau trouble psychologique, baptisé « écoanxiété » et aujourd'hui reconnu, affecte un nombre croissant de personnes angoissées par la crise écologique. Ainsi que l'a récemment déclaré Greta Thunberg : « Les adultes n'arrêtent pas de dire qu'ils ont une dette envers les jeunes, qu'ils doivent leur donner de l'espoir. Mais je ne veux pas de votre espoir, je ne veux pas que vous soyez pleins d'espoir, je veux que vous paniquiez. »

Pendant ce temps-là, la grande majorité de la population mondiale n'y accorde pas la moindre attention et continue à vivre comme d'habitude. Je parierais que, dans leur vie quotidienne, plus de 90 % des gens ne pensent pas une seule seconde aux problèmes environnementaux. Ils se préoccupent des factures à payer, de l'éducation des enfants, de la prise en charge des parents vieillissants, s'inquiètent de savoir si leur équipe favorite risque d'être reléguée. Ce sont des préoccupations immédiates compréhensibles, bien plus tangibles que la menace vague, apparemment éloignée que font peser sur nous les fissures de la calotte glaciaire de l'Antarctique ou la possibilité que les récoltes mondiales de céréales se mettent à diminuer au fur et à mesure que le cycle des nutriments décline, que le sol s'érode, que le climat change, que le nombre des pollinisateurs décroît. Même ceux d'entre nous qui sont profondément inquiets pour l'environnement utilisent encore souvent leur voiture pour un trajet qu'ils pourraient faire à vélo, ou succombent à la tentation d'offrir à leur famille des vacances d'hiver au soleil. Nous savons que nous devrions moins prendre l'avion ou la voiture, mais il est très difficile de résister à l'attrait du soleil en hiver, à la commodité d'aller à son travail ou de faire des courses en voiture. Au supermarché, on sait qu'on devrait choisir le poulet fermier bio à 20 euros le kilo, mais les trois barquettes à 10 euros de poulet élevé en batterie sont alléchantes si l'on ne regarde que le prix à débourser et qu'on ferme les yeux sur le coût environnemental et le bien-être animal. Livrés à nous-mêmes, nous sommes des créatures paresseuses et égocentriques. Beaucoup de gens balancent encore avec désinvolture leurs saletés par la fenêtre de leur voiture tout en roulant, si bien que les bas-côtés des routes les plus fréquentées sont jonchés de plastique parce qu'ils ne se sont pas donné la peine de les garder pour les jeter dans une poubelle à la fin du voyage. Même ceux-là, que je recouvrirais avec plaisir de goudron et de plumes, ont certainement entendu parler des problèmes environnementaux ; sans doute se fichent-ils pas mal que leurs enfants vivent un jour dans un monde englouti sous les déchets de plastique.

Ces individus-là sont peut-être irrécupérables, comme ceux qui continuent à nier catégoriquement que l'homme est responsable du changement climatique ; mais les autres, dans leur grande majorité (je l'espère), sont des gens bien qui, tout simplement, ne comprennent pas la gravité de la situation. Peut-être y sont-ils suffisamment sensibles pour recycler ; peut-être projettent-ils d'acheter une hybride électrique/essence la prochaine fois qu'ils changeront de voiture mais, en dehors de ça, ils continuent à vivre comme avant et supposent que cela continuera toujours ainsi.

Le principal défi est de trouver les moyens de dialoguer rapidement avec cette large majorité de la population pour qui les problèmes d'environnement semblent aujourd'hui moins importants que les problèmes plus immédiats de leur vie quotidienne. Depuis des années que je m'efforce de chercher la meilleure façon de m'y prendre avec eux, je ne suis pas encore parvenu à trouver des solutions réellement satisfaisantes. Au cours de ma carrière de scientifique, j'ai rédigé de nombreux articles sur les abeilles et les causes de leur déclin, mais il m'est apparu clairement, depuis longtemps, que cela ne suffisait pas, car les articles scientifiques ne sont généralement lus que par une poignée d'universitaires. Alors, je me suis mis à écrire des ouvrages de vulgarisation scientifique, essentiellement sur les insectes, afin d'essayer de toucher un public plus large et, idéalement, de séduire les incrédules. J'en ai retiré une énorme satisfaction, et aussi un peu de frustration car la plupart des lecteurs qui les achètent se sentent déjà très concernés par le problème. Il peut arriver que quelqu'un tombe par hasard sur un de mes livres et se prenne soudain de passion pour les abeilles, mais c'est sûrement très rare ? Je donne des conférences chaque fois qu'on m'y invite, une quarantaine par an, devant toutes sortes de publics, incluant des associations d'apiculteurs, des *Wildlife Trusts*, des groupes de jardiniers, l'université du troisième âge, et aussi dans les fêtes du livre, les festivals scientifiques ; seulement, presque tous les gens qui y assistent s'intéressent déjà aux insectes ou à l'environnement. J'écris des articles pour des revues, j'en poste sur des plateformes de réseaux sociaux, je donne des interviews à la radio, de temps en temps à la télévision, etc. Et malgré tout, en général, j'ai l'impression d'être enfermé dans une bulle, en train de prêcher à des convertis, et sans pouvoir atteindre ceux qui sont à l'extérieur.

Comment pouvons-nous sortir de cette bulle ? Je dis *nous* car, si vous avez choisi ce livre, c'est sans doute que le sujet vous intéresse déjà au moins un peu, que vous avez envie de comprendre et de lutter contre la crise écologique. D'ailleurs, si vous avez lu toutes les pages qui précèdent, je suppose que, vous aussi, vous êtes maintenant un converti.

Peut-être devrions-nous identifier notre public cible. Qui détient entre ses mains le maximum de pouvoir pour faire bouger les choses ? Tout en haut de la liste, il y a les politiques bien sûr ; un gouvernement réellement vert pourrait, avec un peu d'imagination, effectuer des changements profondément positifs. Si les administrations locales ont beaucoup moins de pouvoir, elles pourraient tout de même entreprendre un grand nombre de bonnes actions pour peu qu'elles en aient l'envie. Malheureusement, je demeure assez sceptique sur la possibilité d'influencer nos politiciens actuels. Il n'y a pas si longtemps, on m'a invité à donner à Westminster une conférence sur l'importance des abeilles. L'événement avait été organisé par le collectif 38 Degrees, et l'on m'avait assuré que quatre-vingts membres du Parlement britannique avaient promis d'être présents. Je me suis senti très enthousiasmé à l'idée de profiter de cette occasion rêvée pour influencer des décideurs politiques. Or la réalité fut très décevante : en fait, une douzaine de jeunes assistants plus un ou deux membres du Parlement ont assisté à mon exposé de vingt minutes. Les autres sont venus, ils ont attendu bruyamment de se faire tirer le portrait devant la grande photo d'une abeille, puis ils sont repartis sans accorder la moindre attention

Sensibiliser les citoyens

à l'individu qui radotait dans son coin sur les insectes. Comment peut-on convaincre des gens aussi superficiels, même pas capables de se donner la peine de prendre vingt minutes de leur temps pour se documenter un peu plus sur le sujet, que l'environnement devrait être leur priorité absolue ? Au Royaume-Uni, la seule solution est de voter pour le Green Party, le parti vert. Avec notre système électoral de scrutin majoritaire à un tour cela peut paraître futile, mais si un nombre suffisant de citoyens votaient vert, les grands partis en tiendraient compte et adopteraient des politiques écologiques dans l'espoir d'absorber les voix de ces électeurs. Naturellement, cette stratégie n'est efficace que s'il y a assez d'électeurs écologistes, ce qui n'est pas le cas en ce moment, et nous ramène à notre défi majeur.

Les pétitions se sont révélées être une tentative extrêmement populaire pour influencer la politique. Au Royaume-Uni, le gouvernement a son propre site Internet pour les pétitions ; il promet une réponse écrite à toute pétition atteignant les dix mille signatures et même un débat au Parlement si elle en recueille cent mille. Les réseaux sociaux sont submergés d'appels à signer des pétitions qui rebondissent dans la chambre d'écho des Twitter, Instagram et Facebook. J'admets volontiers en avoir soutenu pas mal au cours des ans, mais depuis quelque temps je m'en lasse. Je doute qu'elles aient beaucoup d'effet. Les réponses écrites du gouvernement au bout de dix mille signatures sont généralement insipides, offrant des platitudes mais aucune action sérieuse. Au bout de cent mille, les pétitionnaires ont l'impression d'avoir remporté une grande victoire, or le débat qui s'ensuit implique en général une douzaine de politiciens mal informés qui se rassemblent dans une arrière-salle du Parlement où ils blablatent pendant une heure ou deux avant de se retirer pour aller boire un gin tonic. Une fois, j'ai assisté à un débat de ce genre sur les risques écologiques posés par les néonicotinoïdes (si vous avez une insomnie, vous pouvez le regarder sur Parliament TV). Expérience bien peu édifiante car, dès le début, j'ai compris que les débatteurs ne possédaient qu'une connaissance rudimentaire du sujet – complexe et technique ; de toute façon de tels débats n'ont pas le pouvoir de déboucher sur une décision politique. Je ne dis pas que les pétitions sont une perte de temps – elles prennent en fait très peu de temps – mais n'en espérez pas trop. Le danger serait que les gens aient l'impression que le boulot est terminé une fois que leur pétition préférée a récolté un certain nombre de signatures. Nous ne sauverons pas la planète en signant simplement des pétitions, quel que soit leur nombre ; elles ne sont guère plus qu'une activité de substitution.

Si vous commencez à vous sentir déprimé, laissez-moi vous redonner un peu d'espoir. Voici l'exemple inspirant d'une pétition qui a débouché sur une action réelle. En janvier et février 2019, motivés par l'étude Krefeld qui avait révélé un déclin important des insectes en Allemagne, les habitants du Land de Bavière sont sortis en masse pour signer une pétition. Le texte de quatre pages demandait des modifications précises des lois de cet État sur la protection de la nature afin de changer fondamentalement l'agriculture de la région et de créer un réseau d'habitats adaptés aux insectes. Radicales, les propositions exigeaient un minimum de 30 % d'agriculture biologique, 13 % des terres réservées à la nature, des zones tampon de 5 mètres de large le long des cours d'eau, la protection juridique appropriée des arbres et des haies, et d'autres choses encore. À la différence des habituelles pétitions britanniques que l'on peut signer en ligne sans se lever de son fauteuil, la pétition allemande exigeait que chacun vienne signer en personne ; les Bavarois n'ont pas hésité à faire la queue dans le froid hivernal, parfois pendant plusieurs heures. Quelques-uns s'étaient mêmes déguisés en abeilles, ce qui les aidait peut-être à se réchauffer. Ils furent près de deux millions à se déplacer pour signer, excédant de beaucoup le minimum de 10 % du nombre d'électeurs inscrits dans le Land requis pour que la pétition puisse aller devant le Parlement.

Le parti au pouvoir en Bavière était le CSU (Union chrétienne-sociale), une formation de droite, traditionnelle, conservatrice, qui avait une piètre réputation en matière d'environnement. Avec le soutien du lobby agricole, il a essayé d'amputer les propositions, mais le mouvement populaire a maintenu la pression et, le 3 avril, le texte a été approuvé. Comprenant manifestement que la meilleure stratégie consistait à adopter l'idée, le leader du CSU, Markus Söder, a fièrement déclaré que c'était « la loi pour la protection de la nature la plus radicale de toute l'Europe ». Par la suite, il a annoncé la création de cent nouveaux emplois gouvernementaux dédiés à la mise en œuvre des nouvelles mesures, avec un financement compris entre 50 et 75 millions d'euros. Il est intéressant de noter que Josef Göppel, l'un des hommes politiques du CSU les plus impliqués dans l'écologie, a dit : « Nous devrions redécouvrir que conserver la diversité de la vie, c'est cela être conservateur. » Je vis dans l'espoir qu'ailleurs, d'autres députés conservateurs puissent partager ce sentiment.

Les événements de Bavière poussèrent le gouvernement fédéral à passer à l'action. En février 2019, Svenja Schulze, la ministre de l'Environnement, annonça qu'un fonds annuel de 100 millions d'euros serait alloué à la protection des insectes, dont un quart attribué à la recherche sur leur déclin. Ses plans incluaient également l'interdiction, à l'échelle nationale, du glyphosate (l'herbicide désormais célèbre rencontré au chapitre 8, lié à la fois à la mauvaise santé des abeilles et à un risque élevé de cancer chez l'humain). Pendant ce temps, trois autres Länder – le

Brandebourg, le Bade-Wurtemberg et la Rhénanie-du-Nord-Westphalie – préparaient leurs propres référendums sur de nouvelles mesures pour venir en aide à la biodiversité. Les politiques allemands font maintenant pression pour que la plupart des subventions agricoles massives distribuées par la Politique agricole commune soient consacrées à la préservation. En Allemagne, au moins, ils ont de bonnes raisons d'espérer que leurs politiciens se soient finalement ralliés à leur cause.

Au Royaume-Uni, en revanche, on a encore du chemin à faire pour rattraper l'Allemagne. Notre système de pétition n'a pas le même pouvoir légal et, de toute façon, le mouvement populaire n'y est pas assez fort pour mobiliser autant de signataires qu'en Bavière. Tout comme aux États-Unis, pays du *Printemps silencieux*, où le mouvement écologiste fut impuissant à empêcher l'administration Trump de faire reculer la législation environnementale et de réduire drastiquement le budget de l'Agence de protection de l'environnement.

Une manière alternative à envisager pour influencer les politiques serait de devenir nous-mêmes des politiques, mais je dois avouer que je ne me suis pas encore frotté à cette mesure extrême. Malheureusement, peu de gens formés aux questions de l'environnement semblent graviter dans ce milieu. Pour autant que je sache, au Royaume-Uni, seuls vingt-six membres du Parlement actuel sont diplômés en sciences, ingénierie, technologie ou médecine (sur six cent cinquante). Pas un seul ne possède un diplôme en biologie, écologie ou sciences environnementales. Il n'est peut-être pas surprenant qu'il y ait si peu de débats politiques sur les questions écologiques et que les rares fois où cela arrive ils soient en général médiocres. Si vous avez le courage, et des connaissances écologiques, réfléchissez donc à une carrière dans la politique.

Sensibiliser les citoyens

Rallier nos politiciens à notre cause peut être un vrai casse-tête, mais je pense que notre prochaine priorité démographique, les enfants, est un défi plus abordable, à condition d'agir dès leur plus jeune âge. Lorsque je donne mes conférences sur les abeilles ou la faune et la flore sauvage dans la salle des fêtes d'un village ou au théâtre local, je me retrouve souvent en face d'une mer de cheveux blancs et de crânes chauves. Je dirais que 90 % de mon public type est composé de retraités. Loin de moi l'idée de manquer de respect au troisième âge (j'en ferai moi-même partie bien assez tôt), mais nous serons tous morts avant longtemps[50]. Si nous voulons vraiment changer l'avenir, il est vital de nous y engager avec les enfants, de les encourager d'une manière ou d'une autre à garder l'enthousiasme qu'ils nourrissent presque tous pour les petites bêtes. Ce sont eux qui ont toute la vie devant eux pour prendre des décisions, et qui peuvent sauver le monde, du moins ce qu'il en reste.

Avec les adolescents la tâche est plus difficile (de bien des façons). Tout en sachant que c'était une erreur, je me suis laissé convaincre, en de rares occasions, de présenter un exposé sur les abeilles à des groupes de gamins du secondaire – public en général peu réceptif. Beaucoup regardent leur téléphone pendant que les autres chuchotent ou se balancent des boulettes de papier. Mes meilleures blagues comme mes anecdotes les plus fascinantes passent complètement inaperçues. Et ce n'est pas plus brillant dans les facs. Chaque année, en tant qu'universitaire, je me vois confier un groupe d'étudiants de premier cycle, souvent des jeunes gens de dix-huit ans, tout juste sortis du lycée. Je les emmène toujours faire un tour sur le campus, plutôt

---

50 Je dois reconnaître ici le rôle essentiel que les personnes âgées jouent dans le domaine de la conservation ; elles constituent la majorité écrasante des membres des associations vouées à la conservation et ont le temps de se consacrer au bénévolat, à l'enregistrement des données, etc.

verdoyant et agréable avec ses zones boisées, ses prairies fleuries, ses étangs. Tout en marchant, je les interroge dans le but de me faire une idée sur leurs connaissances ; je leur agite des feuilles d'arbres devant les yeux, je leur montre des oiseaux et je leur demande s'ils sont capables de mettre un nom dessus. Le résultat est troublant car la plupart en sont totalement incapables. Après quelques hésitations, la moitié du groupe parvient peut-être à nommer des oiseaux aussi communs que le rouge-gorge et le merle (les autres prennent les corneilles et les étourneaux pour des merles) et seule une infime minorité réussit à identifier correctement une mésange bleue ou un troglodyte. Pas un seul, ou presque, n'est capable de reconnaître des arbres aussi banals que l'érable ou le frêne. Le plus inquiétant, c'est que ce sont tous des étudiants qui ont choisi d'étudier l'écologie à l'université. Je n'ose imaginer le niveau de connaissance moyen des jeunes de dix-huit ans en histoire naturelle.

Vous vous demandez peut-être s'il est vraiment si important de connaître le nom des animaux et des plantes. Eh bien, comme l'écrit Robert Macfarlane dans *Les Mots perdus* (Les Arènes, 2020), un nom n'est pas seulement un mot : c'est une espèce de charme qui évoque l'esprit de la créature à laquelle il se rattache. Si vous ne savez pas reconnaître un papillon citron, vous ne le remarquerez pas quand il volera à côté de vous. Pour vous, il n'existe pas parce qu'il n'a pas de nom, et s'il disparaît, ça ne vous fera ni chaud ni froid, d'ailleurs vous ne vous en rendrez même pas compte. Le dictionnaire *Oxford Junior* a suscité la controverse quand il a choisi, d'abord en 2007 puis à nouveau en 2012, d'éliminer de ses pages de nombreux mots liés à la nature : fougère, gland, jacinthe, loutre, marron, martin-pêcheur, mousse, pie et trèfle, parmi d'autres, furent tous retirés, estimés non pertinents pour les enfants du monde moderne. Même « chou-fleur » a été supprimé, alors qu'on en mange encore, sans doute sous prétexte que les enfants n'avaient plus besoin d'en apprendre davantage sur ce légume. Je redoute beaucoup que pour toute une génération en train de grandir, la nature n'existe pas, et c'est assurément contre cela qu'il faut lutter à tout prix.

Les écoles primaires, voilà l'endroit par lequel commencer. Elles sont d'ailleurs plus amusantes que la majorité des collèges et lycées. Comme je l'ai déjà fait observer, les jeunes enfants sont naturellement attirés par la nature, surtout avant l'âge de treize ans. Ils se moquent d'avoir l'air cool, et possèdent encore cette faculté innée d'émerveillement devant le monde que nous avons tous en naissant mais que nous oublions en avançant dans la vie. Emmenez une classe d'élèves de primaire sur le terrain de jeu de l'école ou, encore mieux, dans un lieu plus sauvage avec des hautes herbes, des buissons et des arbres, confiez-leur des filets à papillons et des pots, et ils gambaderont pendant des heures avec un enthousiasme et un ravissement craintifs en essayant d'attraper des limaces, des mille-pattes, des perce-oreilles et des scarabées. Il est vraiment triste que la majorité des enfants ne puissent jamais en avoir l'occasion.

Au collège, que les enfants du Royaume-Uni commencent généralement à onze ans, l'écologie et l'environnement sont actuellement un peu étudiés pendant les cours de biologie, mais ils ne retiennent guère l'attention et semblent souvent enseignés sans la moindre imagination. Déjà en 1979, une étude universitaire sur l'enseignement de l'écologie au Royaume-Uni menée par P.R. Booth, membre de *Her Majesty's Inspectorate of Schools* concluait de manière accablante : « Il est permis de douter qu'on enseigne ou apprenne beaucoup d'écologie à l'école. Dans leur grande majorité, les élèves de seize ans ont réalisé très peu de travaux écologiques, voire aucun, et bien que la biologie soit au programme du bac, la plupart des élèves de dix-huit ans n'en ont pas réalisé beaucoup eux non plus. » Depuis, la situation s'est encore détériorée. Le pourcentage du programme du bac consacré à l'écologie est tombé de 12 % en 1957 à 9,5 % en 2017, tandis que le pourcentage consacré aux travaux sur le terrain est passé de 12 % à 1 % au cours de la même période. Le peu de travaux que les élèves ont à réaliser sur le terrain se résume souvent à identifier des plantes dans des quadrats (cadres métalliques rigides de taille fixe) le long d'un gradient écologique. Mes deux fils aînés ont étudié la biologie pour le brevet et le bac ; à ma grande consternation, ils ont tous les deux trouvé que l'écologie était barbante.

Qu'est-ce qui ne va pas ? L'absence de travaux sur le terrain semble être un élément fondamental du problème. Apprendre des concepts écologiques tels que la succession, la compétition ou les niveaux trophiques dans une salle de classe est plutôt rasoir ; ces choses ne deviennent vraiment vivantes que lorsqu'elles sont enseignées sur le terrain par quelqu'un qui connaît bien son sujet. Plus important encore, peut-être, certains professeurs n'ayant reçu aucune formation en écologie, ils sont souvent incapables d'identifier de nombreux organismes très communs. En outre, beaucoup d'écoles sont situées dans des villes et ne peuvent pas avoir facilement accès à des sites intéressants.

Le problème plus général posé par l'enseignement de l'écologie est qu'il s'agit d'un sujet compliqué, délicat. Moi qui ai passé ma vie à étudier les interactions entre les insectes et les plantes, je sais qu'il y a beaucoup de choses que nous ne comprenons pas, qu'il arrive souvent que des expériences simples n'aboutissent pas à des conclusions claires et soulèvent au contraire plus de questions qu'elles n'apportent de réponses. On peut estimer que c'est justement ça le plus passionnant, mais c'est aussi ce qui rend cette matière si difficile à enseigner.

Sensibiliser les citoyens

Comment améliorer la situation pour que les enfants grandissent en appréciant la beauté, le miracle et l'importance de la nature, en acquérant une compréhension élémentaire des principaux problèmes environnementaux ?

Dans mon monde idéal, l'apprentissage de la nature ferait partie intégrante du cursus scolaire dès la première année d'école et jusqu'à l'âge de quinze ans. Très tôt les enfants découvriraient l'importance des vers de terre ; ils se livreraient chaque année à une inspection, en se couvrant de boue pour creuser un trou et essayer d'identifier les différents types de vers qu'ils y trouveraient. Ils apprendraient à connaître le sol, le compostage, les cycles des éléments nutritifs ; ils observeraient au microscope des tardigrades et des rotifères ; ils attraperaient des tritons dans des mares, apprendraient le nom des papillons et des oiseaux les plus courants, prendraient des empreintes de feuilles en les frottant sur du papier, se familiariseraient avec nos arbres indigènes. Les salles de classe posséderaient toutes un formicarium (un vivarium pour fourmis), un élevage de vers de terre, une ou deux plantes carnivores et, pourquoi pas, un aquarium pour les bestioles aquatiques locales : planorbes des étangs, coléoptères d'eau, larves de libellules. Chaque école disposerait d'un espace vert en plein air où les enfants pourraient faire pousser des plantes, peut-être cultiver certains légumes, regarder les abeilles et les papillons les polliniser. Une partie de cette zone devrait rester sauvage. Si un tel espace n'était pas disponible dans l'enceinte de l'école, les autorités locales devraient se charger de repérer un terrain pouvant lui être attribué, assez proche pour qu'il soit possible de s'y rendre à pied. Aucune nouvelle école ne serait construite sans un espace consacré à la nature.

Dans mon monde rêvé, chaque école serait jumelée avec une ferme écologique ; une petite partie des subventions agricoles serait allouée aux fermiers désireux d'adhérer à ce programme et de recevoir régulièrement des visites scolaires ; ainsi, les enfants comprendraient d'où vient la nourriture qu'ils voient dans les supermarchés. Ils comprendraient que tout ce que nous avons, depuis l'oxygène que nous respirons jusqu'aux aliments que nous mangeons, dépend de la nature, que nous faisons partie d'elle.

Je recommanderais l'instauration de cours réservés à l'étude de la nature dans les écoles secondaires, et aussi d'une option permettant de passer un brevet officiel d'histoire naturelle. Caroline Lucas, la seule représentante du Parti vert au Parlement, le réclame depuis un certain temps. J'ai déjà évoqué ce qui est sans doute le principal obstacle à l'enseignement officiel de l'histoire naturelle à l'école : l'expertise insuffisante des enseignants. Si nous nous engagions dans cette voie, le gouvernement devrait soutenir la formation permanente de ceux du primaire et, à un niveau plus spécialisé, de ceux du secondaire. Les nouveaux enseignants du secondaire pourraient être recrutés chez les étudiants en écologie qu'on aurait encouragés à passer un diplôme de troisième cycle en éducation. Tout cela exige des fonds, bien sûr, mais encourager les générations futures à valoriser notre planète ne vaut-il pas qu'on dépense un peu d'argent ?

En dehors des politiciens et des enfants, qui d'autre avons-nous besoin de rallier à notre cause ? La réponse est, tout le monde, évidemment. Les jardiniers peuvent apporter une aide extrêmement importante, de même que les responsables de la gestion des terrains communaux – j'en parlerai au chapitre suivant. Les agriculteurs et l'industrie alimentaire – j'y reviendrai aussi plus tard. Dans sa vie quotidienne, chaque être humain prend je ne sais combien de petites décisions qui impactent directement ou indirectement les insectes, et plus généralement notre environnement, que ce soit d'une manière positive ou négative. Nous devons tous endosser la responsabilité de sauver la planète.

Sensibiliser les citoyens

Mais comment convaincre autant de gens qu'ils doivent se sentir concernés et révolutionner leur comportement ?

L'objectif peut paraître colossal, voire impossible à atteindre mais, en fait, je le soupçonne d'être plus accessible qu'il n'en a l'air. Dans son livre à succès, *Le Point de bascule* (Flammarion, 2016), Malcolm Gladwell affirme qu'une poignée de gens peut suffire à modifier le comportement d'une foule, qu'on atteint un point de bascule lorsqu'une idée, une croyance ou un comportement franchit un seuil, bascule et se répand à la manière d'une traînée de poudre. Comme dans la vente pyramidale : si un individu arrive à convaincre deux autres individus, et que ceux-ci à leur tour convainquent chacun deux autres individus, et ainsi de suite, en un rien de temps ils seront incroyablement nombreux à être convertis à la cause, quelle qu'elle soit. L'émergence d'Extinction Rebellion, la montée du véganisme et le fait que près de deux millions de Bavarois aient été disposés à faire la queue dans le froid pour signer une pétition en faveur des insectes, voilà autant de signes que les opinions sont en train d'évoluer. Le changement climatique y est pour quelque chose car, durant ces derniers mois, le comté du Yorkshire en Angleterre a subi la pire inondation de mémoire d'homme, plongeant sous l'eau des régions qui n'avaient jamais été submergées, tandis que l'Australie souffrait des pires feux de brousse jamais enregistrés. La fréquence et la violence de ces phénomènes extrêmes rendent le déni du changement climatique indéfendable. Les séries télévisées les plus récentes de David Attenborough – *Planète bleue II*, *Notre Planète* et *Une planète, sept mondes sauvages* –, toutes magnifiquement filmées, ont beaucoup plus frappé les esprits que tout ce qu'il avait fait auparavant. Je reconnais avoir senti les larmes me monter aux yeux en regardant les poussins albatros environnés des sacs en plastique et des gants en caoutchouc qu'ils avaient vomis, les récifs coralliens blanchir en accéléré, ou les morses tomber des falaises qu'ils avaient été obligés d'escalader parce que la glace de mer sur laquelle ils se reposent normalement fondait. Non, ce n'est pas le milieu naturel enchanteur, sympathique, immaculé qu'on s'était habitué à voir dans les documentaires animaliers, mais un monde dévasté par les impacts humains. À mon avis, que les producteurs aient accepté d'inclure des séquences aussi poignantes reflète une réelle prise de conscience, l'envie de voir maintenant le mal qu'on est en train de faire, alors qu'autrefois tout ce qu'on voulait c'étaient de jolies images d'animaux extraordinaires.

Je crois que le point de bascule est très proche. Essayez de persuader un membre de votre famille, un(e) ami(e) intime, un(e) collègue de travail – peu importe qui. Comme accroche, vous pourriez utiliser les abeilles en lui expliquant que ce qu'il ou elle prend au petit déjeuner, même son café, dépend de ces petits insectes. Si chacun de nous peut convaincre une personne, et si chacune de ces personnes en entraîne une autre, en un rien de temps le monde entier sera rallié à notre cause. Aucun de nous ne peut agir seul, mais tous ensemble c'est possible. Il est temps de donner un dernier coup de collier.

LE DR JEKYLL ET M. HYDE DES CRIQUETS

Les locustes sont tout bonnement de gros criquets. Présents dans la plupart des régions les plus chaudes du globe, ils sont généralement inoffensifs et solitaires. Ils se camouflent en vert ou brun, mènent une vie assez sédentaire et se nourrissent tranquillement des feuilles d'une vaste gamme de végétaux. Ils ignorent ou même évitent les autres membres de leur espèce, sauf quand ils cherchent à s'accoupler. Mais, tout change dès qu'un épisode de fortes pluies vient favoriser la pousse des plantes et, par conséquent, la croissance de la population des locustes. Si les jeunes entrent en contact régulièrement les uns avec les autres comme cela arrive lorsque la taille des populations augmente, la stimulation tactile déclenche une transformation spectaculaire, à la fois physique et comportementale. Soudain, ils développent des couleurs vives (noir et jaune, le plus souvent), deviennent très actifs, grégaires, recherchent la compagnie de leurs semblables et forment des essaims. Alors que les locustes solitaires évitent les plantes vénéneuses, les locustes grégaires les recherchent, stockent les poisons qu'elles contiennent et deviennent ainsi toxiques pour leurs prédateurs. Ils grandissent vite, se reproduisent vite. Un essaim peut rapidement enfler et contenir jusqu'à 200 milliards d'individus, de quoi obscurcir le ciel avec une densité de 80 millions de locustes par kilomètre carré. Dans de telles conditions, il suffit de quelques minutes pour que toute la végétation soit dévorée ; une fois les cultures anéanties, l'essaim s'éloigne. Ce genre de fléau ravage les récoltes depuis la préhistoire : il figure sur les hiéroglyphes de l'Égypte antique, dans la Bible et dans le Coran. Bien que les invasions de locustes soient devenues moins fréquentes au XXe siècle, on a vu en 2020 d'immenses essaims déferler à travers l'Afrique, le Moyen-Orient et l'Asie. Avec sa stratégie d'expansion-récession, le locuste est peut-être le seul insecte capable d'éviter l'apocalypse qui menace tous les autres.

18

Végétaliser nos villes

On se sent souvent impuissant face aux énormes problèmes environnementaux de la planète, tels que le changement climatique, la déforestation tropicale ou la disparition des ours polaires au fur et à mesure que les glaces fondent. Toutes les actions qu'on peut entreprendre à titre individuel paraissent insignifiantes, trop éparses pour avoir un impact perceptible ; en outre, les phénomènes se produisent souvent dans des lieux très éloignés sur lesquels nous n'imaginons pas une seconde pouvoir exercer une influence directe. Heureusement, chacun peut s'impliquer directement dans la préservation des insectes et se rendre compte que cette action a un résultat tangible. À la différence des ours polaires, les insectes vivent tout autour de nous, dans nos jardins, nos parcs, nos lotissements, nos cimetières, au bord des routes, des voies ferrées, des ronds-points – des lieux qu'il est relativement facile de rendre plus hospitaliers pour ces petites bêtes. Au Royaume-Uni, les jardins couvrent à eux seuls environ un demi-million d'hectares, soit une superficie supérieure à celle de toutes nos réserves naturelles, et qui s'accroîtra encore au cours des prochaines années avec la construction de nouvelles maisons. Nos jardins sont reliés entre eux par des espaces verts urbains ; nos villes et nos villages sont reliés entre eux par les bas-côtés des routes, les tranchées et les talus de voies ferrées. Rien qu'au Royaume-Uni, on compte près de deux millions de kilomètres d'accotements de routes. Voilà une opportunité pour faire rapidement de nos villes, villages et jardins un véritable réseau d'habitats adaptés aux insectes[51].

Pour commencer, les jardiniers peuvent choisir de planter des fleurs qui attirent les pollinisateurs. Il en existe de nombreuses listes – au Royaume-Uni, par exemple, la plus complète a été publiée par la *Royal Horticultural Society*, et elle est disponible en ligne[52]. Dans les jardineries, les plantes favorables aux pollinisateurs sont souvent signalées par une étiquette illustrée d'une abeille dessinée. Globalement, dans l'hémisphère nord tempéré, on ne risque guère de se tromper si on remplit son jardin d'herbes et de plantes traditionnelles comme la lavande, le romarin, la marjolaine, la consoude, le thym et le géranium de Bohème (à ne pas confondre avec les pélargoniums, inutiles à nos insectes indigènes car ils sont adaptés à la longue trompe des mouches qui vivent en Afrique du Sud). Si vous avez de la place, plantez quelques fleurs sauvages au milieu ; en Europe de l'Ouest, la digitale, la vipérine commune et le lamier blanc sont des choix excellents, mais il en existe beaucoup d'autres. Certaines plantes natives donnent de belles fleurs et servent en même temps d'aliment aux chenilles des papillons : le lotier corniculé ou la cardamine des prés, par exemple, nourrissent respectivement les chenilles de l'azuré et de l'aurore. Évitez les espèces annuelles comme les *Impatiens walleriana*, les bégonias, les pétunias et les pensées : ces plantes ont été cultivées de manière intensive pour donner de grandes fleurs colorées et, ce faisant, elles ont souvent perdu leur parfum ou leur nectar, ou alors la forme

---

51 Pour plus de détails sur la façon dont nous pourrions « réensauvager » nos jardins et espaces verts urbains, lisez mon livre *Le Jardin Jungle*.
52 En France, le ministère de l'Agriculture et plusieurs instituts officiels ont produit une telle liste disponible sur Internet notamment via le site www.jardiner-autrement.fr (NDE).

des fleurs a été tellement altérée qu'elles ne peuvent plus être butinées par les insectes et leur deviennent donc inutiles. Évitez également les espèces à fleurs doubles, que ce soient les roses, les cerisiers, les alcéas ou les ancolies, car ces mutantes fabriquent des pétales supplémentaires au lieu de produire du pollen.

Si votre jardin est tout petit, ne vous désespérez pas. Même une terrasse ou un balcon peuvent nourrir des pollinisateurs comme les abeilles et les syrphes ; j'ai vu, au dixième étage d'un immeuble en plein centre-ville, des bourdons venir avec la régularité d'une horloge et prélever sans relâche de la nourriture pour leur nid caché quelque part dans la jungle urbaine. On peut les attirer avec des pots de marjolaine ou de ciboulette ; vous aurez, en bonus, des aromates pour agrémenter vos plats.

Si vous avez une pelouse, il est très facile de transformer votre jardin en un paradis pour insectes en la tondant un peu moins souvent ; en plus, vous économiserez de l'essence et du temps. Vous serez surpris par le nombre de fleurs qui en surgiront : boutons d'or, pâquerettes, pissenlits, trèfles, brunelles communes poussent dans l'herbe mais n'ont jamais le temps de fleurir si les tontes sont trop rapprochées. Levez le pied pendant deux semaines, vous verrez les boutons apparaître, s'ouvrir et attirer une foule d'insectes.

Pour certains jardiniers tatillons, ces fleurs sont des « mauvaises herbes » qu'il faut extirper à la main ou arroser d'herbicide. Je n'ai jamais compris cette volonté farouche d'avoir une pelouse uniformément verte sans la moindre fleur. Le concept de « mauvaise herbe » n'existe que dans la tête ; une « mauvaise herbe » pour l'un est une belle fleur sauvage pour un autre. Si l'on pouvait orchestrer un changement d'attitude afin que les « mauvaises herbes » telles que les pâquerettes et les trèfles soient considérées comme de séduisants ornements dans une pelouse et non des ennemies à chasser, ce serait autant de temps, d'argent, de stress épargnés, et une aubaine pour la nature.

    Dans le même ordre d'idée, vous pouvez aussi faire de votre jardin une zone zéro-pesticide. D'abord, il n'en a absolument pas besoin et, ensuite, pourquoi empoisonner un endroit où des enfants jouent ? Je parle d'expérience, car j'ai la chance de posséder un jardin d'environ un hectare rempli de fleurs, de fruits, de légumes et d'animaux sauvages, qui vivent tous en relative harmonie sans la moindre substance chimique artificielle. Si vous découvrez quelques pucerons ou aleurodes, laissez-les tranquilles pour que les coccinelles, les névroptères, les perce-oreilles, les syrphes et les mésanges bleues puissent en profiter. Ils ne tarderont pas à être mangés ; dans le cas contraire, ils ne feront certainement pas de gros dégâts. Lorsqu'une plante est régulièrement infestée de nuisibles, c'est souvent le signe qu'elle n'est pas heureuse ; essayez tout simplement d'en faire pousser une autre à la place, plus adaptée aux conditions de votre jardin.

    Si vous voulez un jardin zéro-pesticide, méfiez-vous des jolies fleurs vendues dans votre jardinerie locale. Malheureusement, la grande majorité des plantes vendues dans ces magasins, y compris celles étiquetées avec le label « Bee Friendly », ont été traitées aux insecticides et autres pesticides dont il subsiste souvent des résidus. Je m'en suis aperçu en 2017 dans mon laboratoire, lorsque nous avons analysé une sélection de plantes de jardineries pour y rechercher des pesticides. 97 % de celles qui portaient le label « Bee Friendly » en contenaient au moins un, et 70 % contenaient des néonicotinoïdes. Ces derniers sont maintenant interdits, mais je parie qu'on les a remplacés par d'autres insecticides. Il vaut mieux les acheter dans une pépinière bio (vous en trouverez sur Internet), les cultiver à partir de graines ou faire des échanges avec des amis et des voisins. Ces options suppriment par la même occasion le coût environnemental du terreau à base de tourbe dans lequel sont élevées de nombreuses plantes ornementales, des engrais utilisés, des pots en plastique dans lesquels elles sont vendues (et dont la plupart ne sont jamais réutilisés).

Pendant que vous y êtes, vous pouvez aussi écrire à votre mairie pour demander qu'on arrête de vaporiser des pesticides sur les espaces verts, les trottoirs et le bord des routes. Vous pouvez l'inciter à les abandonner progressivement. Une petite ville canadienne du Québec, Hudson (5 135 habitants), fut la première à interdire totalement les pesticides il y a trente ans. Cette interdiction s'est faite grâce aux efforts inlassables d'une médecin locale, June Irwin, convaincue que les problèmes de santé de ses patients étaient liés à l'utilisation massive de pesticides dans les jardins. Pendant six ans, elle assista à toutes les réunions du conseil municipal pour soulever le problème ; sa détermination farouche a fini par payer : un arrêté municipal a été pris, interdisant totalement les pesticides chimiques sur le territoire de la commune.

Depuis, 170 villes ont suivi l'exemple d'Hudson à travers le Canada, et parmi elles des agglomérations aussi importantes que Toronto et Vancouver, tandis que huit des dix provinces canadiennes interdisent l'utilisation des pesticides à des fins esthétiques. Grâce à June Irwin, 30 millions de Canadiens vivent désormais dans des zones zéro-pesticide. Ailleurs dans le monde, d'autres villes ont suivi, du Japon à la Belgique en passant par les États-Unis. La France a pris la chose tellement à cœur que 900 villes se sont déclarées « *villes sans pesticides* ». Ce qui a poussé le gouvernement à proscrire les utilisations non-agricoles de pesticides dans tout le pays à partir de 2020. Seuls les agriculteurs enregistrés sont autorisés à en acheter.

Le Royaume-Uni fut un peu plus lent à rejoindre le mouvement. Un certain nombre de villes, dont Brighton, Bristol, Glastonbury, Lewes, ainsi que les quartiers de Hammersmith et Fulham à Londres, se sont engagés à faire cesser progressivement l'usage des pesticides par les autorités locales, mais il ne semble pas y avoir la moindre volonté de restreindre leur usage domestique. Si la France entière peut se passer de pesticides dans les zones urbaines, pourquoi le Royaume-Uni n'en fait-il pas autant ? Il me semble que cela présente peu d'inconvénients, voire aucun, sauf si l'on est fabricant ou marchand de pesticides. En revanche, cela présente les avantages de favoriser une plus grande biodiversité urbaine et de ne plus être exposé à ces toxines – que l'on soupçonne d'être cancérigènes – dans les parcs et les jardins.

Il existe encore beaucoup d'autres petites mesures simples à prendre pour rendre son jardin un peu plus sauvage, un peu plus riche en vie. Les mares sont merveilleuses : elles attirent toutes sortes d'insectes comme les libellules, les gerridés, les gyrins, et des amphibiens comme les tritons, les grenouilles et les crapauds, si vous avez de la chance. Même les petits trous d'eau grouillent de vie et offrent aux oiseaux un endroit où boire et se baigner. Créez un tas de compost pour recycler vos déchets organiques : vous y hébergerez une myriade de créatures minuscules, des collemboles, des tardigrades, des mille-pattes, des cloportes, et obtiendrez un magnifique terreau très riche qui vous évitera d'en acheter en sacs en plastique. Si vous avez de la place, semez votre propre prairie fleurie, ou plantez un arbre qui donne des fleurs : pommier, cerisier, saule ou tilleul.

Enfin, vous pouvez essayer d'installer dans votre jardin des abris adaptés à certains types d'insectes. Un bon nombre d'« hôtels à insectes » vendus en jardineries sont assez inutiles, comme les boîtes d'hibernation pour papillons ; des scientifiques de l'université d'État de Pennsylvanie aux États-Unis ont effectué pendant deux ans des tests sur le terrain avec quarante de ces boîtes et révélé qu'aucun papillon n'était venu les occuper (quelques-unes contenaient des araignées). En revanche, les « hôtels à abeilles » destinés à offrir un logis aux espèces d'abeilles solitaires fonctionnent souvent remarquablement bien. L'osmie rousse et la coupeuse de feuilles, par exemple, ont juste besoin de trous horizontaux pour nicher. Vous pouvez facilement réaliser un hôtel vous-même en perçant des trous de 6 à 10 mm de diamètre dans un bloc de bois, ou en attachant ensemble des cannes de bambou. Certaines créations commerciales fantaisie sont équipées de fenêtres qui permettent de regarder à l'intérieur et voir ce qu'il s'y passe : c'est fascinant pour les adultes et parfait pour éveiller l'intérêt des enfants. L'occupation des hôtels à abeilles est assez imprévisible car tout dépend des espèces d'abeilles présentes dans les environs, mais elle peut être très élevée ; il m'arrive souvent d'avoir 100 % de trous occupés. Vous pouvez également fabriquer une « lagune à syrphes », une mare miniature dans une vieille bouteille de lait ou autre en plastique : remplissez-la d'eau, ajoutez une poignée d'herbe coupée ou de feuilles et, avec un peu de chance, cela attirera quelques beaux syrphes qui viendront y pondre leurs œufs.

Bien sûr, dans notre monde moderne urbanisé et surpeuplé, beaucoup de gens ne disposent pas d'un espace particulier en plein air. Si c'est votre cas, vous risquez fort de vous sentir frustré par tout ce laïus sur le jardinage, mais que cela ne vous empêche pas de vous impliquer. Pourquoi ne pas suivre l'exemple de ce groupe d'écologistes du dimanche, basé en Écosse à Stirling, qui s'est baptisé *On the Verge* (Au bord). Ils passent leurs week-ends à creuser toutes les pelouses tondues et ennuyeuses sur lesquelles ils peuvent mettre la main pour y semer des fleurs sauvages, avec la permission des propriétaires évidemment. Aujourd'hui, il y a autour de Stirling et du comté voisin de Clackmannanshire quatre-vingt-deux parcelles de fleurs sauvages sur les bas-côtés des routes, les ronds-points, dans les parcs, les écoles, et même dans la cour d'une prison. Une de mes étudiantes passionnées de première année, Lorna Blackmore, a examiné ces parcelles à ma demande et les a comparées avec les pelouses tondues voisines. Elle a constaté que les parcelles semées par *On the Verge* avaient vingt-cinq fois plus de fleurs, cinquante fois plus de bourdons et treize fois plus de syrphes que les pelouses tondues qu'elles avaient remplacées. Ne serait-ce pas génial si chaque ville mettait au point un programme similaire afin que toutes nos zones urbaines soient constellées de parcelles de fleurs sauvages ?

En général, les communes gèrent un très grand nombre de terrains qui pourraient être riches en faune et flore sauvages, mais ne le sont pas. Si nous arrivons à les convaincre de nous suivre, il y a là un potentiel énorme. Nos parcs publics pourraient abriter des prairies, des massifs de fleurs favorables aux pollinisateurs, des mares pleines de vie, des arbres fruitiers, des arbres à fleurs, des hôtels à abeilles et des lagunes à syrphes. Chaque rond-point pourrait devenir un magnifique bouquet de fleurs sauvages. Les cimetières sont des réserves immensément riches de faune et de flore s'ils sont gérés de manière sensée[53] ; certains, parmi les plus vieux, possèdent une diversité de fleurs digne des prairies fleuries anciennes, tandis que d'autres sont taillés, tondus et désherbés dans une stricte soumission à la propreté rébarbative[54]. Les autorités locales ont le pouvoir de

---

53 Les cimetières britanniques sont bien différents de ceux que nous avons en France. Ils abritent des arbres et des fleurs (NDE).
54 L'organisation caritative Caring for God's Acre veille à la préservation de la faune et de la flore dans les cimetières et les enclos paroissiaux du Royaume-Uni.

stipuler que tous les nouveaux lotissements doivent inclure des espaces pour la nature, d'encourager les toits végétalisés et les plantations d'arbres ; ils pourraient aussi protéger les friches industrielles devenues riches en vie sauvage. Au Royaume-Uni, les agglomérations urbaines sont souvent bordées par des golfs qui couvrent environ 2 600 hectares (le Surrey à lui seul en compte 142). La plupart des parcours de golf sont composés en gros de 50 % de fairways et de greens et de 50 % de prairies et de bois au potentiel énorme pour la faune. Si certains favorisent déjà une biodiversité considérable, beaucoup ne le font pas, plantant des arbres non indigènes et utilisant force pesticides et engrais. Quand elles reçoivent une demande d'implantation d'un nouveau parcours, les autorités locales pourraient stipuler que les pesticides y sont interdits et que toutes les surfaces de rough doivent être aménagées pour la faune et la flore, avec des prairies à fleurs sauvages, des bosquets d'arbres ou de végétaux indigènes adaptés à l'endroit. Peut-être pourrions-nous aussi réensauvager progressivement les golfs existants en leur redonnant une allure plus proche de celle des anciens parcours, lorsque le golf fut inventé au XVIe siècle.

La végétalisation des zones urbaines présente des avantages évidents pour les insectes, les fleurs sauvages, les nombreux animaux qui se nourrissent d'insectes ; mais les bénéfices que les humains en retireraient sont peut-être moins bien compris. Il y a plus de cent ans, Octavia Hill, l'un des membres fondateurs du National Trust au Royaume-Uni, disait : « Le spectacle du ciel et des plantes qui poussent est un besoin fondamental, commun à tous les hommes. » Dans son livre *Biophilie* (1984, José Corti, 2012 pour l'édition française), le célèbre biologiste américain E. O. Wilson affirmait que les humains ont l'instinct inné de se connecter émotionnellement avec la nature, et que le fait de ne pas pouvoir satisfaire cet instinct risque d'affecter notre bien-être. Peu de temps après, commença à émerger un nouveau champ de recherche en psychologie, baptisé « écopsychologie » par le professeur d'université californien Theodore Roszak, qui explorait l'effet de nos interactions en constante régression avec la nature sauvage sur notre développement psychologique et notre bien-être. Une assertion commune veut que si la société est déconnectée de la nature, différents aspects de la vie d'un individu en seront alors impactés négativement, jusqu'à conduire au délire et à la folie. Ultérieurement, l'auteur américain Richard Louv soutint dans son livre *Une enfance en liberté* (2005, Leduc, 2021 pour l'édition française) que beaucoup d'enfants élevés dans un environnement urbain, gris, souffraient du « syndrome de manque de nature », une série de problèmes comportementaux provoqués par le manque d'opportunités de jouer en plein air, dans la nature. Il prétendait que ces problèmes incluaient : le trouble déficitaire de l'attention, l'anxiété, la dépression et le manque de respect pour l'environnement et autres formes de vie. Des échos à ces arguments se retrouvent dans *Feral* (2013, non traduit en français) écrit par le journaliste et militant écologiste George Monbiot, qui prône l'idée que les humains ont un besoin primordial de découvrir la nature sauvage.

Tout cela est très intéressant et apparaît comme un puissant argument en faveur de la protection de la nature, mais où sont les preuves ? Sommes-nous réellement anxieux, déprimés, en proie au délire et à la folie si nous n'avons pas notre dose régulière de nature ? Ou n'est-ce là que le vœu pieux d'écologistes désireux de défendre leur cause ? Un être humain ne peut-il pas se sentir parfaitement heureux, se satisfaire de sa vie, sans jamais voir un brin d'herbe ni entendre le chant d'un oiseau ?

Végétaliser nos villes

Toutes les déclarations sur les bénéfices de la confrontation avec la nature ne tiennent peut-être pas la route, mais il n'en demeure pas moins vrai que de nombreuses études empiriques réalisées depuis par différents chercheurs en médecine, psychologues, sociologues et écologistes, démontrent toutes que le contact avec la nature nous fait incontestablement le plus grand bien. Une marche d'une quinzaine de minutes seulement dans la nature a amélioré l'attention et la sensation de bien-être d'un groupe de sujets comparé à un autre groupe qui a effectué la même chose dans une zone très urbanisée. Même le fait de regarder une vidéo sur la nature apporte des bienfaits significatifs, bien qu'inférieurs à une expérience dans la vraie nature. D'autres études ont montré que le niveau de stress était plus bas chez les citadins écossais résidant à proximité d'espaces verts, et que les troubles d'anxiété et de dépression étaient moins courants chez les Néerlandais vivant dans des agglomérations où les parcs étaient plus nombreux. En Californie, les gens habitant dans des zones très arborées ont tendance à être moins gros, moins sujets au diabète et à l'asthme, en tenant compte d'autres facteurs tels que la richesse. Les futures mères jouissant d'un environnement plus vert donnent généralement naissance à des enfants plus lourds. Des patients hospitalisés bénéficiant d'une vue sur un espace vert se rétablissent plus vite que ceux dont la fenêtre fait face à un mur de brique. Vivre dans un endroit ouvert sur de la végétation améliore les fonctions cognitives des enfants et la santé mentale des adultes. La simulation d'un trajet en voiture au milieu d'un paysage rural pour se rendre au travail aide mieux les gens à supporter le stress de leur journée de labeur, par rapport à ceux que la simulation a fait voyager dans un paysage urbain virtuel. Des études diverses ont constaté que les jardiniers et les citadins disposant d'un jardin partagé sont d'une manière générale plus satisfaits de la vie qu'ils mènent, ont d'eux-mêmes une estime plus grande, une meilleure santé physique et morale, souffrent moins de dépression et de fatigue, par rapport à ceux qui ne jardinent pas. Partir en expédition ou camper en pleine nature accroît le bien-être mental et la connexion avec la nature. Il existe encore beaucoup d'autres études de ce genre, mais je pense que je vous ai bombardé d'assez d'exemples pour illustrer ce point : nous, humains, paraissons nous porter mieux si nous pouvons profiter de la végétation ou au moins la voir.

À la suite de ce nombre croissant de preuves, des médecins de Nouvelle-Zélande et d'Australie, et récemment du Royaume-Uni, se sont mis à rédiger des « ordonnances vertes » à certains patients au lieu de leur prescrire des médicaments plus traditionnels. En général, une ordonnance verte recommande une pratique régulière de la marche dans un parc ou la campagne, parfois la participation à un programme de plantation d'arbres ou toute autre activité en plein air. Bien sûr, l'exercice physique procure à lui seul beaucoup de bénéfices, mais sa combinaison avec une sortie dans la nature semble être plus efficace, et plus susceptible d'être respectée par le patient que si on lui conseille simplement de pratiquer de la gym en salle[55]. Au Japon, le « bain de forêt » (passer simplement du temps dans les bois, pas besoin de nager !) est couramment recommandé par

---

55 Les Européens et les Nord-Américains sont devenus beaucoup moins actifs au cours de ces cinquante dernières années, brûlant en moyenne moins de 500 kilocalories par jour, parce qu'ils occupent davantage d'emplois de bureau, se rendent sur leurs lieux de travail en voiture et non à pied ou à vélo, prennent l'ascenseur plutôt que les escaliers. Selon le Policy Studies Institute, un laboratoire d'idées britannique, en 1971, 80 % des enfants de sept et huit ans allaient à l'école à pied, souvent seuls, ou avec des amis, alors qu'en 1990 ils n'étaient plus que 10 % à le faire –presque tous accompagnés par leurs parents. Au Royaume-Uni, on estime que les problèmes de santé et les journées de travail perdues à cause de l'inactivité physique coûtent environ 10 milliards de livres sterling par an à l'économie du pays.

les médecins, et semble avoir de multiples bénéfices pour la santé, y compris la stimulation du système immunitaire.

Il est possible que vous ayez repéré une faille dans cet argument. Les preuves lient le bien-être humain à l'accès aux espaces verts, or on ne sait pas grand-chose sur la qualité de ces espaces verts. Une ennuyeuse pelouse tondue et une haie de cyprès de Leyland suffisent-elles ? Un gazon artificiel et des fleurs en plastique peuvent-ils faire l'affaire ? L'âme est-elle plus apaisée et la tension artérielle plus basse lorsqu'il y a des fleurs sauvages, des papillons, des oiseaux ? Étonnamment, peu d'études ont tenté de vérifier si la qualité des espaces verts, en matière de biodiversité, affecte de façon positive la santé humaine, mais celles-ci ont démontré que plus il y a de biodiversité, mieux c'est pour nous. La diversité des plantes et des papillons dans les espaces verts s'est révélée avoir des effets positifs sur les mesures du bien-être ; mais c'est la diversité des oiseaux qui paraît représenter l'aspect de la biodiversité le plus fortement lié à la santé humaine, surtout celle des oiseaux chanteurs. Curieusement, une étude britannique a découvert que les guetteurs retireraient plus de plaisir de leur observation s'ils savaient identifier les oiseaux fréquentant leur jardin, ce qui renforce l'argument selon lequel les gens sont plus enclins à s'intéresser à la nature et à l'apprécier s'ils la connaissent.

Une idée intéressante veut que l'exposition à un environnement qui offre une grande biodiversité nous inocule un microbiote plus diversifié et plus sain, le microbiote désignant les micro-organismes qui vivent sur nous et en nous. L'exposition à des micro-organismes bénéfiques dès les débuts de la vie a de puissants effets sur le développement du système immunitaire et réduit la fréquence des maladies inflammatoires chroniques. Les habitants des villes ont, en moyenne, un microbiote moins diversifié, de sorte qu'il semble plausible d'établir un lien entre la santé humaine et l'exposition aux environnements variés sur le plan microbien. On a aussi la preuve qu'une grande diversité d'arbres et arbustes fournit une canopée plus dense, qui filtre mieux la pollution atmosphérique.

 Dans l'ensemble, la possibilité d'accéder à un espace vert paraît présenter d'immenses avantages pour la santé ; il est fort probable que ces bénéfices sont d'autant plus grands si l'endroit est riche en biodiversité, et que la connaissance de la nature accroît encore davantage ces bienfaits. Inviter la nature dans nos villes semble être une solution où tout le monde trouve son compte : bonne pour la nature, bonne pour nous. Imaginez si chaque jardin débordait de fleurs, y compris des fleurs sauvages indigènes, qui attirent les pollinisateurs, possédait une mini-prairie, des arbustes fleuris, une mare, un tas de compost, et dans un coin, un hôtel à abeilles et une lagune à syrphes. Cela créerait une mosaïque de minuscules réserves à insectes qui, si les collectivités locales étaient d'accord, seraient reliées entre elles par des bas-côtés de routes et des ronds-points fleuris, des rangées d'arbres à fleurs dans les rues, des talus de voies ferrées fleuris, des réserves naturelles urbaines, des espaces verts dans les écoles, des parcs urbains, etc., le tout composant un réseau d'habitats interconnectés qui s'étendrait à travers un pays densément peuplé. Tous les nouveaux lotissements devraient être conçus dès le départ de façon à maximiser la biodiversité et l'accès public aux espaces verts. Il me semble que c'est facilement à notre portée ; cela se fait déjà, là où les autorités locales interdisent les pesticides, élaborent des plans pour aider les pollinisateurs, là où de nombreux jardiniers transforment leur lopin de terre en mini-réserve naturelle.

 Nos zones urbaines pourraient bientôt devenir des endroits non pas seulement destinés aux gens, mais des lieux où nature et humains vivent ensemble sainement et harmonieusement, où l'on peut voir de partout du feuillage vert et des fleurs, où les enfants grandissent au milieu du vrombissement familier des bourdons, où ils peuvent apprendre le nom des oiseaux et des abeilles, admirer les couleurs des ailes d'un papillon qui passe.

LES GUÊPES PARASITOÏDES

Si les insectes vous sont un peu familiers, vous connaissez sûrement les parasitoïdes, ces espèces de guêpes et de mouches qui pondent leurs œufs sur ou à l'intérieur d'autres insectes, les mangent lentement tout vivants, et ne les tuent qu'en arrivant au terme de leur développement.

Parmi ces parasitoïdes, les *mymaridae*, les plus petits de tous les insectes, 0,13 mm de long, accomplissent intégralement leur développement à l'intérieur des œufs des autres insectes. Les parasitoïdes ont beau avoir l'air de mener le jeu, beaucoup se font eux-mêmes attaquer par des parasitoïdes. Un exemple : dans mon potager, les choux sont fréquemment ravagés par les chenilles de la piéride de la rave, et je passe des heures à retirer ces dernières à la main. Mais, souvent, elles sont parasitées par une guêpe minuscule, *Cotesia glomerata*, qui leur injecte ses œufs dans le corps ; c'est toujours pour moi une grande satisfaction de voir apparaître à côté du cadavre d'une chenille les premiers cocons jaunes m'indiquant que je vais avoir de l'aide. Toutefois, *Cotesia* peut se faire elle-même parasiter par une autre guêpe minuscule, *Lysibia nana*, qui non seulement injecte ses œufs dans la chenille du papillon mais aussi, par la même occasion, à l'intérieur des larves de *Cotesia*. *Cotesia* trouve ses hôtes grâce aux odeurs volatiles émises par les plantes lorsque des chenilles les mâchonnent. Curieusement, ces odeurs diffèrent légèrement selon l'état, sain ou parasité, des chenilles grignoteuses. Voilà qui permet à *Lysibia* de repérer celles qui hébergent des larves de *Cotesia*.

19

L'avenir de l'agriculture

Ne nous laissons pas trop emporter par nos grands projets de transformation des villes en un réseau géant de réserves naturelles. À l'échelle mondiale, les zones urbaines ne couvrent que 3 % des continents alors que les terres agricoles, beaucoup plus étendues, en couvrent environ 40 % (le reste englobant surtout les contrées gelées des régions polaires). Au Royaume-Uni, les cultures occupent 70 % du territoire, et comme la majorité des 30 % restants ne sont pas très accueillants, la faune et la flore ont des jours difficiles devant eux. Dans l'ensemble, nous semblons avoir accepté que l'agriculture industrielle est le seul moyen de « nourrir le monde » et nous semblons aussi accepter implicitement que le déclin de la faune sauvage soit un dommage collatéral inévitable. Nous avons en quelque sorte le choix entre la nature et nous ; et, bien sûr, nous nous choisirons toujours. Mais faut-il vraiment choisir ? Est-il impossible de produire de la nourriture tout en venant en aide à la nature ? À mon avis, on peut faire les deux : avoir le beurre et l'argent du beurre. J'irais même plus loin en affirmant que si nous continuons à pratiquer une agriculture industrielle de plus en plus intensive, en privilégiant un rendement maximum, ce n'est pas seulement la nature que nous finirons par détruire mais aussi nous-mêmes, car notre survie dépend d'un environnement sain.

À ce stade, il serait peut-être bon de se demander comment on en est arrivés à un tel système d'agriculture moderne. Il y a cent ans, les exploitations, beaucoup moins étendues, étaient composées de plusieurs petits champs, mélangeant les terres arables pour les cultures et les pâturages pour le bétail. Les fermiers utilisaient peu ou pas du tout de pesticides, et peu ou pas du tout d'engrais synthétiques ; ils avaient une biodiversité agricole nettement plus élevée, mais produisaient moins de nourriture. À partir de 1920, le changement a été radical. Au Royaume-Uni, par exemple, la population n'a cessé d'augmenter, passant de 43 à 66 millions d'individus, tandis que le nombre de personnes travaillant la terre a chuté de 900 000 à 200 000 aujourd'hui. Quatre-vingts pour cent des vergers ont disparu car les producteurs de fruits se sont retrouvés incapables de supporter la concurrence avec l'étranger. On estime qu'un demi-million de kilomètres de haies ont disparu au fur et à mesure que les fermes fusionnaient et que les champs s'agrandissaient. Des mélanges de pesticides et d'engrais synthétiques sont maintenant régulièrement pulvérisés plusieurs fois par an sur les champs. Le nombre de têtes de bétail a augmenté, avec deux fois plus de porcs et quatre fois plus de volailles, mais vous avez peu de chances de les voir car, dans la plupart des cas, ils restent enfermés.

Aucun groupe d'agriculteurs – ni de politiciens ou autre – n'a pris place un jour autour d'une table pour élaborer ces changements. L'agriculture a évolué dans le monde entier afin de s'adapter aux pressions du marché, à la mécanisation, aux innovations technologiques, aux subventions gouvernementales sans cesse modifiées, aux politiques et aux réglementations à la fois nationales et internationales, à l'accès de plus en plus facile aux intrants chimiques, à

L'avenir de l'agriculture

l'apparition des supermarchés au pouvoir d'achat colossal, à la demande croissante du public pour des denrées alimentaires bon marché. Souvent, les fermiers ont simplement fait ce qu'ils croyaient nécessaire pour se maintenir à flot. Beaucoup de petites exploitations n'ont pas réussi et se sont fait avaler par des voisines plus grosses qu'elles. Cela ne sert à rien de montrer du doigt les fermiers ; nous sommes tous responsables de l'état de nos campagnes et de la situation dans laquelle nous nous trouvons aujourd'hui.

Si l'on prend un peu de recul pour examiner l'ensemble du tableau, on constate que l'agriculture moderne fait partie d'un système alimentaire incroyablement inefficace, cruel et dangereux pour l'environnement. Au niveau mondial, nous produisons en gros trois fois plus de calories qu'il n'est nécessaire pour nourrir la population humaine, mais un tiers environ est gaspillé tandis qu'un autre tiers nourrit les animaux (dont la plupart sont enfermés et entassés dans des conditions inhumaines). Si l'on additionne la superficie des pâturages et celle des terres cultivées pour nourrir les animaux, les trois quarts de toutes les terres agricoles du monde servent à produire de la viande et des produits laitiers. Sur le quart de terres restant, on surproduit des céréales et des huiles, dont une grande partie entrera dans la fabrication des aliments transformés néfastes pour la santé, riches en graisses et en glucides – pâtes, pizza, pâtisseries, biscuits, etc. – alors qu'on ne cultive pas assez de fruits et de légumes pour que tous les habitants de la Terre puissent manger sainement, en supposant qu'ils puissent se les acheter. Résultat, nous connaissons une épidémie mondiale d'obésité et de diabète. Si, en repartant de zéro, on devait concevoir un système capable de nourrir le monde avec des aliments sains, d'une façon écologique et durable, il ne ressemblerait en rien à notre système agricole actuel.

Dans l'idéal, qu'attendons-nous de notre système de production alimentaire ? Tout d'abord, qu'il fournisse assez de nourriture pour procurer à tout le monde une alimentation nutritive, et s'assure qu'elle est distribuée de façon que tout le monde puisse y avoir accès et en profiter. Ensuite, qu'il soit indéfiniment durable. Il ne doit pas provoquer de changement climatique résultant de la détérioration des sols, la pollution des cours d'eau, ni entraîner le déclin des pollinisateurs et autres animaux. J'ai déjà fait allusion au « débat du partage ou de la préservation » dans lequel les « partageurs » essayent d'intégrer la production alimentaire favorisant la biodiversité tandis que les « préservateurs » plaident en faveur de l'utilisation intensive des terres à cultiver pour laisser le plus d'espace possible à la nature. Notre système actuel est plus proche du second modèle que du premier : un système « plus d'intrants pour plus de rendement » qui continue à dégrader l'environnement d'une manière qui n'est absolument pas durable. Nous essayons de conserver la nature dans des poches isolées de terre « épargnée » – les réserves naturelles – mais la nature recule malgré tout rapidement. L'effondrement des populations d'insectes dans les réserves naturelles allemandes montre bien que cette méthode n'est pas la bonne, car la terre épargnée est touchée par les ravages environnants. Même les terres épargnées les plus reculées, comme le Groenland et l'Antarctique, sont impactées par le changement climatique.

Je pense, en outre, que la philosophie de la préservation présente une faille. Supposons que quelqu'un invente une nouvelle variété de blé donnant deux fois plus de grains. Est-ce que tous les producteurs de blé du monde rendraient pour autant la moitié de leurs terres à la nature ? Bien sûr que non. Le prix du blé s'effondrerait et on trouverait le moyen d'en gaspiller encore davantage en nourrissant beaucoup plus d'animaux avec ou en l'utilisant, par exemple, pour fabriquer des biocarburants. En fin de compte, les agriculteurs s'échineraient toujours plus pour joindre les deux bouts et la nature n'en retirerait aucun bénéfice.

Et si, à la place, on envisageait la solution du partage, est-ce que cela fonctionnerait mieux ? Comment modifier l'orientation de notre système agricole actuel pour le rendre réellement durable et favorable à la nature tout en produisant de la nourriture saine, en quantité suffisante ? Une option serait d'encourager et d'aider les fermiers à adopter une technique connue sous le nom de « protection intégrée contre les ravageurs ». La protection intégrée est en fait davantage une philosophie qu'une méthode clairement définie ; son but est de réduire au maximum l'usage des pesticides en n'y ayant recours qu'en dernier ressort. Elle s'est développée aux États-Unis dans les années 1970 en réponse au livre de Rachel Carson *Printemps silencieux,* via des fonds versés par le Department of Agriculture à plusieurs *land-grant universities*[56] qui, chacune, ont mis au point des stratégies de lutte intégrée appliquées à différentes cultures. En étudiant la biologie des nuisibles, en encourageant la prolifération de leurs ennemis naturels, en utilisant la rotation des cultures et des variétés de cultures résistantes, ainsi que diverses autres techniques – le but étant de maintenir la population des nuisibles à un niveau très bas. Si, et seulement si, tout cela échoue, si les nuisibles dépassent un seuil critique – seuil à partir duquel ils occasionnent suffisamment de dommages pour qu'une pulvérisation de pesticide devienne rentable – le fermier recourt alors au traitement. Un élément clé de tout programme de protection intégrée

---

56 Universités subventionnées dont la mission est de se concentrer sur l'enseignement pratique de l'agriculture, des sciences, des sciences militaires et de l'ingénierie (NDT).

est la pratique connue sous le nom de « dépistage », impliquant que le fermier visite régulièrement ses cultures afin de dénombrer les nuisibles présents. Cela évite les pulvérisations préventives ou programmées, et garantit que les pesticides ne sont utilisés que lorsque cela est nécessaire. Quand j'étais étudiant à l'université, dans les années 1980, la protection intégrée était considérée comme une méthode exemplaire. Elle a été rendue obligatoire pour tous les agriculteurs de l'UE en 2014 – ça a pris du temps, mais mieux vaut tard que jamais ; théoriquement, tous devraient donc l'appliquer. Pourquoi, alors, a-t-on constaté que les applications de pesticides avaient doublé au cours des vingt-cinq dernières années ? Le problème, c'est que la protection intégrée est si mal définie qu'il est impossible de faire respecter le règlement de l'UE. En cas de contestation, un fermier peut toujours affirmer qu'il a recours à la protection intégrée puisqu'il applique au moins une des techniques, la rotation des cultures par exemple. En attendant, les agriculteurs sont toujours harcelés par les commerciaux des compagnies agrochimiques qui les poussent à utiliser davantage de pesticides. Une récente étude française réalisée sur un millier d'exploitations, environ, a démontré que la plupart des agriculteurs pourraient réduire considérablement l'usage des pesticides sans aucune perte de rendement, et même que presque tous augmenteraient leur profit en réduisant l'utilisation de ces pesticides. Sensibles comme tout le monde au battage publicitaire, les fermiers se sont ainsi vus vendre un tas de produits dont ils auraient pu se passer facilement, mais il leur est difficile de savoir lesquels. Il me semble qu'un des plus gros obstacles à la protection intégrée est l'attitude négative des compagnies agrochimiques vis-à-vis de la réduction de l'utilisation des pesticides, or ces compagnies ont une influence et un pouvoir énormes.

L'avenir de l'agriculture

Une autre solution serait d'inciter l'agriculture à parsemer un peu de biodiversité autour d'elle. On explore cette approche depuis plusieurs dizaines d'années : au sein de l'UE, des subventions sont allouées aux fermiers pour les encourager à mettre en œuvre des projets agri-environnementaux tels que la plantation de bandes de fleurs sauvages le long des champs, ou la préservation, sur les terres cultivées, de petites parcelles de nidification destinées aux alouettes, et ainsi de suite (aux États-Unis, par contre, le financement de ce genre de programme est insignifiant). Cette méthode pourrait compléter la protection intégrée puisque les programmes agri-environnementaux doivent favoriser les pollinisateurs des cultures et les ennemis naturels des ravageurs. Au Royaume-Uni, un demi-milliard de livres sterling à peine est alloué chaque année à ces programmes, avec quelques petits succès locaux ; à une échelle nationale et européenne, ces mesures n'ont pas enrayé le déclin apparemment inexorable de la faune (bien qu'il eût été sans doute encore pire sans elles). Cela peut être en partie dû au fait que ces programmes ne sont tout simplement pas assez nombreux, mais je pense aussi qu'il y a une faille fondamentale dans cette notion de création d'espaces pour la nature aux abords immédiats de cultures régulièrement arrosées de pesticides et généreusement saupoudrées d'engrais. Ces pulvérisations se déposent sur les fleurs, et les enrobages de pesticides contaminent le sol. Je soutiens que nous avons besoin d'un changement plus profond dans la manière dont nous produisons la nourriture.

Une solution peut-être plus attractive serait d'encourager le développement de l'agriculture biologique, de réduire le poids des pesticides sur l'environnement. Une proportion relativement faible des exploitations européennes pratique l'agriculture biologique – 7 % seulement de la surface cultivée, l'Autriche arrivant en tête avec 23 %

et le Royaume-Uni se traînant en queue de peloton avec 3 %[57]. Il est clairement prouvé que les fermes biologiques ont tendance à avoir des sols plus sains qui stockent davantage de carbone et accueillent plus de plantes, d'insectes, de mammifères et d'oiseaux que les fermes conventionnelles ; alors, pourquoi ne pas en avoir davantage ? Un contre-argument souvent avancé souligne que les rendements des fermes biologiques sont plus faibles et que si le monde entier se mettait au bio il faudrait consacrer encore davantage de terres aux cultures, avec des impacts négatifs sur la faune et la flore sauvages. La première partie de cet argument est indéniablement vraie – les rendements biologiques sont souvent plus bas – 80 à 90 % de ceux de l'agriculture conventionnelle, selon des estimations globales. En revanche, comme je l'ai déjà mentionné, le monde produit actuellement une quantité de nourriture bien supérieure à nos besoins réels, et nous en gaspillons approximativement un tiers, une quantité astronomique. Si nous arrivions à réduire ce gaspillage de manière significative, nous pourrions abandonner les pesticides partout dans le monde, tout en continuant à nourrir facilement les habitants de la Terre.

Il ne faut pas non plus perdre de vue que, dans les pays développés, les gens mangent beaucoup trop. La consommation excessive de nourriture et la mauvaise alimentation entraînent des frais que l'on ne soupçonne pas. Actuellement, 63 % des Anglais adultes sont en surpoids et 37 % obèses tandis que près d'un tiers des enfants âgés de

---

[57] En France, en 2021, 10 % de la surface agricole utile (en augmentation de 9 % par rapport à 2020) et 13 % des exploitations étaient converties à l'agriculture biologique. 46 % des légumes secs, 20 % des vignes et 16 % des fruits produits en France provenaient de ces exploitations. 81 % des produits bio consommés en France étaient produits sur le territoire national (source ministère de l'Agriculture). (NDE)

L'avenir de l'agriculture

deux à quinze ans souffre d'obésité[58]. Aux États-Unis, les chiffres sont encore pires avec 72 % des adultes en surpoids et 40 % obèses. Les chiffres du gouvernement du Royaume-Uni estiment que l'obésité coûte à la société (via le diabète, par exemple) 27 milliards de livres sterling par an et en coûtera 50 milliards en 2050. Des calculs similaires effectués aux États-Unis estiment à 147 milliards de dollars les frais médicaux liés à l'obésité, plus 66 autres milliards pour différents frais annexes comme les jours de travail perdus et les décès prématurés.

Non seulement nous mangeons trop, mais nous mangeons trop d'aliments transformés, riches en céréales et en huiles bon marché que nous surproduisons. Beaucoup d'entre nous consomment beaucoup trop de viande pour notre santé et celle de l'environnement. La consommation de bœuf engraissé au grain est un mode d'alimentation incroyablement inefficace qui exige dix fois plus de terre qu'il n'en faudrait si on mangeait les plantes directement, et produit trente fois plus de gaz à effet de serre. Seules 3,8 % des protéines végétales absorbées par une vache se transforment en protéine animale disponible pour la consommation humaine. Si nous pouvions réduire le gaspillage de nourriture, réduire la surconsommation, et manger seulement de petites quantités de viande provenant d'animaux élevés en plein air[59] (et éliminer complètement le bœuf engraissé

---

58 En France le ministère de la Santé avançait en 2019 le chiffre de 8 millions de personnes adultes obèses, soit 17 % de la population adulte. D'autre part, le surpoids concerne 30 % des adultes. Ce sont donc 47 % des adultes qui sont touchés par des problèmes de poids. Chez les enfants, on compte 6 % d'obèses parmi les 8-17 ans. (NDE)
59 Même si certains préconisent un régime végétarien ou végane, on peut plaider en faveur de l'intégration de petites quantités de viande à un régime omnivore, à la fois pour des raisons de santé et parce qu'un petit nombre de bêtes élevées en plein air peuvent être précieuses dans un système d'agriculture durable à faibles intrants. Les bouses produites sont une source importante de nutriments pour les fermiers bio, et le broutage peut être un outil de gestion important pour stimuler la biodiversité.

au grain), nous aurions besoin de beaucoup *moins* de terres arables qu'aujourd'hui, n'utiliserions pas de pesticides et serions en bien meilleure santé.

Cela me paraît plutôt bien, mais je pense qu'il faudrait aller encore plus loin. Certaines fermes biologiques ressemblent encore trop à des fermes conventionnelles : elles essayent de faire pousser de grandes monocultures et restent très dépendantes des énergies fossiles pour faire marcher leurs grosses machines. Les monocultures à grande échelle préparent le sol pour les ravageurs : même sur une ferme biologique, un champ de blé très étendu n'a pas une grande biodiversité, aussi y a-t-il peu d'ennemis naturels capables de contrôler les apparitions de nuisibles ou de maladies. Je pense qu'il existe de meilleures façons de cultiver les aliments et je soutiens que l'agriculture peut apprendre des choses des jardins partagés[60]. Normalement, on trouve beaucoup de plantations différentes sur les petits espaces des jardins partagés, ce qui leur donne souvent une allure anarchique. On pourrait voir en eux des modèles de potagers peu prometteurs, mais permettez-moi de vous en dire un peu plus à leur sujet.

Premièrement, une étude récente de l'université de Bristol, réalisée à partir de données collectées dans tout le Royaume-Uni, a montré que les jardins partagés possèdent la plus grande diversité d'insectes de tous les habitats urbains – plus que les jardins, les cimetières ou les parcs des villes, et même plus que les réserves naturelles. Les jardins partagés regorgent de vie, probablement à cause de leur

---

[60] Pour ceux qui ne les connaissent pas, ces jardins partagés sont des petits lopins de terre, généralement loués à l'année pour un prix modique, et destinés à fournir un espace où cultiver des légumes et des fruits pour les gens qui ne disposent pas d'un jardin à eux. Ils sont très populaires dans de nombreux pays européens. En Amérique du Nord, des programmes similaires sont en général connus sous le nom de *community gardens* (jardins communautaires).

nature désordonnée, de leur énorme variété de cultures et de fleurs, de leurs parcelles en friche envahies de mauvaises herbes, des vieux abris pourrissants, des arbres fruitiers, des groseilliers, des tas de compost, des quelques mares ici et là, etc. Cette diversité est également favorisée par la très faible utilisation des pesticides : Beth Nicholls, qu'on a déjà croisée au chapitre 7 où elle s'occupait des pesticides découverts dans la nourriture des abeilles, a récemment mené une enquête sur l'usage des pesticides dans les jardins partagés des environs de Brighton, et constaté que la plupart n'en utilisaient pas, ou très peu. Quand nous cultivons des aliments pour notre consommation personnelle ou celle de nos enfants, nous sommes généralement beaucoup plus économes en pesticide que n'importe quelle ferme conventionnelle.

Deuxièmement, Beth a également travaillé avec des usagers de jardins partagés afin de collecter des informations sur la productivité de ces jardins ; les résultats sont étonnants. Beaucoup produisent l'équivalent de 20 tonnes de nourriture par hectare (un jardin partagé type mesure 250 m^2), quelques-uns l'équivalent de 35 tonnes, voire davantage. Cela soutient la comparaison avec les principales productions des exploitations agricoles du Royaume-Uni, le blé et le colza, dont on récolte respectivement environ 8 et 3,5 tonnes par hectare (la plus grande partie destinée à nourrir les animaux ou à produire les aliments fortement transformés qui contribuent à nous faire grossir). N'oubliez pas que la production des jardins partagés est locale, donc en circuit court, sans emballage, avec des fruits et des légumes sains souvent cultivés en utilisant un minimum d'intrants chimiques.

Troisièmement, des recherches ont prouvé que les sols des jardins partagés ont tendance à être plus sains que ceux des exploitations agricoles ; ils abritent davantage de vers et leur teneur en carbone organique est plus élevée, aidant ainsi à lutter contre le changement climatique.

Quatrièmement, une étude néerlandaise a démontré que les utilisateurs des jardins partagés sont généralement en meilleure santé que leurs voisins sans jardin, surtout à un âge avancé. Les chercheurs n'ont pas pu détecter si c'était dû à la consommation des fruits et légumes frais, à l'exercice physique lié au jardinage, ou peut-être aux avantages sociaux que cela représente. Étant donné l'abondance des preuves sur le fait qu'être actif, en plein air et dans un espace vert est bon pour nous à la fois sur le plan moral et sur le plan physique, ce résultat n'a rien de surprenant.

En résumé, les jardins partagés semblent capables de produire une grande quantité de nourriture, de préserver la santé du sol, de favoriser la biodiversité et de maintenir les gens en forme. Cela ressemble fort à une situation où tout le monde est gagnant sur toute la ligne. On voit bien qu'il n'est pas nécessaire de trouver un compromis entre la production alimentaire et la protection de la nature.

Il est vraiment triste qu'au Royaume-Uni 90 000 personnes désireuses de bénéficier d'un jardin partagé soient inscrites sur une liste d'attente[61]. Étant donné les avantages de ces jardins, le gouvernement ne serait-il pas bien avisé de libérer plus de terres afin de satisfaire ces gens ? Une minuscule fraction des 3,5 milliards de livres sterling distribuées actuellement en subventions agricoles au Royaume-Uni ne pourrait-elle pas être détournée pour l'achat de terrains à transformer en jardins partagés ? Une partie ne pourrait-elle pas être aussi dépensée pour encourager encore plus de

---

61 En France, le ministère de l'Économie a lancé en 2021 un plan de développement des jardins partagés et de l'agriculture urbaine dans le cadre du projet France Relance. Associations et collectivités étaient invitées à déposer des projets. Par ailleurs le réseau jardins-partages.org permet d'accéder à des informations sur les jardins partagés. (NDE)

L'avenir de l'agriculture

citoyens à cultiver leur propre nourriture (dans leur jardin individuel ou dans des jardins partagés), peut-être via un programme d'éducation publique sur les avantages qu'ils en retireraient, de formation, de soutien, et des semences gratuites ? Certains politiciens prônent le passage à la semaine de quatre jours dans un avenir proche. Ce temps libre supplémentaire pourrait inciter plus de gens à cultiver leurs propres fruits et légumes.

Au Royaume-Uni, nous en consommons actuellement 6,9 millions de tonnes par an, dont 77 % sont importés, pour un coût de 9,2 milliards de livres sterling. Ces chiffres ont de quoi choquer quand on pense que la plupart pourraient très bien pousser sous notre climat et sur nos sols. Pourquoi importer les deux tiers des pommes que nous mangeons, par exemple, alors que nous vivons dans un pays quasi parfait pour la culture des pommiers[62] ? Pourquoi est-ce que je vois des poireaux du Chili – qui ont parcouru 12 000 km – en vente dans mon supermarché au mois de mars, époque de l'année où les poireaux locaux sont faciles à trouver ? En gros, avec une gestion style jardin partagé, tous les fruits et légumes que nous consommons pourraient pousser au Royaume-Uni sur 200 000 hectares de terre (l'équivalent de 40 % de la surface actuelle des jardins, ou 2 % de la surface actuelle des terres agricoles).

Bien sûr, on ne pourrait pas y cultiver des avocats, des bananes, ou autres produits exotiques systématiquement en vente dans nos supermarchés tout au long de l'année, et il y a aussi des limites à la disponibilité saisonnière des produits locaux, mais on pourrait se rapprocher beaucoup plus de l'autosuffisance. On pourrait y parvenir, ou presque, si tout

---

62 Vous pensez peut-être qu'il est impossible d'avoir, par exemple, des pommes anglaises en avril, mais avec la bonne variété et les techniques modernes de stockage, on peut manger des pommes croquantes locales douze mois sur douze.

le monde apprenait à mieux apprécier à leur juste valeur les fruits et légumes de saison, frais, locaux, et s'adaptait tout au long de l'année au cycle naturel de leur disponibilité, comme on le faisait avant. On devra toujours continuer à importer certains produits, mais tant qu'il s'agit essentiellement de produits se conservant assez longtemps pour être transportés par voie terrestre ou maritime, l'impact carbone reste relativement bas[63]. On pourrait compenser ces importations par des exportations de cultures qui se plaisent bien sous notre climat, comme les fraises, les pommes de terre, les cerises et les petits pois, afin de ne pas être des importateurs nets de fruits et légumes.

Examinons maintenant de près ce qui permet aux jardins partagés et aux petits potagers des particuliers de produire des fruits et légumes en abondance tout en favorisant un environnement sain et riche en biodiversité. De nombreux facteurs entrent en jeu. Les petites parcelles de culture, ou les rangées mélangées, plantées de cultures variées, sont moins vulnérables aux nuisibles qui ont plus de mal à localiser leur mets préféré au milieu de tous ces feuillages. Les différentes cultures mûrissant à des moments différents, le sol n'est jamais nu – comme cela se produit lorsqu'une grande culture vient d'être récoltée ; et comme le sol n'est jamais exposé à l'érosion, la matière organique peut se reconstituer au fil du temps. Elle est aidée en cela par l'apport de terreau maison, car presque tous les jardins partagés ont un tas de compost. Les racines des cultures vivaces, comme les arbustes fruitiers, la rhubarbe et les arbres en général, retiennent le sol. Les ennemis naturels des nuisibles, c'est-à-dire les coccinelles, les carabidés et les

---

[63] Si le transport des aliments par voie terrestre ou maritime augmente relativement peu l'empreinte carbone associée aux produits, le transport par avion (le raisin d'Afrique du Sud, par exemple) est bien pire pour l'environnement ; il faudrait s'efforcer de le réduire ou le supprimer.

syrphes, ont tendance à y être beaucoup plus abondants car la diversité de la végétation leur offre une multitude d'endroits où se cacher ; ainsi, même si les nuisibles trouvent une plante, ils ne s'y attarderont pas très longtemps. Résultat, il est plus facile de faire pousser des fruits et légumes en abondance sans utiliser de pesticides. Grâce à la diversité des habitats, les populations de pollinisateurs prolifèrent et les cultures n'en manquent pas. En hébergeant des douzaines de plantes différentes proches les unes des autres, les jardiniers des jardins partagés ou des potagers particuliers multiplient les récoltes annuelles au lieu d'en avoir une seule, ce qui augmente le rendement annuel général. Des cultures différentes peuvent être plantées les unes à côté des autres, en utilisant l'espace au maximum d'une manière qui ressemble beaucoup plus aux communautés naturelles de végétaux que ne peut le faire une grande monoculture.

Même dans mes rêves les plus fous je ne m'imagine pas que tout le monde se réveille demain matin en voulant postuler pour un jardin partagé ou transformer la moitié de son jardin d'agrément en potager ; on aura toujours besoin d'une production commerciale de fruits et de légumes. De même que les principales cultures arables, comme le blé et le colza, la plupart des fruits et légumes commercialisés au Royaume-Uni sont généralement cultivés en monocultures à grande échelle, mais ce n'est pas obligatoire. Il existe des systèmes d'agriculture commerciale qui ressemblent aux jardins partagés en grand : la permaculture, l'agrosylviculture, l'agriculture biodynamique sont toutes des variations sur le même thème. Elles sont parfois considérées comme des méthodes alternatives, loufoques, hippies, mais leurs principes de base sont écologiques. Toutes les trois mettent l'accent sur la régénération du sol, la reconstitution de la matière organique et des populations d'organismes du sol tels que les vers de terre. Toutes les trois sont adeptes de la diversification des cultures, annuelles et vivaces, sans grandes monocultures.

L'agrosylviculture consiste simplement à planter des arbres ou autres végétaux ligneux pérennes au voisinage immédiat des cultures annuelles ; elle se pratique depuis des milliers d'années sous des formes variées. À sa plus simple expression, ce peut être la plantation de rangées d'arbres fruitiers sur des prairies où le bétail vient brouter, ou les poules élevées en plein air se promener. Selon leur variété, les arbres plantés peuvent offrir de multiples avantages, y compris des fruits, de l'ombre pour les bêtes ou pour certaines cultures craignant le soleil, du bois de chauffage ou des matériaux de construction, de la végétation pour les animaux, du mulch pour d'autres cultures, un meilleur drainage réduisant les inondations et retenant la terre. Certaines espèces d'arbres peuvent y être incluses parce qu'ils fixent l'azote de l'atmosphère, stimulent la fertilité du sol. Sous les tropiques, le café pousse généralement en monoculture, avec les problèmes connexes que cela entraîne : érosion du sol et forte menace de ravageurs nécessitant des taux élevés de pesticides. Le caféier est par nature un arbuste qui s'épanouit à l'abri du soleil et peut être cultivé beaucoup plus durablement en utilisant les grands arbres des forêts humides pour lui fournir l'ombre dont il a besoin. Cette méthode augmente considérablement le nombre d'espèces d'oiseaux, de mammifères et d'insectes sur les plantations, réduit la menace des nuisibles, supprime les mauvaises herbes et procure une pollinisation plus fiable des cultures. Ce « café d'ombre » se vend au prix fort à cause des avantages environnementaux considérables qu'il apporte.

La permaculture est un peu plus difficile à expliquer, et aussi un peu plus floue dans mon esprit : elle me paraît tenir davantage de la philosophie que de la science, en étant centrée sur la collaboration avec la nature et non contre elle – ce que j'approuve évidemment sans réserve. Elle fut inventée dans les années 1970 par un biologiste de l'université de Tasmanie, Bill Mollison, et son étudiant doctorant David Holmgren. Mollison s'était inspiré de l'observation des marsupiaux qui broutent dans les forêts tropicales humides tempérées et luxuriantes de Tasmanie ; son idée était de créer des environnements dans lesquels les humains pourraient évoluer en tant qu'éléments de systèmes vivants durables fonctionnellement complexes et interconnectés. Il préconisait l'observation prolongée et réfléchie des interactions et fonctions des organismes dans un endroit avant d'essayer de « concevoir sciemment des paysages qui imitent les modèles et les relations qu'on trouve dans la nature, donnant une abondance de nourriture, de fibre et d'énergie pour répondre aux besoins locaux ». En pratique, les projets de Mollison impliquaient la culture mélangée de multiples plantes utiles, des arbres et arbustes aux herbes en passant par les champignons, tout en encourageant à la fois la venue des animaux sauvages et domestiques. Je n'arrive pas à savoir si Mollison était un visionnaire de génie ou un hippie loufdingue, ou les deux, mais en tout cas ses intentions étaient bonnes.

L'agriculture biodynamique est un concept développé par Rudolf Steiner, réformateur social autrichien dans les années 1920, et surtout une réaction négative aux tout premiers débuts de l'agriculture chimique. Steiner était préoccupé par la détérioration apparente de la santé des cultures et du bétail, qu'il attribuait à l'utilisation croissante des engrais artificiels. L'agriculture biodynamique partage beaucoup de points communs avec l'agriculture biologique : bannissement de l'usage des pesticides et valorisation de nombreuses pratiques judicieuses qui incluent la rotation des cultures, la mise de côté de 10 % des terres pour la nature, et plus généralement la protection des sols et la production d'une nourriture saine.

Cependant, certains aspects de l'agriculture biodynamique dépassent les frontières de la science conventionnelle. Les agriculteurs adeptes de la biodynamique fabriquent ce qu'ils appellent des « préparations » comme, par exemple, du quartz broyé fourré dans des cornes de vaches enterrées dans le sol, ou une vessie de cerf bourrée de fleurs de camomille. Ces préparations sont ensuite ajoutées au compost ou bien pulvérisées en quantités homéopathiques sur la terre. Tout cela semble bien excentrique mais, récemment, j'ai eu la chance de visiter la ferme biodynamique de Plaw Hatch dans l'ouest du Sussex, ferme gérée par une communauté de gens partageant les mêmes idées, et dont beaucoup vivent sur place. Au cours du déjeuner communautaire, précédé d'une bénédiction de la nourriture, j'ai contesté les fondements scientifiques de leurs pratiques. Je me sentais un peu tendu à l'idée de les contrarier ; d'ailleurs, deux ou trois membres de l'équipe aussitôt sur la défensive se sont empressés d'affirmer que leurs préparations étaient efficaces. Plus intéressant, plusieurs autres convives ont déclaré que, pour leur part, ils n'en étaient pas si sûrs mais que cela n'avait aucune importance. Les préparations sont réalisées en commun une ou deux fois par an, à la manière d'un exercice social pendant lequel tous les membres se réunissent sur la ferme pour cueillir les fleurs pendant une espèce d'opération de resserrage des liens ou de cohésion d'équipe. S'il n'existe aucune preuve scientifique sur l'efficacité des préparations, je n'en ai pas non plus trouvé qui démontraient leur inefficacité. Je serais curieux de me livrer à des expériences pour les tester, mais j'imagine que la plupart des organismes de financement ne prendraient pas ma demande au sérieux. D'un autre côté, même si ces préparations ne font rien pour améliorer

L'avenir de l'agriculture

la pousse des cultures et si leur seul rôle est de favoriser la cohésion sociale du groupe, c'est déjà amplement suffisant. Après tout, les entreprises conventionnelles dépensent souvent des fortunes pour envoyer leur personnel suivre des stages de renforcement de l'esprit d'équipe.

Plaw Hatch est une ferme réellement mixte qui s'étend sur 80 hectares, environ, avec des poulets, des moutons, des cochons et des vaches élevés en plein air, quelques cultures de céréales, des pâturages et une énorme diversité de légumes, de fruits et de fleurs à couper. Elle possède sa propre laiterie, pour la fabrication d'une large gamme de fromages et de yaourts, et une boutique où la communauté vend ses produits directement au public. Presque toute la nourriture est consommée par des personnes qui vivent dans les environs, et bien sûr par l'équipe de la ferme. Le potager d'une superficie d'un hectare produit un peu plus de 20 tonnes de fruits et légumes par an, bien qu'une partie assez importante soit occupée par les fleurs à couper.

En me promenant avec ma guide, Tali, j'ai remarqué une multitude de papillons et d'abeilles butinant partout, en particulier au milieu des fruits et des légumes. Tali désirant ardemment savoir comment ils pouvaient encourager encore plus d'insectes à vivre sur leurs terres, j'ai été heureux de lui faire quelques suggestions, mais j'avais l'impression qu'ils se débrouillaient déjà très bien.

On peut avancer que l'inconvénient de ces types de systèmes d'agriculture « alternatifs » est de nécessiter une grande quantité de main-d'œuvre. Plaw Hatch emploie environ vingt-cinq personnes, alors que le nombre moyen d'employés sur une ferme de cette taille est de 1,7. L'agriculture industrielle étant lourdement mécanisée, elle n'a pas besoin de beaucoup d'employés (ce qui est bien sûr un facteur majeur du déclin des populations rurales). Développer l'agriculture biodynamique ou la permaculture pour qu'elles fournissent une proportion assez importante de nos ressources alimentaires exigerait le retour d'un nombre beaucoup plus élevé de gens à la terre. Est-ce que cela serait une si mauvaise chose ? On prévoit que des quantités d'emplois traditionnels disparaîtront dans les prochaines années au fur et à mesure que les progrès de la technologie et de l'intelligence artificielle rendront les humains de plus en plus superflus. Peut-être l'extension de l'agriculture à petite échelle serait-elle un bon moyen de procurer des activités rémunérées ?

De toute évidence il est impossible de restructurer notre système alimentaire mondial défaillant sans obtenir l'adhésion de chaque pays ; mais on pourrait commencer localement. Imaginez nos villes parsemées et entourées de jardins partagés, jardins maraîchers, fermes pratiquant la permaculture, la biodynamie, tous de petite taille, productifs, employant de la main-d'œuvre, de telle sorte que la plupart des fruits, légumes, œufs et volailles consommés par les citadins seraient cultivés et élevés à quelques kilomètres seulement de chez eux. Au Royaume-Uni, dans les zones rurales au sol fertile adapté aux cultures arables – l'East Anglia et certaines parties des Midlands, par exemple – les céréales et le colza seraient cultivés avec des méthodes biologiques ou des OGM correctement mis en œuvre, et surtout en réduisant considérablement les pesticides, avec des rotations de cultures plus longues incluant des années de jachère (quand les champs sont au repos, sans culture) ou plantés de trèfle fixateur d'azote afin de restaurer la santé du sol. Les grands champs seraient divisés par des rangées d'arbres natifs capturant le carbone et protégeant le sol. Le développement des marchés de producteurs et des paniers de légumes introduirait les produits des fermes locales dans les villes. Dans ce monde imaginaire, les gens renoueraient avec la nature et retrouveraient les bénéfices

L'avenir de l'agriculture

d'une alimentation à base de produits sains, de bonne qualité, frais, saisonniers.

Mais comment mettre en place de tels changements ? Dans l'Union européenne, la Politique agricole commune (PAC), conçue en 1962 dans l'idée d'assurer une production alimentaire élevée et une industrie agricole prospère au sein des six États membres de l'époque (Allemagne, Belgique, France, Italie, Luxembourg et Pays-Bas), est depuis longtemps un obstacle. Lorsque l'UE s'est agrandie jusqu'à englober vingt-huit pays en 2019, la PAC a abouti de manière efficace à l'intensification de l'agriculture à travers l'Europe, via un système de subventions qui garantit le plus gros de l'argent aux plus grosses exploitations et conduit les petits fermiers à la faillite. Elle s'est axée sur l'optimisation du rendement des récoltes au mépris des coûts environnementaux, avec de temps à autre, pour résultat, une surproduction massive de nourriture. La Politique agricole commune a également eu un impact dans les pays en voie de développement sur les agriculteurs obligés, pour vendre leur production, de rivaliser avec les produits bon marché subventionnés dont l'Europe se débarrassait.

Au prix de beaucoup de bouleversements et de controverses, le Royaume-Uni a récemment quitté l'UE. Quoi que l'on puisse penser du Brexit, il a libéré le pays de la Politique agricole commune, et fourni une occasion en or de faire opérer un revirement à l'agriculture, de procéder de toute urgence aux changements radicaux nécessaires avant que ne soient détruits la plupart de nos sols et de notre faune sauvage. Les 3,5 milliards de livres sterling dépensés chaque année[64] en subventions agricoles, et pris sur l'argent

---

64 Cette subvention d'environ 3,5 milliards de livres sterling par an à l'agriculture britannique est restée relativement stable depuis les quelques années précédant le Brexit, mais il est probable qu'elle changera à l'avenir au fur et à mesure que le Royaume-Uni mettra en place sa propre politique agricole.

des contribuables, servent à soutenir un système d'agriculture industrielle qui produit en abondance des gaz à effet de serre, abîme le sol, appauvrit les plateaux avec le surpâturage, emploie peu de main-d'œuvre, pollue les rivières avec des engrais et des pesticides, entraîne le déclin de la faune sauvage et surproduit des denrées alimentaires malsaines tout en sous-produisant les denrées qui sont bonnes pour nous. Pourquoi, exactement, devrions-nous payer des impôts sur de l'argent durement gagné afin de subventionner tout ça ? Néanmoins, l'existence de ce système de subvention signifie qu'il existe déjà un mécanisme susceptible d'être utilisé pour orienter l'agriculture dans une direction différente. Imaginez si, à la place, cet argent était distribué à des exploitations agricoles de petite dimension, réellement durables, comme les fermes biologiques ou biodynamiques, produisant des aliments pour une consommation locale, si bien que ces petites fermes, en devenant financièrement plus viables, pourraient proliférer. Cela serait facilement faisable en octroyant une prime aux agriculteurs qui n'utilisent pas de pesticides, et en effectuant les paiements selon une échelle mobile afin que les petits fermiers reçoivent de manière disproportionnée davantage de subventions par hectare de terre, avec un plafonnement du maximum autorisé. Actuellement, la subvention moyenne par exploitation est d'environ 28 000 livres sterling par an, mais certaines parmi les plus grandes reçoivent au-delà de 300 000 livres sterling.

Bien sûr, ce serait encore mieux si de tels changements étaient effectués dans toute l'Europe et pas seulement au Royaume-Uni. En restant dans l'UE, nous aurions pu faire pression en faveur de ces changements, bien que l'obtention de l'accord des vingt-sept États membres eût représenté un sacré défi, à moins d'un revirement majeur dans l'opinion publique.

L'avenir de l'agriculture

Une stratégie alternative, ou complémentaire, de réaménagement du système de subvention devrait être envisagée par tous les gouvernements : instaurer des taxes sur les pesticides et les engrais. Puisque les pesticides et les engrais polluent et dégradent l'environnement, il paraît raisonnable que l'agriculteur qui les utilise en paye le prix. Par exemple, la suppression du métaldéhyde (contenu dans les granulés contre les limaces) de nos sources d'eau potable coûte aux compagnies de traitement des eaux plusieurs millions de livres sterling par an que les consommateurs payent actuellement avec leur facture de consommation d'eau. La Norvège et le Danemark ont instauré des taxes perçues sur les points de vente des pesticides aux agriculteurs, ce qui a eu pour effet positif de réduire leur utilisation. Le système danois est basé sur l'application de taxes plus élevées pour les substances chimiques les plus toxiques et les plus persistantes, ce qui me semble éminemment raisonnable.

Si l'on prélevait des taxes sur les produits agrochimiques, elles pourraient servir à soutenir la recherche et le développement des modes d'agriculture durable. Les niveaux actuels des rendements obtenus par l'agriculture intensive sont le résultat de plusieurs dizaines d'années de lourds investissements dans la recherche pour de nouvelles variétés de cultures, de techniques de culture, de développement de nouveaux pesticides et de la technologie associée pour les appliquer. En revanche, il n'y a eu qu'un investissement minimal dans la recherche sur l'agriculture biologique et les autres méthodes alternatives. Autrefois, le Royaume-Uni possédait beaucoup de fermes expérimentales, subventionnées par le gouvernement, cherchant la meilleure manière de produire des denrées alimentaires ; en 1946, immédiatement après la guerre, le gouvernement a mis en place l'ADAS *(Agricultural Development Advisory Service)*, chargé de fournir aide et conseils aux agriculteurs. Depuis, presque toutes les fermes expérimentales ont été vendues et l'ADAS est tombé en désuétude avant d'être finalement privatisé en 1997. Aujourd'hui, les principaux investisseurs dans la recherche et le développement agricole sont les grandes compagnies de pesticides et autres entreprises agro-industrielles. L'essentiel des conseils aux fermiers est prodigué par des agronomes qui travaillent presque tous pour les compagnies de pesticides (certains sont indépendants, mais leur principale source d'information est néanmoins la commercialisation et la promotion des produits par les compagnies agrochimiques). Étant donné que la production alimentaire est essentielle à notre survie, et que notre manière de nous y prendre a de profonds impacts sur notre environnement, il vaut certainement la peine d'investir de l'argent public pour bien faire les choses, non ? Il faudrait réinstaller des fermes expérimentales subventionnées par le gouvernement, lancer des recherches sur la manière d'optimiser l'agriculture réellement durable et de réduire l'utilisation des pesticides dans l'agriculture conventionnelle. Si un jardinier ou un usager de jardin partagé parvient à obtenir 35 tonnes de nourriture d'un hectare de terre sans aucune formation ni recherche et développement pour l'aider, imaginez ce que l'on pourrait faire si l'on se servait d'une méthode scientifique pour évaluer correctement les meilleures pratiques. Les chercheurs devraient étudier les combinaisons de cultures susceptibles de pousser le mieux ensemble, mettre au point les variétés de cultures les mieux adaptées à cette forme d'agriculture, tester les manières d'encourager les populations d'insectes utiles tels que les coccinelles ou les perce-oreilles, et trouver la meilleure façon de s'assurer que la matière organique contenue dans le sol s'enrichit lentement au lieu de s'appauvrir. Ils pourraient même tester les préparations biodynamiques pour se rendre compte si elles sont réellement efficaces, ou

L'avenir de l'agriculture

s'il est utile de se caler sur les phases de la Lune pour faire des semis (gardons toujours l'esprit ouvert !).

Outre les bénéfices apportés à l'environnement, ces méthodes agricoles plus durables auraient le potentiel considérable de bénéficier directement à la santé humaine. J'ai déjà parlé des impacts de la surconsommation des aliments lourdement transformés, incluant principalement céréales, viande, sucre et huiles, sur notre santé, notre longévité et notre prospérité. Les services de santé du monde entier croulent sous les coûts astronomiques des maladies chroniques résultant directement d'une mauvaise alimentation. Les effets à long terme de l'exposition permanente aux mélanges de pesticides dans notre nourriture suscitent également de vives inquiétudes. Nous serions en bien meilleure santé et notre économie se porterait beaucoup mieux si nous pouvions convaincre les gens d'améliorer leur régime alimentaire ; l'idéal serait qu'ils se mettent à manger une plus grande quantité de fruits et de légumes de saison, bio, et considèrent la viande comme un luxe occasionnel. En retour, cela générerait une demande croissante pour les fermes cultivant ces produits.

De telles modifications du régime alimentaire pourraient se réaliser à travers un mouvement populaire parti de la base, comme on le voit avec la montée du véganisme chez les jeunes du monde entier. Les consommateurs constituent peut-être le groupe le plus puissant de tous car ce sont leurs achats qui financent le système alimentaire dans sa totalité ; si nous cessions d'acheter du bœuf engraissé au grain et élevé en stabulation, ou du poulet élevé en batterie, il n'y en aurait plus sur le marché. Si nous cessions d'acheter du raisin importé, venu par avion d'Afrique du Sud ou du Chili, les supermarchés arrêteraient d'en vendre. Si nous achetions des fruits et des légumes de saison, locaux et bio, il y aurait de plus en plus de maraîchers autour de nos villes. Vu les énormes bénéfices économiques d'une population en meilleure santé, les gouvernements auraient certainement intérêt à prendre davantage de mesures pour promouvoir une alimentation saine : veiller par exemple à ce qu'on enseigne aux enfants, dès leur plus jeune âge, les avantages d'un régime équilibré (en leur apprenant ce qu'est un chou-fleur même s'il ne figure plus dans les pages de l'*Oxford Junior Dictionary*) et peut-être aussi en investissant de l'argent dans des campagnes de santé publique. Au cours des années 1980, plusieurs campagnes gouvernementales ont alerté sur les dangers du VIH et du sida, qui aux yeux de certains constituaient une menace relativement mineure en comparaison des dégâts provoqués par une mauvaise alimentation. Les gouvernements pourraient aussi envisager des taxes supplémentaires sur les denrées malsaines, comme la *sugar tax* prélevée actuellement au Royaume-Uni sur les boissons sucrées. On pourrait proposer raisonnablement de l'étendre à tout aliment lourdement transformé de peu de valeur nutritionnelle, bien que cela puisse finir par inclure la plupart des denrées vendues dans votre supermarché local.

J'ai déjà parlé de la manière dont la modification des subventions et des impôts pourrait nous aider à nous orienter vers une production alimentaire plus durable, ainsi que de la nécessité du développement et de la recherche, et aussi d'un service de conseil indépendant pour aider les agriculteurs. Il serait également utile que nos gouvernements offrent aux agriculteurs une formation gratuite afin de les informer des dernières découvertes et recherches. Beaucoup de professions ont des programmes de formation professionnelle continue obligatoire, mais il semble en exister très peu pour les agriculteurs. À ma connaissance, les fermiers ont tendance à écouter de préférence les autres fermiers ; un réseau de fermes modèles qu'ils pourraient

L'avenir de l'agriculture

visiter pour échanger des idées et voir différentes pratiques mises en œuvre serait donc précieux.

Bien sûr, toute action visant à changer la manière dont nous produisons la nourriture exige d'abord l'adhésion des fermiers eux-mêmes. Leur participation est essentielle, mais peut se révéler difficile. Pour eux, l'agriculture n'est pas seulement un travail – c'est un mode de vie ; elle fait partie de leur identité d'une façon tout à fait différente des autres professions. Sans surprise, la moindre allusion au fait que l'agriculture puisse être en partie responsable du déclin des insectes, de l'érosion du sol ou de la pollution des cours d'eau provoque souvent une réaction défensive et butée. Au Royaume-Uni, la National Farmers Union (Union nationale des agriculteurs), en particulier, semble être dans le déni total en se battant fermement contre la régulation et la restriction des pesticides, et en contestant la preuve évidente du déclin particulièrement rapide de la faune sauvage sur les terres arables. Il est dommage qu'écologistes et agriculteurs soient aussi souvent à couteaux tirés, car nous avons tous les mêmes intérêts en commun. Ce n'est pas la faute des agriculteurs si on se retrouve avec un système de production alimentaire mondial très inefficace et très dommageable pour notre santé et celle de l'environnement. On pourrait en rejeter la faute sur les politiques et les subventions gouvernementales, les supermarchés, les traders des marchés boursiers, l'industrie agrochimique, mais aussi sur les choix que nous faisons dans les magasins. Nous sommes tous fautifs, collectivement. Nous avons tous besoin des agriculteurs et de l'agriculture, car sans eux nous mourrions de faim. Nous avons tous un intérêt commun à garantir à nos agriculteurs la possibilité de mener une vie décente et de produire suffisamment de nourriture tout en appliquant des méthodes qui protègent le sol, réduisent les émissions de carbone et maintiennent en bonne santé les populations de pollinisateurs. Aucun fermier n'a envie de transmettre sa ferme à ses enfants dans un état dégradé, appauvri. Il est dans notre intérêt à tous d'identifier les problèmes et de trouver, ensemble, le moyen d'y remédier.

LA FOURMI PIÉGEUSE

Dans les profondeurs des forêts humides d'Amazonie vit une petite fourmi, *Allomerus decemarticulatus*, qui a une technique des plus insolites pour capturer ses proies. Cette fourmi arboricole ne fait pas son nid sous terre mais à l'intérieur des poches foliaires spéciales d'un arbre, *Hirtella physophora*, dont certaines feuilles se retroussent pour former des chambres creuses. Elle s'y nourrit du nectar sucré exsudé par des petites glandes gonflées situées à la base de ses feuilles. Unique en son genre à notre connaissance, *Allomerus decemarticulatus* construit des pièges à insectes : elle coupe des poils de sa plante hôte, les mélange aux fibres d'un champignon spécifique, puis régurgite des sécrétions collantes avec lesquelles elle bâtit une structure spongieuse autour des tiges. Des centaines de fourmis peuvent se cacher à l'intérieur de cette structure criblée de trous d'où seules leurs têtes aux mandibules acérées grandes ouvertes dépassent. Dès qu'un gros insecte, sauterelle ou papillon, a le malheur de se poser sur la structure ou même de l'effleurer, des fourmis l'agrippent immédiatement par une patte ou toute autre extrémité à portée de mâchoire et se dépêchent de l'écarteler, comme sur un chevalet de torture. Une fois que la proie est complètement immobilisée, les autres jaillissent en masse de la structure spongieuse, la dépècent soigneusement et en rapportent les morceaux dans leur logis foliaire. La plante tire sans doute un bénéfice d'être ainsi débarrassée des insectes herbivores.

20

La nature partout

Nous, Britanniques, nous considérons comme une nation d'amoureux de la nature entretenant un lien émotionnel très fort avec notre pays « vert et plaisant », que nous vivions à la campagne dans un cottage au toit de chaume ou en ville dans un appartement. Depuis les James Hutton, Gilbert White et Joseph Banks du XIIIe siècle[65], nous perpétuons une longue tradition de fascination pour la nature, que ce soit en tant qu'amateurs ou en tant que professionnels. Aujourd'hui, certains écologistes professionnels britanniques figurent parmi les meilleurs du monde tandis qu'une armée d'amateurs éclairés enthousiastes collectent des données sur notre faune à l'aide d'une large variété de systèmes d'enregistrement : comptage des abeilles et des papillons, surveillance des mares, baguage des oiseaux, etc. L'Unité d'histoire naturelle des studios de la BBC de Bristol a produit les plus belles et les plus passionnantes séries documentaires, avec David Attenborough en défenseur universel mettant l'accent sur la situation désespérée de la nature. La RSPB (*Royal Society for the Protection of Birds*, société royale pour la protection des oiseaux) est riche de plus d'un million de membres, suivie de près par les *Wildlife Trusts*, 800 000 membres, et une multitude d'associations sans but lucratif, plus modestes mais florissantes, axées sur

---

65 Respectivement géologue, naturaliste et botaniste.

La nature partout

différents groupes de la faune et de la flore sauvages, allant des bourdons aux papillons en passant par les mammifères et les plantes.

Notre enthousiasme collectif pour la nature a conduit à la création de nombreux types de zones protégées. Le Royaume-Uni possède 224 réserves naturelles nationales qui couvrent ensemble 94 000 hectares[66]. Nous avons aussi des réserves protégées par des lois internationales, telles que les sites Ramsar (zones humides protégées par un traité intergouvernemental) et les sites Natura 2000 (protégés par une législation européenne). Il y a aussi les *Sites of Special Scientific Interest* (sites d'intérêt scientifique particulier), les *Special Areas of Conservation* (zones spéciales de conservation), et un grand nombre d'autres réserves naturelles parfois gérées par le RSPB, un *Wildlife Trust* ou d'autres associations telles que le *Woodlands Trust*. Et comme si ce n'était pas suffisant, nous avons également des *Areas of Outstanding Natural Beauty* (espaces de beauté naturelle remarquable), un réseau de *National Parks* (parcs nationaux), et le *National Trust* qui, à lui seul, gère 250 000 hectares de terres. Au total, environ 35 % du paysage britannique bénéficie d'un statut protégé d'une sorte ou d'une autre.

À partir de ces chiffres, on pourrait aisément conclure que notre nature est entre de bonnes mains et que nous avons fait ce qu'il fallait. Pourtant, comme nous l'avons vu, notre faune et notre flore sauvages connaissent un déclin vertigineux. Une récente étude universitaire, important

---

66 En France, le réseau des réserves naturelles compte 356 réserves classées dont 168 réserves naturelles nationales pour 171 068 039 hectares (y compris la réserve naturelle des Terres australes françaises et la réserve naturelle des Nouragues en Guyane, ce qui explique ce chiffre impressionnant). En métropole, elles couvrent 178 000 hectares, les plus grandes étant les Bouches de Bonifacio (79 460 hectares), les hauts plateaux du Vercors (17 000 hectares), la Camargue (13 000 hectares) et la haute chaîne du Jura (10 900 hectares). (Source Réserves naturelles de France) (NDE).

projet collectif international dirigé par le professeur Andy Purvis du musée d'Histoire naturelle de Londres, a analysé les modèles de changement de l'abondance et de la diversité de 39 000 espèces de plantes et d'animaux à travers 18 600 sites répartis dans le monde entier, et calculé pour chaque pays un « Index d'intégrité de biodiversité ». Sur les 218 pays englobés dans cette étude, le Royaume-Uni se situe au 189ᵉ rang, ce qui fait de nous l'un des pays dont la nature est la plus appauvrie[67].

Qu'est-ce qui n'a pas marché ? Le problème vient essentiellement du fait que, dans l'ensemble, les protections citées plus haut ne sont guère plus qu'une illusion. La majorité de la superficie de nos *National Parks*, propriété des *National Trusts*, est composée de terres agricoles gérées de manière intensive, avec l'habituelle avalanche de pesticides – comme dans le reste du pays. En outre, le DEFRA (Département de l'Environnement, de l'Alimentation et des Affaires rurales) a récemment estimé que seuls 43 % de nos sites d'intérêt scientifique particulier étaient en « bonne condition », tandis que la plupart ne sont presque jamais visités pour vérifier s'ils sont bien entretenus. Il arrive que les sites les plus protégés, à l'image des réserves naturelles nationales, soient détruits pour laisser passer une déviation ou une nouvelle voie ferrée comme le High Speed 2 (HS2), le projet de ligne à grande vitesse reliant Londres à Birmingham, si le gouvernement le juge opportun. Même les réserves naturelles bien gérées et protégées sont de petites îles cernées de milieux hostiles et confrontées à des pressions comme le changement climatique, les espèces invasives et la pollution soufflée par le vent ou infiltrée dans le sol.

---

67 Le taux d'intégrité de biodiversité est de 50 % pour le Royaume-Uni, de 65 % pour la France (en milieu de tableau), de 67 % pour l'Allemagne et de 89 % pour le Canada (lequel fait partie des pays dans lesquels la biodiversité est la mieux préservée). (NDE)

La nature partout

Des problèmes similaires affectent les 211 000 km² protégés des soixante-deux parcs nationaux des États-Unis. Supposés être des espaces sauvages sans aucune activité humaine, beaucoup sont malgré tout victimes de forages pétroliers, gaziers, ou d'espèces invasives, tandis que la chasse est autorisée dans un certain nombre d'entre eux et que le changement climatique les affecte tous. Le parc national des Everglades, par exemple, est abîmé par une extraction excessive d'eau destinée à l'irrigation des cultures, la pollution des engrais et des pesticides, et pas moins de 1 392 espèces invasives différentes, allant des pythons birmans aux buissons de *leptospermum* australien qui ne cessent de s'étendre.

Il est clair que cette tentative de réserver des espaces à la nature ne s'est pas révélée une stratégie capable d'empêcher la perte de la biodiversité – même si les réserves naturelles sont sans nul doute précieuses – et qu'il est nécessaire de faire beaucoup plus encore. On n'est pas obligé de foncer tête baissée vers un Armageddon environnemental ; mais pour stopper ce processus, il est essentiel de reconnaître que nos stratégies actuelles sont inefficaces et qu'on ne peut pas continuer ainsi. Il n'est pas encore trop tard pour sauver notre planète, mais pour y parvenir nous devons d'abord apprendre à vivre avec la nature, à l'apprécier, à la choyer, à respecter toute vie en considérant qu'elle est égale à la nôtre, surtout celle des créatures les plus petites. Pour que le reste de la vie sur Terre prospère, nous devons l'inviter dans nos villes, sur nos terres agricoles, trouver les moyens de cultiver des aliments nutritifs qui œuvrent avec la nature et non contre elle, qui exploitent le pouvoir des insectes et de leurs semblables pour contrôler les nuisibles, polliniser les cultures, maintenir le sol en bonne santé. Nous devons diminuer notre empreinte sur la planète en réduisant le gaspillage de la nourriture, la surconsommation de viande et d'aliments transformés afin qu'une plus grande portion des terres puisse être réservée à la nature. En adoptant un régime où les légumes prédominent, complémentés par de petites quantités de poisson issu de la pêche durable et de viande d'animal nourri à l'herbe, nous pourrions réduire considérablement la surface de terre utilisée pour la production de l'alimentation humaine et laisser plus d'espace à la nature.

Si nous parvenions à faire tout cela, nous pourrions à coup sûr « réensauvager » de grandes régions du globe. Il y a longtemps, en 1967, E. O. Wilson et son collègue Robert MacArthur, déjà cités précédemment, écrivirent *The Theory of Island Biogeography (La Théorie de la biogéographie insulaire*, non traduit en français), un livre au titre assez peu alléchant mais qui expliquait pour la première fois pourquoi les petites îles d'habitat isolées hébergeaient peu d'espèces tandis que les grandes îles connectées entre elles en hébergeaient beaucoup plus. Cinquante ans plus tard, en 2016, E. O. Wilson enchaîna en proposant, dans un livre plus accessible *Half-Earth* (non traduit en français), que l'on réserve la moitié de la surface de la Terre à la nature. Cela peut paraître ridicule dans un monde déjà surpeuplé, avec un nombre d'êtres humains qui se dirige vers les dix milliards ou davantage, mais si on regarde de plus près, on se rend compte qu'on produit actuellement trois fois plus de calories qu'il n'est nécessaire pour nourrir tous les humains. Il serait certainement possible de mettre de vastes étendues de terres en jachère en continuant à nourrir tout le monde en quantité suffisante, surtout si l'on choisissait les terres les moins productives.

Pour prendre un exemple simple, jetons un coup d'œil à l'élevage bovin au Brésil. Là-bas, les éleveurs sont responsables d'environ 80 % de la déforestation de l'Amazonie, et le méthane produit par leur bétail relâche l'équivalent de

La nature partout

340 millions de tonnes de dioxyde de carbone. À la saison sèche, ils utilisent le brûlis pour défricher, ce qui laisse le sol sans protection, et lorsque les pluies arrivent, elles le balayent dans les rivières, ou alors il est soufflé par le vent. On estime que le Brésil compte aujourd'hui 190 millions de vaches dont la viande est exportée dans le monde entier, surtout aux États-Unis, en Europe et de plus en plus en Asie, marché en pleine expansion. Globalement, le bœuf ne représente que 2 % des calories que nous consommons, mais 60 % des terres agricoles du monde sont utilisées pour sa production. Une partie des terres d'Amazonie défrichées au profit du bétail est suffisamment fertile, après avoir servi de pâturage pendant un ou deux ans, pour être vendue à des producteurs de soja qui le cultivent principalement dans le but de l'exporter vers les États-Unis ou l'Asie, où il nourrira des cochons, ou des vaches. L'autre partie des terres possède un sol si mince qu'on ne peut plus rien en tirer au bout de deux ans ; alors les éleveurs s'en vont plus loin pour défricher davantage de forêts. L'ensemble du système contribue très peu à nourrir le monde, mais il a un impact négatif énorme à la fois sur le climat et la biodiversité de la planète. Nous devons trouver les moyens d'arrêter de toute urgence ce type d'agriculture sur brûlis, protéger correctement ce qu'il reste des forêts d'Amazonie et essayer de remettre en état les terres endommagées.

Plus près de nous, beaucoup d'endroits du Royaume-Uni ne se prêtent pas à l'agriculture productive ; la nature y ferait un bien meilleur usage que nous de la terre. Le projet Knepp, dans l'ouest du Sussex, en offre un bel exemple. Autrefois, cette grande exploitation agricole composée d'un mélange de terres arables et de pâturages couvrant 1 700 hectares perdait de l'argent malgré les subventions, essentiellement à cause de la nature de son sol lourd et argileux difficile à travailler, et pas spécialement fertile ; le rendement des cultures était donc assez faible. Un jour, les propriétaires décidèrent de « réensauvager » les terres en lâchant en liberté certains animaux herbivores – vaches, poneys, chevreuils et aussi des cochons – et en laissant la nature reprendre ses droits. Au bout d'une vingtaine d'années, les terres regorgent de vie, incluant les populations prospères de quelques-uns de nos oiseaux et insectes les plus rares, comme les rossignols, les tourterelles, le grand mars changeant, ainsi qu'une diversité fantastique de bousiers qui se nourrissent des excréments sans pesticides des plus gros animaux. Il existe beaucoup d'autres endroits au Royaume-Uni où des fermiers se démènent pour joindre les deux bouts malgré les subventions, et produisent peu de nourriture. L'écologiste George Monbiot a suggéré que la plupart des plateaux d'Angleterre, dont une large proportion est surbroutée par des moutons ou des chevreuils, ou brûlée pour favoriser l'installation du lagopède d'Écosse, devraient être réservés à la nature. Dans ces régions, le surpâturage affaiblit la biodiversité, compacte les sols au point que les eaux de pluie ruissellent rapidement et provoquent des inondations en aval ; et, bien sûr, les animaux libèrent du méthane.

 Jadis, certaines hautes terres du nord-ouest de l'Angleterre étaient revêtues de forêts tempérées abritant des chênes tordus couverts de lichen, habitat qui, depuis, a complètement disparu. Dans les vallons écossais des Highlands, il y avait de magnifiques forêts de conifères calédoniennes festonnées de mousse où le grand coq de bruyère, la martre des pins et le chat sauvage prospéraient, mais celles-ci aussi ont été défrichées. D'autres régions élevées, au sol rocheux imperméable empêchant le drainage de l'eau, ont donné naissance à des couches de tourbe noire et riche qui se sont lentement accumulées pendant des milliers d'années. S'il reste un grand nombre de tourbières, la plupart ont été

La nature partout

dégradées par des tentatives de drainage mal avisées. Non seulement tous ces habitats pourraient abriter une grande biodiversité, capturer du carbone et réduire les inondations en aval, mais offrir aussi en même temps des opportunités touristiques. Il semblerait que ces nombreux avantages sociétaux l'emportent sur la production de petites quantités de viande et de laine.

Malheureusement, le sujet est devenu très controversé. Les fermiers qui élèvent des moutons sur les plateaux depuis plusieurs générations ont l'impression que pèse sur eux la menace d'être expulsés de leurs terres et de voir leur mode de vie disparaître. C'est compréhensible ; pourtant, on ne peut pas justifier de continuer à faire une chose simplement parce qu'on la fait depuis longtemps, surtout si elle exige que d'autres la subventionnent et qu'elle est nocive pour l'environnement. De toute façon, personne ne suggère de promulguer à nouveau les Highland Clearances, l'exode forcé des fermiers écossais poussés hors de leurs terres par des propriétaires cupides à la fin du XVIIIe siècle. Personne ne chasse personne et des compromis sont possibles. Comme cela se fait à Knepp, des animaux herbivores en petit nombre sont souvent utilisés dans les réserves naturelles en guise d'outils de gestion, là où ils peuvent être bénéfiques à la biodiversité. La distinction entre le réensauvagement dans le style Knepp et l'élevage extensif est floue car, à Knepp, le bétail est abattu et vendu pour sa viande. Par le passé, c'est l'action du broutage de faible intensité effectué par un nombre relativement réduit de moutons et de bovins qui a favorisé la création de la flore merveilleusement riche des basses landes de l'Angleterre, par exemple, ou des pelouses calcaires du sud de la France et des prairies alpines. La densité d'élevage en est la clé : un petit nombre de brouteurs, ou un broutage intensif occasionnel suivi par une période de repos, peut être optimal dans certains endroits, leur production de méthane étant compensée par les bénéfices qu'ils apportent à la faune, à la flore et au sol.

    Le rêve de nombreux partisans du réensauvagement est d'aller plus loin que Knepp n'en a été capable, et de réintroduire des animaux depuis longtemps disparus tels que le castor, ainsi que des grands prédateurs, ours, lynx, loup. Le castor peut accomplir un boulot fantastique en créant des habitats humides et en réduisant les inondations en aval tandis que les prédateurs pourraient théoriquement supprimer la nécessité de toute ingérence humaine par l'abattage du bétail. En Angleterre, nous nous sommes habitués à vivre dans un pays dépourvu de grands prédateurs ; aussi l'idée même de réintroduire des loups peut-elle suffire à provoquer pas mal de crises d'apoplexie dans certains milieux, mais ce n'est pas si insensé. Après tout, loups et fermiers ont longtemps vécu côte à côte dans presque chaque pays d'Europe continentale sans que cela pose des problèmes insurmontables. Récemment, des loups sont réapparus en Hollande, petit pays parmi les plus densément peuplés d'Europe, tandis qu'en Allemagne, ils seraient environ 1 300, répartis en 105 meutes, à cohabiter avec une population de 83 millions d'habitants.

    Les bénéfices touristiques engendrés par la possibilité de voir des loups en liberté dans un coin réensauvagé d'Écosse, par exemple, l'emporteraient certainement sur les pertes financières liées aux dommages causés au bétail, qui de toute façon seraient indemnisés.

    J'ai un rêve dans lequel les jardins regorgent de fleurs, d'abeilles, d'oiseaux, de papillons et de légumes bio, où les espaces urbains sont vierges de tout pesticide. Les ronds-points, les bas-côtés des routes, les parcs sont tous plantés d'arbres en fleurs et de fleurs sauvages qui fourmillent d'insectes. Nos villes, en général bâties sur les sols fertiles où les premiers habitants ont choisi de s'installer, sont entourées

La nature partout

de jardins partagés et de petites fermes qui pratiquent la biodynamie et la permaculture, emploient une main-d'œuvre nombreuse, produisent en abondance des fruits et des légumes frais vendus directement dans les villes ; les cultures sont pollinisées par les abeilles, les guêpes, les syrphes, et protégées contre les nuisibles par une armée de coccinelles, de perce-oreilles, de cantharides, de névroptères. Plus loin dans la campagne, les fermes sont mixtes, avec quelques têtes de bétail et beaucoup plus d'arbres qu'aujourd'hui ; elles utilisent un minimum de pesticides et leur objectif est la durabilité et la bonne santé du sol plus que l'optimisation du rendement. Les fermiers sont aidés dans leurs efforts par une recherche indépendante, des fermes de démonstration, une formation professionnelle continue, un réseau de conseillers indépendants. Beaucoup sont devenues complètement bio et toutes ne recourent aux pesticides qu'en dernier recours. Sur les sols les plus pauvres qui n'ont jamais produit beaucoup de nourriture, les projets de réensauvagement dans l'esprit de Knepp favorisent une biodiversité riche et offrent aux citadins un endroit à visiter pour y faire l'expérience de la nature redevenue sauvage. Au milieu de tout cela, nos espaces les plus chers, les réserves naturelles et les sites d'intérêt scientifique particulier sont considérés comme des lieux sacro-saints où la priorité est donnée *ad vitam aeternam* à la nature, avant les routes, les usines ou les lotissements dont les humains sont si friands. Ces lieux sont financés par des fonds gouvernementaux suffisants pour pouvoir être correctement entretenus. Les rivières sont réensauvagées, leurs berges canalisées démolies afin qu'elles puissent décrire des méandres comme elles le faisaient jadis, des nuées d'éphémères vibrent au-dessus des eaux les soirs d'été. Les castors sont encouragés à construire des barrages et à créer de nouvelles zones humides stimulant la biodiversité et réduisant les inondations en aval. Sur les plateaux plus reculés, de vastes espaces sauvages ont été ménagés pour que les forêts natives puissent se régénérer, et les ours, les loups, les lynx y vagabonder librement. Mais surtout, dans le monde de mes rêves, les humains n'estiment pas que leurs propres besoins passent avant tout le reste.

Voilà qui peut sembler farfelu, mais à quoi bon rêver si l'on ne laisse pas son imagination s'envoler ? Rien de tout cela n'est impossible, ni même compliqué. Nous devons changer. Nous devons apprendre à vivre en harmonie avec la nature, à nous considérer comme un élément de cette nature, et non pas essayer de la diriger et de la contrôler d'une main de fer. Notre survie dépend d'elle, de même que la survie du glorieux cortège des créatures avec lesquelles nous partageons la planète.

LE MANTISPE

Même dans le monde des insectes, qui ne manque pas de créatures étranges, le mantispe se démarque nettement, avec son allure de chimère.

La moitié avant de son corps ressemble beaucoup à une mante : puissantes pattes ravisseuses, tête triangulaire, grands yeux. C'est un merveilleux exemple de ce que les scientifiques appellent « l'évolution convergente » : deux créatures sans parenté évoluent conjointement jusqu'à se ressembler pour résoudre un problème commun – dans ce cas précis, capturer et maîtriser le plus efficacement possible la proie qui passe. La moitié arrière, elle, semble appartenir à un insecte différent, avec ses deux paires d'ailes diaphanes et son abdomen mou et rondelet qui la font plutôt ressembler à un névroptère ou à un trichoptère, pour ceux qui les connaissent. Chez quelques espèces, l'arrière-train est très proche de celui de la guêpe, à rayures noires et jaunes. Le cycle de vie du mantispe, comme celui de nombreux insectes, est lui aussi remarquable. Les jeunes larves guettent une araignée-loup, sautent dessus dès qu'elle galope à portée et s'y accrochent, ou – plus généralement – s'introduisent dans ses poumons. Elles se nourrissent en suçant l'hémolymphe (le sang) de l'araignée à l'aide de leurs pièces buccales piqueuses. Si l'araignée tisse une poche d'œufs, la larve grimpe à l'intérieur et y achève son développement en gobant le contenu des œufs, l'un après l'autre. Les araignées-loups portent ces poches sur le dos pour les protéger, mais elles ne semblent pas être en mesure de s'apercevoir que leurs rejetons sont en train de se faire dévorer lentement.

À mon grand regret, ces créatures bizarres ne se rencontrent pas au Royaume-Uni ; on les trouve dans le sud de l'Europe, sous les tropiques et en Amérique du Nord.

21

Tout le monde peut agir

Les insectes sont en déclin, cela ne fait aucun doute. Vu leur importance vitale pour la bonne santé des écosystèmes et leur rôle essentiel à la base de nos ressources alimentaires, tout le monde devrait s'en inquiéter vivement. Leur déclin nous signale que le réseau fragile de la vie commence à voler en éclats sur notre planète. Il est déjà trop tard pour le perce-oreille géant de Sainte-Hélène et le bourdon de Franklin, mais pas encore pour la majorité des êtres vivants sur Terre. Si nous voulons les sauver, nous devons agir, agir maintenant. Seulement, une poignée d'individus s'efforçant de les aider ne suffit pas : c'est une armée de volontaires qu'il faut, à tous les niveaux de la société. Comme vous êtes arrivés à ce chapitre, j'espère que vous comprenez à quel point il est important d'assumer cette responsabilité, de s'impliquer tous ensemble dans un effort concerté pour changer nos relations avec les petites créatures qui évoluent tout autour de nous. Dans ce chapitre, je donne des conseils pratiques sur les nombreuses actions que nous devons tous entreprendre : certaines sont très simples, d'autres un peu plus compliquées, mais toutes parfaitement réalisables – un manifeste pour un monde plus vert, meilleur.

Les mesures suggérées ci-dessous sont envisagées d'un point de vue britannique, mais elles peuvent s'appliquer n'importe où.

Éveiller la conscience écologique

Nous devons créer une société qui sache apprécier le monde naturel à sa juste valeur, à la fois pour ce qu'il est et pour ce qu'il nous apporte. Évidemment, c'est avec les enfants qu'il faut commencer.

Actions pour le gouvernement

- Délivrer une formation continue aux professeurs afin de leur permettre d'enseigner l'histoire naturelle sans complexe. Actuellement, ils sont nombreux à ne tout simplement pas posséder les connaissances nécessaires. Un centre de formation en résidence où ils pourraient suivre des cours intensifs de sciences naturelles serait d'une grande utilité.
- Prévoir dans chaque école un accès sécurisé à un espace vert réservé qui puisse offrir aux enfants l'opportunité d'interagir avec la nature. Prévoir un réseau de soutien et conseil afin de rendre les cours de récréation plus écologiques.
- Intégrer l'enseignement de l'histoire naturelle au programme de l'école primaire, à raison d'une leçon au moins par semaine en extérieur. Bien faite, cette leçon devrait être la plus amusante de l'emploi du temps des enfants, une de celles qu'ils attendent avec impatience.
- Créer un diplôme d'enseignement secondaire en histoire naturelle (équivalent du brevet en France).
- Jumeler les écoles avec des fermes respectueuses de la nature ; financer des sorties de sorte que les enfants puissent en visiter au moins une par an et apprendre ainsi d'où viennent les aliments qu'ils mangent, et quels sont les problèmes liés à l'agriculture.

Tout le monde peut agir

Actions pour tous

- Au moment des élections locales et nationales, voter pour le parti qui présente le programme environnemental le plus sérieux et le plus convaincant. Au Royaume-Uni, notre système uninominal majoritaire peut laisser penser que ça ne sert à rien de voter pour le Green Party, mais si les grands partis constatent que de plus en plus d'électeurs votent pour les écologistes, ils tiendront compte de leur programme.
- Écrire régulièrement à vos députés pour les exhorter à soutenir les initiatives vertes. Beaucoup de membres du Parlement ne sont pas au courant des problèmes environnementaux : vous pouvez les éduquer !
- Faire passer le message par tous les moyens à votre disposition. Les réseaux sociaux ont un pouvoir énorme ; utilisez les sites que vous préférez pour y partager des histoires intéressantes, des activités, des campagnes concernant les insectes, et postez ce que vous-même et d'autres font pour les aider. Encouragez vos voisins et vos amis à rendre leur jardin plus écologique et à réfléchir aux autres mesures mentionnées ici.

Végétaliser les espaces urbains

Imaginez des villes vertes pleines d'arbres, de potagers, de mares, de fleurs sauvages insérés dans chaque espace disponible, sans la moindre trace de pesticide nulle part. Nous pourrions transformer nos zones urbaines – et pourquoi ne pas commencer tout de suite, dans nos jardins.

Terre silencieuse

Actions pour les jardiniers

- Faire pousser des fleurs particulièrement riches en nectar et en pollen propres à encourager les pollinisateurs tels que les abeilles, les papillons et les syrphes. Vous pouvez trouver de nombreux conseils dans mon livre *Le Jardin Jungle*, par exemple, ou sur Internet. En général, les jardineries signalent par une étiquette spéciale les plantes favorables aux pollinisateurs, mais méfiez-vous, elles contiennent souvent des insecticides.
- Faire pousser des plantes sur lesquelles les papillons (diurnes et nocturnes) peuvent se nourrir, comme la cardamine des prés, le lotier corniculé, le lierre et les orties.
- Réduire la fréquence des tontes – laissez votre pelouse (ou une partie de celle-ci) fleurir. Vous serez surpris de voir le nombre d'espèces différentes qui y ont déjà pris racine.
- Franchir un pas de plus en créant votre propre prairie fleurie miniature. Contentez-vous de tondre un carré d'herbe une fois par an seulement, en septembre, et observez ce qu'il s'y passe. Un mélange de hautes herbes et de fleurs apparaîtra (en principe), au milieu duquel vous pourrez planter d'autres fleurs sauvages.
- Essayer de repenser les « mauvaises herbes » en « fleurs sauvages », et de les laisser tranquilles ; vous économiserez ainsi le temps que vous auriez passé à désherber. Les fleurs des plantes « envahissantes » telles que le pissenlit, le séneçon, la berce et le géranium herbe-à-robert sont très appréciées par les pollinisateurs.
- Remplacer les panneaux de clôture en bois, qui finissent toujours par pourrir ou s'effondrer au bout de quelques années, par une haie mélangée

de plantes indigènes. Non seulement les hérissons et autres animaux sauvages pourront la traverser, mais elle fournira de quoi manger aux chenilles et aux pollinisateurs, capturera le carbone en grandissant, et n'aura jamais besoin d'être remplacée.
- Acheter ou fabriquer un hôtel à abeilles – un projet amusant auquel les enfants peuvent participer. Il suffit d'aligner des trous horizontaux d'environ 8 millimètres de diamètre : soit en perçant un bloc de bois, soit en liant ensemble des cannes de bambou. Certains modèles vendus dans le commerce ont des fenêtres qui permettent de jeter un coup d'œil à l'intérieur pour voir comment les abeilles vivent dans leurs nids.
- Creuser une mare et observer la vitesse à laquelle elle sera colonisée par des libellules, des gyrins, des tritons, des gerridés. Même une mare minuscule, un vieil évier recyclé ou tout autre récipient étanche, peut héberger une vie abondante. Assurez-vous que si un animal y tombe, il peut en ressortir facilement.
- Créer une « lagune à syrphe », un petit habitat aquatique où les syrphes pourront se reproduire.
- Cultiver vos propres fruits et légumes « zéro kilomètre ». Chaque laitue ou carotte poussée dans le jardin vous fera économiser de l'argent et supprimera tous les coûts environnementaux liés à l'emballage et au transport.
- Planter un arbre fruitier. Il en existe de très petite taille, adaptés aux très petits jardins, et pouvant même pousser en pot (assez grand), dans une cour ou sur une terrasse. Les pollinisateurs butineront ses fleurs et vous mangerez ses fruits frais. Le choix est vaste et alléchant : pommier, poirier, prunier, cognassier, abricotier, mûrier, pêcher, figuier, etc.

- Éviter d'utiliser des pesticides dans le jardin ; ils ne sont vraiment pas nécessaires. En général, quand on laisse les nuisibles tranquilles, une coccinelle, une larve de syrphe ou un névroptère ne tardent pas à les manger. Si vous avez des plantes d'ornement que des ravageurs ne cessent d'attaquer, vous n'avez probablement pas choisi des plantes adaptées à l'endroit. Quant aux mauvaises herbes, vous avez le choix entre : les accepter comme des fleurs sauvages, les arracher à la main, ou encore les étouffer sous un vieux tapis ou tout autre tissu imperméable.
- Pratiquer le compagnonnage des plantes afin d'encourager la pollinisation des légumes et attirer les ennemis naturels des ravageurs de cultures. L'œillet d'Inde, par exemple, semble éloigner l'aleurode des tomates tandis que la bourrache attire les pollinisateurs sur les fraisiers.
- Laisser à la nature un coin « sauvage » où vous ne ferez rien du tout : ce sera votre propre projet miniature de réensauvagement.
- Laisser pourrir un tas de branches sur lesquelles pousseront des champignons et viendront habiter une myriade de minuscules décomposeurs.
- Créer un tas de compost où vous recyclerez les déchets de cuisine ; vous fabriquerez ainsi votre propre terreau fertile tout en offrant un foyer aux vers de terre, cloportes, mille-pattes et autres.

Actions pour le gouvernement

- Interdire l'utilisation des pesticides dans les espaces urbains, ce qui se fait déjà en France et dans de nombreuses grandes villes étrangères telles que

Gand, Portland, Toronto. La France a interdit l'utilisation des pesticides dans les espaces publics en 2017, et la vente des pesticides à quiconque, excepté les agriculteurs enregistrés, depuis le début de l'année 2020. Cela signifie la fin de leur utilisation domestique, donc la disparition des pesticides alignés sur les étagères des jardineries, magasins de bricolage et supermarchés. Si la France peut le faire, pourquoi pas le Royaume-Uni ? Il existe des techniques alternatives pour nettoyer les trottoirs, avec une mousse chaude biodégradable, par exemple. Je soutiens cependant que nous devrions surtout laisser pousser les mauvaises herbes dans les fissures des trottoirs et nous débarrasser de notre obsession de la propreté.

- Interdire l'utilisation des insecticides néonicotinoïdes ou du fipronil (tous deux très puissants) dans les traitements antipuces des animaux de compagnie et dans les pièges à fourmis. Les échantillons prélevés dans les cours d'eau contiennent régulièrement ces deux substances chimiques à cause de leur utilisation sur les animaux domestiques. On peut facilement lutter contre les puces en lavant régulièrement les litières, où se nichent les larves. Si cela ne marche pas, il existe un traitement non toxique à base de silicone qui a prouvé son efficacité : le diméthicone.
- Élaborer une nouvelle loi afin de s'assurer que les constructions écologiques deviennent la norme, avec des gains mesurables réels pour la faune et la flore sauvages, et que toutes contribuent d'une manière positive et tangible au rétablissement de la nature. Ces projets devraient comprendre la mise à disposition d'habitats pour la faune sauvage, une

meilleure connectivité de ces habitats, des espaces verts accessibles, y compris des espaces à usage communautaire tels que les jardins partagés, tout en prenant en considération le contrôle efficace de la gestion de l'eau, de la pollution et de la climatisation. Grâce à son plan environnemental sur vingt-cinq ans, le Royaume-Uni s'est déjà engagé à « intégrer un principe de gain net environnemental pour les lotissements, incluant les logements et les infrastructures » et, à travers sa politique nationale de planification, à garantir « des gains nets mesurables pour la biodiversité » ; récemment s'est ouverte une consultation sur les mécanismes permettant d'assurer un gain net pour la biodiversité. De tels engagements sont dénués de sens si des dispositifs d'application ne sont pas mis en place. Une solution serait de s'assurer que toute nouvelle construction dépose une demande d'accréditation officielle.

- Planter des végétaux favorables aux pollinisateurs sur les toits terrasses des nouveaux immeubles. Des recherches devraient être lancées pour identifier les plantes adaptées qui résistent à la sécheresse et attirent les insectes.
- Introduire une loi afin de s'assurer que tous les nouveaux terrains de golf optimisent au mieux leur potentiel pour aider la biodiversité, y compris l'implantation de fleurs et d'arbres indigènes et la création de zones de prairies fleuries.
- Encourager le développement de la culture des légumes dans les jardins particuliers et les jardins partagés grâce à une campagne publique d'information qui mette l'accent sur la santé, l'environnement et les bénéfices économiques que cela représente.

Tout le monde peut agir

Cette action pourrait être renforcée en offrant une formation et des semences gratuites aux jardiniers novices, financées en détournant une infime partie des subventions actuelles allouées à l'agriculture.
- Prendre des mesures pour réduire la pollution lumineuse. On se demande bien pourquoi, la nuit, la plupart des villes sont aussi illuminées que des sapins de Noël, de même que certains immeubles de bureaux et certaines routes. Des lampes à détecteur de mouvement pourraient être utilisées de façon que les lumières restent éteintes, à la fois à l'intérieur et à l'extérieur, lorsqu'il n'y a personne à proximité. Des pare-lumière pourraient être installés sur les réverbères des rues et les projecteurs des stades afin de n'éclairer que la cible visée et empêcher la lumière de se disperser inutilement. Financer des recherches pour déterminer quelles fréquences lumineuses dérangent le moins la faune serait également utile.

Actions pour les administrations locales

- Interdire les pesticides dans les zones urbaines, si ce n'est pas déjà fait.
- Créer des espaces sauvages dans les parcs : prairies, mares, plantes pour les pollinisateurs, hôtels à abeilles, etc. (voir le paragraphe « actions pour les jardiniers »).
- Planter des arbres à fleurs indigènes dans les rues et les parcs, comme le tilleul, le marronnier, le sorbier, la viorne, l'aubépine.
- Planter des arbres fruitiers dans les espaces verts afin d'offrir des fleurs aux pollinisateurs et des fruits aux habitants.

- Réduire la fréquence de coupe de l'herbe sur les bas-côtés des routes et les ronds-points pour laisser les fleurs s'épanouir, et retirer l'herbe après la coupe afin qu'elle ne risque pas d'étouffer les autres plantes. Là où c'est possible, semer des mélanges de graines de fleurs sauvages.
- Acquérir ou réserver des terrains pour installer des jardins partagés autour des villes, et aussi à l'intérieur lorsqu'un espace approprié se libère. De récentes études prouvent que les jardins partagés sont les endroits les plus favorables à la diversité des pollinisateurs, tout en donnant des fruits et des légumes sains, zéro kilomètre, zéro emballage, et avec un effet très positif sur la santé des bénéficiaires (gagnants sur tous les plans).

Actions pour tous

- Écrire au maire de votre commune, en ciblant les questions d'intérêt local, telles que l'utilisation des pesticides dans les parcs et sur les trottoirs, le fleurissement des bas-côtés des routes, la création de prairies sur des espaces verts.
- Intégrer, ou organiser, un groupe local sur le modèle d'*On the Verge*, dont j'ai déjà parlé dans un chapitre précédent, pour semer des graines de fleurs sauvages et créer un habitat riche en fleurs sur tous les terrains inutilisés des zones urbaines, bas-côtés de routes et ronds-points.

Transformer notre système alimentaire

La culture et le transport des denrées alimentaires sont des activités humaines fondamentales, indispensables pour que nous puissions tous nous nourrir. Mais la manière de faire ayant de profonds impacts sur notre propre bien-être et sur l'environnement, il est important d'investir pour corriger ça. Il est devenu urgent de restructurer le système actuel, qui montre de multiples défaillances. Nous pourrions avoir un secteur agricole dynamique, employant beaucoup plus de main-d'œuvre, axé sur la production durable d'aliments sains, le maintien d'un sol sain, et la protection de la biodiversité.

Actions pour le gouvernement

- Répartir différemment les subventions agricoles dont la majorité (environ 3 milliards de livres sterling par an, au Royaume-Uni) sont distribuées au prorata de la surface des exploitations, de telle sorte que ce sont les plus grandes qui reçoivent la plus grosse part du gâteau. Au lieu de cela, ces subventions pourraient servir à soutenir la production des types d'aliments les plus nutritifs (fruits et légumes, par exemple) et être uniquement distribuées aux fermes dont les méthodes sont réellement durables et qui réservent au moins 10 % de leurs terres à la nature. Les petites exploitations recevraient, de façon disproportionnée, une plus grande subvention par unité de surface, ce qui leur permettrait de survivre. Les fermes bio (incluant permaculture et biodynamie) recevraient une prime importante. Les paiements versés à toute ferme seraient plafonnés.
- Définir clairement la protection intégrée des cultures (PIC), choisie comme méthode de lutte contre les ravageurs afin de réduire l'utilisation des pesticides, traiter uniquement en dernier ressort ;

et instaurer une loi la rendant obligatoire (comme cela a déjà été fait dans l'UE, même si elle n'est pas appliquée).
- Fixer des objectifs pour la réduction du poids des pesticides et engrais utilisés, et du nombre d'applications par culture. De récentes études réalisées en France montrent que la plupart des pulvérisations de pesticide sont inutiles ou, au mieux, une assurance contre des phénomènes improbables, et que les agriculteurs ont besoin de conseils et d'assistance indépendants pour être capables d'identifier ceux dont ils peuvent se passer.
- Au Royaume-Uni, s'assurer que les réglementations sur les pesticides demeurent, au moins, aussi rigoureuses que celles de l'Union européenne. De futurs accords commerciaux avec des pays beaucoup plus souples sur la question (comme les États-Unis) pourraient entraîner une dérégulation.
- Instaurer des taxes sur les pesticides et les engrais (déjà en vigueur au Danemark et en Norvège), en partant du principe que les pollueurs doivent prendre en charge l'intégralité des coûts de leurs actions. Le système danois, basé sur des taxes proportionnelles au préjudice écologique occasionné par chaque substance chimique, devrait servir de modèle car ce sont pour la plupart les mêmes pesticides qu'on trouve dans les autres pays. Le versement d'aides financières pour la mise en place de la culture en rotation des légumineuses pourrait aider à freiner l'utilisation des engrais.
- Financer, avec le revenu des taxes sur les pesticides, un service de conseil indépendant qui aurait pour but d'aider les agriculteurs à diminuer l'utilisation des pesticides, à développer un système de

protection intégrée adapté à leur exploitation, ou à changer carrément et passer à un mode d'agriculture plus durable, tel que le bio.
- Rendre transparente l'utilisation des pesticides, en obligeant tous les agriculteurs à déposer dans un centre de données libre d'accès les documents qu'ils sont déjà obligés de tenir à jour. Cela faciliterait les recherches sur l'impact des pesticides sur la santé de l'environnement et celle des humains.
- Financer la recherche et le développement des méthodes d'agriculture plus durables – agrosylviculture, permaculture, agriculture biologique, biodynamie – qui bénéficient actuellement d'un investissement minimal, mais possèdent un potentiel de productivité élevée tout en favorisant une biodiversité abondante.
- Créer un système de formation professionnelle continue pour les agriculteurs afin qu'ils aient l'opportunité d'actualiser leurs compétences et d'apprendre de nouvelles techniques. Cela inclurait l'apprentissage par les pairs car de nombreux fermiers recherchent activement à apprendre des méthodes de production plus durables ; ils bénéficieraient ainsi de dispositifs pour les aider à partager leurs connaissances.
- Fixer un objectif de 20 % minimum de terres en agriculture bio d'ici 2025 (l'Autriche en a déjà 23 %) et apporter aux agriculteurs l'aide financière adéquate pour leur permettre d'effectuer la transition.
- Limiter à moins de dix hectares la superficie des champs cultivés, avec des subventions allouées lorsque les champs de taille supérieure sont divisés par des haies (mélangeant plusieurs espèces de

plantes ligneuses indigènes). Outre le fait d'encourager la biodiversité, ce type de plantation réduirait les inondations et l'érosion du sol.
- Imposer pour les haies une hauteur et une largeur minimum de deux mètres, avec un arbre adulte, au moins, tous les cent mètres.
- Supprimer les aides aux cultures de biocarburant. La science a prouvé qu'il existe de bien meilleures façons de produire de l'énergie durable, autres que l'agriculture intensive de biocarburants.
- Financer les projets de réensauvagement à grande échelle sur les terres pauvres qui contribuent peu à la production alimentaire.
- Imposer une taxe sur les aliments importés par avion, et utiliser cet argent pour soutenir l'agriculture durable.
- Financer une campagne d'information publique sur les bénéfices que représente, pour l'environnement et la santé, le fait de manger des aliments frais, de saison, produits localement, et de réduire sa consommation de viande.

Actions pour les administrations locales

- Faciliter et soutenir les réseaux alimentaires locaux et les marchés de producteurs permettant aux fermiers de vendre leurs produits directement au public.

Actions pour les agriculteurs

- Reconnaître qu'il y a un problème, et répondre de manière positive aux initiatives du gouvernement, des organisations de protection de la nature, et des consommateurs en s'efforçant de le résoudre. Que cela plaise ou non, l'agriculture, de même que d'autres activités humaines, va devoir se transformer rapidement au cours du XXIe siècle. Fermer les yeux n'est pas une solution, pas plus que de continuer à s'en tenir aux méthodes agricoles « traditionnelles » sous prétexte qu'elles sont traditionnelles. Les agriculteurs devront accepter de s'adapter vite, d'envisager et de tester des méthodes alternatives : bio, permaculture, agrosylviculture, etc. Ils devront aussi se préparer à des formations professionnelles continues et à l'apprentissage par les pairs, afin d'assurer la diffusion efficace des nouvelles connaissances et idées. Sur les terres pauvres où l'agriculture permet à peine de vivre, même avec des subventions, le réensauvagement est une option à prendre en compte ; elle peut apporter un revenu plus sûr.

Actions pour tous

- Prendre conscience des conséquences entraînées par chaque achat effectué. Si nous achetons de la viande provenant d'un élevage industriel, nous soutenons des pratiques nocives pour l'environnement, impliquant souvent pour les animaux une vie brève et pénible, parfois carrément horrible. Si nous achetons des produits importés par avion, nous finançons les émissions de carbone associées. Chaque emballage exige de l'énergie et des ressources pour sa production ainsi que pour son élimination (même s'il est recyclable). Faire ses courses est devenu un champ de mines éthique, mais il existe quelques principes simples à garder en mémoire.

Terre silencieuse

- Soutenir les producteurs locaux, écologiques. Acheter bio, dans les marchés locaux de producteurs, ou commander des paniers bio. On dit souvent que les aliments bio sont trop chers pour beaucoup de consommateurs, mais au Royaume-Uni nous dépensons 10,5 % de notre revenu en nourriture, contre 50 % il y a une centaine d'années. Les paniers bio peuvent être étonnamment économiques si l'on tient compte de la somme que l'on dépense en prenant sa voiture pour se rendre au supermarché, sans parler du temps.
- Acheter des produits de saison.
- Acheter des fruits et des légumes en vrac.
- Accepter d'acheter des fruits et des légumes qui n'ont pas un aspect parfait.
- Éviter les produits cultivés en serre chauffée, même s'ils sont locaux, car cela peut laisser une empreinte encore plus grande qu'une importation de l'étranger par avion.
- Réduire la consommation de viande en la considérant davantage comme un luxe que comme un aliment quotidien. N'oubliez pas que les poulets transforment les protéines végétales en protéines animales d'une manière beaucoup plus efficace que les vaches, les cochons ou les moutons, et émettent moins de gaz à effet de serre. Si vous achetez de la viande rouge, veillez à ce qu'elle vienne d'une bête nourrie à l'herbe et en plein air.
- Ne pas gaspiller la nourriture : n'achetez pas plus que nécessaire ; servez des portions plus petites ; gardez les restes pour les manger plus tard ; fiez-vous au bon sens plutôt qu'aux dates de péremption pour décider s'il faut jeter un aliment.

Tout le monde peut agir

Améliorer la protection des insectes et des habitats rares

Actions pour le gouvernement

- Améliorer la protection juridique des insectes. Au Royaume-Uni, le *Wildlife and Countryside Act 1981* protège un petit nombre de papillons, diurnes et nocturnes, et de coléoptères, une portion minuscule de nos quelque 27 000 espèces d'insectes indigènes. La directive de l'Union européenne 92/43/CEE ne vise qu'une seule espèce britannique, l'azuré du serpolet. Les autres, d'une façon générale, ne bénéficient actuellement d'aucune protection. C'est, par exemple, le cas de la dernière population d'insectes la plus rare du Royaume-Uni, une espèce de syrphe nommée *Blera fallax*, menacée par des opérations forestières privées, sans aucun recours légal possible. On devrait accorder aux insectes rares la même importance qu'aux oiseaux et aux mammifères rares. Ce n'est pas parce qu'ils sont petits qu'ils n'en valent pas la peine.
- Financer correctement les organisations responsables de la conservation de la faune telles que *Natural England*, chargée de « veiller à la protection, la gestion et l'amélioration de l'environnement naturel pour le bénéfice des générations actuelles et futures ». *Natural England* a pour mission, entre autres choses, de surveiller et entretenir les sites d'intérêt scientifique particulier, réduire la pollution des eaux, prodiguer des conseils pour les demandes d'aménagement, administrer les programmes agro-environnementaux et (bizarrement) abattre les blaireaux ; pourtant, ces dernières années, son budget

a subi des coupes sévères qui ont affaibli ses capacités d'action.
- Considérer comme sacro-saintes toutes les zones naturelles désignées, telles que les réserves nationales et locales, et les sites d'intérêt scientifique particulier. Ceux qui subsistent sont précieux ; si le gouvernement peut tout simplement annuler leur protection et autoriser la destruction au bulldozer d'anciennes forêts ou de landes de basses terres pour y faire passer des déviations ou y construire des lotissements, il finira par ne plus rien en rester du tout. Des mesures d'allègement, telles que la plantation d'arbres dans un autre endroit, servent souvent d'excuse pour permettre ce genre d'aménagement, mais il est évident qu'on ne peut pas recréer à partir de zéro un habitat aussi rare qu'une forêt ancienne, par exemple.
- Assurer le financement approprié de programmes de surveillance afin qu'il soit possible de livrer des informations précises sur les insectes les plus menacés et les lieux où ils vivent. Une part essentielle de ce financement servirait à la formation des taxonomistes – les scientifiques possédant les compétences nécessaires pour identifier les insectes. La taxonomie étant en déclin depuis des dizaines d'années, on manque actuellement d'experts capables d'identifier un grand nombre de nos espèces d'insectes.
- Financer la recherche afin de comprendre les causes du déclin des insectes ; il y a beaucoup de choses que nous ne comprenons pas, en particulier tout ce qui concerne les interactions entre les différents facteurs de stress dont les insectes sont victimes.
- Jouer un rôle de premier plan dans les initiatives internationales destinées à enrayer le changement climatique et la perte de la biodiversité, en mettant

en œuvre à titre d'exemple des pratiques que d'autres pourraient imiter. Il faut, en particulier, une initiative mondiale pour empêcher de futures déforestations sous les tropiques. En toute logique, on nous accuse souvent d'hypocrisie, nous les Occidentaux nantis vivant dans des pays depuis longtemps dépouillés de la plupart des habitats riches en vie sauvage, qui donnons des leçons aux pays plus pauvres sur la manière dont ils doivent prendre soin de leur environnement. Car cette destruction est pour une grande part l'œuvre des multinationales, et non celle de gens pauvres essayant de gagner leur pain. Quels que soient les responsables, nous devons collectivement trouver les moyens d'y mettre un terme, et cela exigera presque certainement des plus riches qu'ils acceptent d'en payer le prix.

Actions pour tous

- Adhérer à une association locale de protection de la nature et de l'environnement. Votre argent l'aidera à accomplir son travail. Si vous avez le temps, impliquez-vous personnellement. Rejoignez, par exemple, un réseau de bénévoles ; en devenant bénévole à votre tour, vous pourrez participer à des actions diverses, allant des pratiques de gestion des réserves naturelles à l'organisation d'événements en passant par la transmission de votre enthousiasme à des groupes d'écoliers ou le nettoyage de rivières.
- Participer à l'inventaire de la faune sauvage organisé par une association. Vous aiderez à recueillir des données sur les populations changeantes de nos insectes, indispensables pour pouvoir mettre au point des stratégies de conservation.

REMERCIEMENTS

Je tiens à remercier les nombreux étudiants doctorants et postdoctorants avec lesquels j'ai travaillé au fil des ans ; ensemble, nous avons réussi à dévoiler certains détails fascinants de la vie secrète des insectes. Je remercie aussi mon agent, Patrick Walsh, qui avait senti dès le premier jet de *Ma fabuleuse aventure avec les bourdons* que ce texte valait la peine d'être publié, et qui m'a finalement persuadé d'écrire *Terre silencieuse*. Mais je dois surtout remercier mes parents de m'avoir autorisé et encouragé, quand j'avais huit ans, à remplir notre maison de pots en verre contenant des Isia isabelle, des mille-pattes, des perce-oreilles, des blattes, des sauterelles et une myriade d'autres petites créatures.

QUELQUES LECTURES COMPLÉMENTAIRES

Malcolm Gladwell
Le Point de bascule, comment faire une grande différence avec de très petites choses, Flammarion, 2016.

Dave Goulson
Le Jardin Jungle, Éditions du Rouergue, 2021.

Stephen Jay Gould
La Vie est belle : les surprises de l'évolution, Éditions du Seuil, 1989.

Elizabeth Kolbert
La Sixième extinction, Le Livre de poche, 2017.

Richard Louv
Une enfance en liberté, Leduc éditions, 2020.

Jackie Morris & Robert Macfarlane
Les Mots perdus, Les Arènes, 2020.

Anne Sverdrup-Thygeson
Insectes, un monde secret, Arthaud, 2019.

Isabella Tree
Le Réensauvagement à la ferme de Knepp, Actes Sud, 2022.

David Wallace-Wells
La Terre inhabitable, vivre avec 4 °C de plus, Robert Laffont, 2019.

E. O. Wilson
La Diversité de la vie, Odile Jacob, 1993.
Biophilie, José Corti, 2012.

INDEX

A

Abeilles
  À orchidée, 108
  Apis cerana, 193
  Chalicodoma nigripes, 189
  Maçonne, 122, 131, 189
  Megachile, 189
  Pithitis smaragulda, 189
  Robot, 54, 277
  Trigona carbonaria, 191
Acariens, 23, 143, 186, 187, 193, 194, 196, 197
Acclimatation (société d'), 228
Accord de Paris, 217, 218, 219
ADAS, 349
Advantage (antiparasitaire), 140
Advocate (antiparasitaire), 140
Afrique, 36, 45, 63, 83, 87, 111, 171, 187, 188, 201, 204, 233, 279, 310, 312, 340, 351
  Est, 111, 187
  Nord, 187
  Sud, 36, 45, 171, 233, 312, 340, 351
Agriculture biologique, 298, 333, 334, 343, 349, 381
Agriculture durable, 15, 38, 47, 97, 175, 289, 329, 330, 331, 335, 343, 348, 349, 351, 352, 360, 379, 381, 382
Agrochimie (voir engrais, herbicides, pesticides)
Ahuahutle, 36
Aldrine, 111
Aleurodes, 149, 270, 314
Algues, 182
Aliments
  Gaspillage, 15, 334, 335, 359
  Insectes, 33-39
  Production, 107, 178, 283, 330, 338, 347, 350, 352, 353, 382
  Transformés, 329, 335, 360
Allemagne, 13, 66, 69, 70, 71, 80, 85, 99, 104, 107, 117, 122, 159, 162, 215, 216, 275, 298, 300, 347, 358, 364
Aluminium, 244, 246
Amazonie, 82, 98, 206, 221, 355, 360
Amérique du Sud, 36, 42, 45, 56, 79, 83, 93, 174, 188, 190, 196, 229, 230, 233, 237
AMPA (acide aminométhylphosphonique), 166
Amphibiens, 26, 35, 65, 88, 289, 316
  Crapauds, 45, 188, 222, 229, 232, 316
  Grenouilles, 14, 27, 35, 316
  Tritons, 145, 305, 316, 373
Anomalocaris, 22
Antarctique, 188, 200, 205, 294, 330
Antennes téléphoniques, 247
Anthropocène, 63, 65
Anti-limaces, 103, 182
Arabie saoudite, 218
Araignées, 23, 24, 25, 35, 56, 70, 82, 153, 222, 237, 239, 264, 317, 367
Araignée-loup, 367
Arbres
  Aubépine, 133, 273, 377
  Buis, 231
  Châtaignier, 272
  Chêne, 210, 239, 271, 362
  Frêne, 235, 236, 302
  Hirtella physophora, 355
  Leptospermum, 359
  Orme, 234, 235, 236
  Pin calédonien, 362
  Rince-bouteille, 230
  Sorbier, 377
Arthropodes, 21, 22, 23, 24, 25, 28, 42, 70, 82, 237
Asclépiades, 157, 220, 258, 259
Asticots, 27, 28, 29, 43, 45, 58, 227, 232
Attenborough, David, 307, 356
Australie, 42, 44, 45, 49, 50, 115, 188, 191, 193, 222, 228, 229, 230, 233, 237, 238, 278, 281, 307, 322
  Abeilles mellifères, 191
  Bousiers, 43, 44, 49
  Éleveurs, 43, 44, 49
  Fourmi pot-de-miel, 50
  Grande Barrière de corail, 281
  Ordonnances vertes, 322
Autriche, 99, 333, 381
Avalanches, 204
Avermectines, 112, 148, 149
Avions (chemtrails, contrails), 117, 244, 245, 246, 248
Azote, 174, 178, 179, 181, 183, 191, 342, 346
  Protoxyde, 183
Aztèques, 109

B

Bacillus thuringiensis, 112
Bactérie résistante aux antibiotiques, 47
Balbuena, Maria Sol, 161
Bangladesh, 204, 279
Banks, Joseph, 356
Bar-On, Yinon, 64
Bayer, 118, 122, 125, 126, 134, 169
BBC, Unité d'histoire naturelle, 356

Index

BBSRC (Conseil pour la recherche en biotechnologie et sciences biologiques), 128
Bébé bleu, syndrome, 183
Belgique, 99, 315, 347
Benbrook, Charles, 164-167
Benzoquinones, 62, 199
Biden, Joe, 218
Biobest, 190
Biocarburants (culture), 331, 382
Biodiversité, 4, 16, 35, 51, 53, 63, 80, 97, 100, 101, 107, 180, 219, 238, 252, 262, 274, 276, 289, 291, 300, 316, 319, 323, 324, 328, 330, 333, 335, 336, 338, 340, 358, 359, 361, 362, 363, 365, 376, 379, 381, 382, 386
Biodynamique, 341, 343, 344, 345, 365
Bioprospection, 46
Blackmore, Lorna, 318
Blattes, 87, 388
Bolsonaro, Jair, 206
Booth, P. R., 303
Borlaug, Norman, 179
Bornemissza, George, 44
Bornéo, forêts, 13, 206
Bosch, Carl, 178
Botías, Cristina, 128
Bourdons, 208
  Bombus dahlbomii, 79, 196
  Bombus impatiens, 190
  Bourdon de Franklin, 79, 369
  Bourdon des champs, 209
  Bourdon des pierres, 209
  Bourdon distingué, 77, 102
  Bourdon élégant (*Bombus mesomelas*), 209, 211
  Bourdon terrestre, 79, 189, 196, 237
Boussingault, Jean-Baptiste, 178
Boyd, Ian, 68, 69, 145
Brésil, 48, 58, 171, 188, 193, 195, 206, 214, 271, 360

Brexit, 140, 291, 347
Brighton, 201, 242, 316, 337
Bristol, 316, 336
British Trust for Ornithology, 80
Buckland, William, 175
Burgess (schiste de), 21, 22

C

Cacaoyer, 52
Cactoblastis cactorum, 42
Cactus, 42
Cafards, 19, 26, 29, 34, 54, 84, 194
Café (culture), 342
Californie, 71, 134, 168, 188, 206, 232, 233, 237, 260, 278, 280, 321
Calyptre, 56
Camponotus inflatus, 50
Canada, 48, 71, 134, 200, 214, 215, 220, 260, 315, 358
Cancer, 114, 163, 165, 168, 169, 243, 248, 299
Canicule, 158, 212, 258, 261
Capillarité, 128
Carabidés, 35, 41, 43, 62, 76, 269, 280, 340
  Agrile du frêne, 236
  Bombardier, 62, 199
  Bouses, 43, 44, 45, 149, 280, 335
  Cantharides, 270, 365
  Gerridés, 316, 373
  Grosse vrillette, 12
  Petit coléoptère des ruches, 187
  Silphidae, 45
Carbone (dioxyde), 52, 104, 174, 183, 203, 206, 218, 244, 259, 275, 277, 278, 279, 361
Cardénolides, 259
Carson, Rachel, 13, 14, 85, 112, 114, 115, 331
Castors, 16, 364, 365
Caviar mexicain, 36, 38

Cercope, 76
Céréales (petit déjeuner), 162
Cerfs, 229, 344
Chaîne alimentaire, 35, 38, 39, 114, 115, 157, 270, 289
Chalarose, 236
Champignons, 55, 93, 186, 187, 227, 234, 235, 343, 355, 374
  Mycose du couvain, 187
Changement climatique, 14, 95, 100, 106, 158, 182, 184, 200, 201, 202, 203, 205, 207, 208, 210, 213, 215, 216, 217, 218, 243, 246, 255, 260, 268, 275, 276, 277, 278, 279, 282, 289, 292, 294, 307, 311, 330, 338, 358, 359, 386
Charançon, 56
Chats, 140, 141, 142, 149, 176, 177, 187
Chauves-souris, 25, 35, 37, 52, 136, 222, 269, 289
Chenilles, 11, 13, 27, 28, 29, 35, 36, 41, 56, 103, 114, 157, 158, 172, 181, 185, 186, 212, 213, 220, 236, 239, 258, 259, 263, 312, 326, 373
  Apterona helicoidella, 263
  Argus bleu, 102
  Aurore, 312
  Azuré du serpolet, 172, 385
  Bombyx du hêtre, 239
  Cuivré commun, 181
  Écaille martre, 159
  Goutte de sang, 11
  Grand sphinx de la vigne, 239
  Hespéridé, 36
  Monarque, 13, 26, 71, 72, 157, 220, 258, 259, 260
  Nemoria arizonaria, 239
  Papillon du céleri, 56, 239
  Piéride de la rave, 41, 326
  Processionnaire du pin, 185

Procris, 181
Sphinx du tabac, 182
Tircis, 181
Vers maguey, 36
Vers mopane, 36, 38
Xanthie topaze, 236
Chevreuils, 362
Chikungunya, 214
Chili, 160, 175, 189, 196, 339, 351
Chine / chinois, 48, 99, 104, 171, 196, 214, 221
Chocolat, 11, 38, 52, 159, 271, 280
Cigales, 56, 287
Cimetières, 311, 318, 336
CIRC (Centre international de recherche sur le cancer), 163, 164, 165, 166, 167, 169, 249
Circulation, 241
Cloportes, 22, 24, 26, 70, 150, 210, 316, 374
Coccinelles, 41, 197, 233, 258, 270, 280, 314, 340, 350, 365, 374
Asiatique, 233, 258
Collemboles, 42, 316
Colombie, 171, 214
Colorado, 208, 245
Commission européenne, 133
Compagnonnage, 374
Compost, 42, 150, 271, 316, 324, 337, 340, 344, 374
Congo, 82, 221, 226
Constable, John, 234
Coprolithes, 175, 176, 177
Coraux, 60
Cotesia glomerata, 41, 326
Covid-19, 37, 250, 278
Crapauds (voir amphibiens)
Criquets, 16, 36, 37, 53, 233, 309
Crustacés, 24, 136
Cultures
Biocarburant, 331, 382
Céréales, 40, 130, 162, 219, 294, 329, 335, 345, 346, 351

Colza, 118, 119, 121, 122, 129, 133, 257, 337, 341, 346
Fongicides, 112, 143, 144, 145, 161, 256, 258
Néonicotinoïdes, 39, 112, 116-127, 129, 130, 132-134, 136-140, 142, 144, 147, 161, 169, 256, 297, 314, 375
OGM, 251, 258, 346
Pollinisation, 14, 39, 40, 47, 48, 77, 108, 118, 188, 189, 267, 342, 374
Pollinisation à la main, 267
Protection intégrée, 134, 331, 333, 379, 381
Roundup, 146, 154-156, 166, 168, 251
Tournesol, 116, 118, 121
Trèfle, 101, 191, 302, 313, 346

D

Danemark, 349, 380
Darwin, Charles, 62, 108, 175, 191
Decker, Leslie, 259
Décomposeurs, 42, 43,
Déforestation, 80, 98, 260, 274, 276, 277, 311, 360
DEFRA (Département de l'Environnement, de l'Alimentation et des Affaires rurales), 68, 128, 145, 147, 155, 358
Diabète, 271, 284, 321, 329, 335
Diesel, 243
Dijk, Tessa van, 134
Dinosaures, 24, 91, 175, 275
Diptères, 30, 135
Drosophile, 232

E

Éco-anxiété, 293
Écoles, 11, 13, 90, 91, 167, 284, 303, 304, 305, 306, 318, 322, 324, 370

Écologie, 12, 73, 78, 299, 300, 302, 303, 304, 306
Écopsychologie, 320
Écosse, 51, 77, 99, 118, 127, 129, 177, 209, 317, 362, 364
Effet pare-brise, 89
EFSA (European Food Safety Authority), 121, 133, 137, 163
Égypte, 109, 176, 177, 189, 310
Ehrlich, Paul, 48, 262
Élevage de bétail, 38, 360, 361
Élévation du niveau des mers, 204-206
Énergies fossiles, 183, 336
Enfants, 16, 54, 55, 65, 90, 103, 109, 162, 163, 201, 265, 266, 267, 269, 271, 285, 292, 293, 301, 302, 303, 304, 305, 306, 314, 317, 320, 321, 322, 325, 334, 335, 337, 352, 354, 370, 373
Engrais, 14, 16, 102, 103, 110, 176, 177, 178, 179, 180, 181, 182, 183, 184, 191, 262, 271, 286, 315, 319, 328, 333, 343, 348, 349, 359, 380
Éphémères, 25, 26, 80, 135, 182, 224, 365
Érosion du sol, 103, 276, 291, 340, 342, 353, 382
Escargots, 32, 210, 230, 242, 263
Géant, 230
Rose, 230
Espaces de beauté naturelle remarquable, 357
Espagne, 42, 99, 128, 189, 206, 222, 268
Espèces invasives, 230, 231, 237, 255, 258, 358, 359
États-Unis d'Amérique, 32, 37, 46, 71, 104, 112, 114, 126, 139, 157, 162, 170, 188, 193, 195, 200, 204, 205, 214, 218, 230, 231,

Index

232, 233, 235, 237, 278, 300, 315, 317, 331, 333, 335, 359, 361, 380
Éthiopie, 178, 214
Exley, Chris, 244
Extinction Rebellion (mouvement), 293, 307
Extinctions, 24, 49, 63, 64, 79, 83, 98, 101, 105, 106, 117, 160, 229, 233, 260, 274, 275, 276, 292, 389

F

Fabre, Jean-Henri, 185
Faldyn, Matt, 259
Famine, 103, 282, 285
Fereday, R. W., 191
Feux (brousse, forêt, tourbière), 203, 204, 206, 207, 212, 243, 277, 278, 307
Flat Earth Society, 200
Fleurs et plantes sauvages
  Balsamine de l'Himalaya, 230
  Berce, 129, 180, 230, 372
  Bleuet, 39, 157, 159
  Bouton d'or, 313
  Chardon, 129, 157, 237
  Cirse, 157
  Digitale, 39, 312
  Fer à cheval, 212
  Herbe-à-robert, 372
  Lamier blanc, 312
  Lotier corniculé, 312, 372
  Marguerite dorée, 157
  Myosotis, 39, 129
  Nielle des blés, 157, 159
  Orchis verdâtre, 102
  Oseille, 180
  Pâquerette, 313
  Pissenlit, 125, 126, 128, 159, 237, 269, 313, 372
  Primevère officinale, 89, 90, 180
  Trèfle, 101, 191, 302, 313, 346
  Violette, 129
  Vipérine commune, 101, 237, 312
Fluoride, 92, 205, 279

Fongicides, 112, 143, 144, 145, 161, 256, 258
Chlorothalonil, 144, 161
IBE (inhibiteurs de la biosynthèse de l'ergostérol), 145
Forêts tropicales, 13, 98, 99, 107, 204, 206, 273, 343
Formation des agriculteurs, 352, 365, 381
Fourmis, 13, 28, 30, 36, 38, 41, 46, 50, 93, 172, 173, 198, 233, 234, 239, 247, 305, 355
  Allomerus decemarticulatus, 355
  Argentine (d'), 233-234
  Coupe-feuille, 93
  Feu (de), 233
  Pot-de-miel, 50
  Rouge (*Myrmica sabuleti*), 173
Fowler, William Weekes, 56
France, 4, 33, 71, 80, 99, 102, 117, 140, 156, 193, 231, 235, 312, 315, 316, 318, 334, 335, 338, 347, 357, 358, 363, 370, 374, 380
Frelons asiatiques, 197, 231, 232, 234
Frontline (antipuces), 140
Fruits (culture), 16, 40, 48, 231, 232, 267, 268, 270, 273, 285, 314, 328, 329, 334, 336, 337, 338, 339, 340, 341, 342, 345, 346, 351, 365, 373, 377, 378, 379, 384
Ravageurs, 231, 270
Fulgore porte-lanterne, 56

G

Gambie, 218
Gandalf (insecticide), 146
Gaz à effet de serre, 38, 104, 183, 200, 201, 203, 207, 218, 274, 278, 279, 335, 348, 384
Geckos, 222

Géo-ingénierie, 244, 246, 265, 277
Gerridés, 316, 373
GIEC (Groupe d'experts intergouvernemental sur l'évolution du climat), 246
Glacier National Park, Montana, 204
Gladwell, Malcolm - *Le Point de bascule*, 307, 389
Glastonbury, 316
Glissements de terrain, 205, 207
Golf (terrains), 97, 99, 211, 319, 376
Gómez Gonzáles, Homero, 260
Göppel, Josef, 299
Gouffre démographique, 223
Graphiose de l'orme, 234
Groenland, 205, 207, 215, 330
Guano, 174, 175, 176
Guêpes, 28, 30, 35, 36, 41, 42, 50, 51, 54, 58, 60, 79, 80, 87, 113, 139, 190, 194, 197, 326, 365, 367
  Cotesia glomerata, 41, 326
  Guêpe cartonnière, 42
  Guêpe émeraude, 87
  Guêpe parasitoïde, 41, 197, 326
  Lysibia nana, 32
  Mymaridae, 41, 326

H

Haber, Fritz, 178
Haies, 42, 90, 101, 102, 103, 124, 128, 132, 134, 149, 150, 180, 231, 235, 272, 286, 298, 323, 328, 372, 381, 382
Haldane, J. B. S., 60
Hallucigenia, 21
Hardeman, Edwin, 168
Harvard, université, 246
Hawaï, 193, 230, 238

Hémiptères, 76
Henry, Mickaël, 120, 123
Henslow, John Stevens, 175, 177
Herbicides, 70, 143, 154, 155, 156, 158, 160, 165, 170, 180, 251, 256, 258, 299, 313
  Dicamba, 158, 258
  Glyphosate, 146, 154, 155, 156, 158, 160, 161, 162, 163, 164, 165, 166, 167, 168, 169, 170, 251, 258, 299
  Paraquat, 170
Hérissons, 51, 90, 269, 286, 373
Hernández Romero, Raúl, 260
Herndon, Marvin, 245
Hill, Octavia, 319
Hirohito, empereur, 36
Holmgren, David, 343
Hôtel à abeilles, 189, 191, 316, 318, 324, 373, 377
Hôtel à insectes, 316
HS, train à grande vitesse, 358
Hudson, Québec, 315
Humboldt, Alexander von, 175
Hussein, Saddam, 240
Hutton, James, 356
Hydroquinone, 62, 199
Hyménoptères, 30

I

ICI (Imperial Chemical Industries), 170
I.G. Farben, 111, 118
Île de Pâques, 98, 233
Inde, 11, 104, 167, 171, 189, 221, 374
Inondations, 105, 204, 206, 207, 212, 278, 282, 284, 307, 362, 382
  Réduction des inondations, 342, 364, 365
Institute of Terrestrial Ecology, 73

J

Jakarta, Indonésie, 205, 278
Janzen, Dan, 82
Japon, 36, 38, 56, 136, 137, 152, 171, 189, 190, 194, 196, 221, 230, 233, 234, 315, 322
  Lac Shinji (étude), 39, 136, 137
Jardins partagés, 97, 321, 336, 337, 338, 339, 340, 341, 346, 350, 365, 376, 378
Johnson, Dewayne, 167, 169
Jonghe, Roland De, 189

K

Keele, université, Staffordshire, 244
Kenya, 48, 214
Klink, Roel van, 84
Knepp, projet de réensauvagement, 361, 363, 364, 365, 389
Krefeld, étude, 66, 69, 70, 76, 85, 104, 215, 298
Krupke, Christian, 125, 126
Kudzu, 237
Kunin, William, 71

L

Lacs, pollution, 39, 99, 134, 136, 150, 182, 262
Lait, 114, 317
Lande, 13, 100, 102, 106, 107, 211, 363, 386
Lapins, 65, 188, 229, 272
Latex, 220
Lawes, John Bennet, 177
Leanchoilia, 22
Leopold, Aldo, 47, 52
Lépidoptères, 30
Lewes, Royaume-Uni, 316
Lézards, 26, 82, 100, 233
Libellules, 16, 26, 85, 182, 305, 316, 373
Lichen, 236, 263, 362
Lister, Bradford C., 82, 216, 217
Litt, Andrea, 237
Loboda, Sarah, 215
Locuste, 310
Londres, 65, 88, 102, 170, 177, 278, 316, 358
Loque américaine, 187
Lotissements, 97, 260, 311, 319, 324, 365, 376, 386
Louisiane, université, 259
Loup, 364, 366, 367
Louv, Richard - *Une enfance en liberté*, 320, 389
Lucas, Caroline, 306
Lucioles, 13, 32, 224, 227
Lune, 222, 223, 224, 267
Lycaenidae, 172
Lymphome non-hodgkinien, 163, 167, 168, 1696

M

MacArthur, Robert (voir Wilson, E. O.), 360
Macfarlane, Robert - *Les Mots perdus*, 302, 389
Malaise, René (pièges Malaise), 66, 67
Malaria, 110, 114, 214, 269, 285
Malathion (insecticide), 111
Maldives, 204, 279
Mammifères, 35, 38, 44, 51, 56, 63, 64, 65, 83, 88, 150, 159, 229, 334, 342, 357, 385
Mantes, 26, 35, 62
Mantispes, 367
Maori, 229
Mares, 85, 102, 141, 182, 263, 305, 316, 317, 318, 324, 337, 356, 371, 373, 377
Mariannes, fosse, 241
Maroc, 178, 218
Marriott, David, 72
Marshall, îles, 204
Marsupiaux, 44, 229, 343
Mauvaises herbes, 11, 143, 154, 155, 156, 157, 158, 169, 170, 251, 258, 271, 313, 337, 342, 372, 374, 375

Index

McGill, université, Canada, 215
Mégafaune (extinction), 64
Meganeura, 26
Membracides, 55, 56
Mercure, 109, 110, 225, 241
Métaldéhyde, 103, 182, 349
Métamorphose, 27-30
Métaux lourds (empoisonnement), 241, 245, 276
Méthane (production), 38, 183, 203, 275, 279, 360, 362, 364
Mexique, 36, 72, 82, 115, 171, 190, 220, 259, 260
Miami, Floride, 278
Microsporidies, 187, 195
Midges, 51, 52
Mildiou, 143
Mille-pattes, 24, 26, 303, 316, 374, 388
Mitchell, Edward, 138
Mollison, Bill, 343
Monbiot, George, 320, 362
Monks Wood, station de recherche, 73
Monroe, Mia, 72
Monsanto, 164, 165, 167, 168, 169, 251
Moore, Jennifer, 168
Morrissey, Christy, 134, 136
Motta, Erick, 160
Mouches
  Dilophus febrilis, 76
  Drosophila bifurcata, 58
  Drosophile japonaise, 232
  Lucilie soyeuse, 45
  Midge, 51, 52
  Mouche bleue, 45
  Mouche domestique, 19, 34, 213, 269
  Moucheron fongique, 227
  Plécoptère, 182
  Sarcophagidae, 45
  Scatophage du fumier, 280
  Strepsiptère, 58
Moustiques, 19, 51, 53, 54, 84, 110, 214, 233, 269, 270
  Anophèles, 54, 214
  Fièvre jaune (*Aedes aegypti*), 214
  Tigre (*Aedes albopictus*), 214
Müller, Paul Hermann, 110
Mumbai, Inde, 278
Munich, université technique, 69

N

Nappes phréatiques, 106, 125, 144, 274, 280
National Farmers Union, 353
National Trusts, 358
Natura 2000, sites, 357
Natural England, 385
Nature (revue), 67
Nature, bienfaits pour la santé, 319-323
Nématodes, 186
Néonicotinoïdes, 39, 112, 116-127, 129, 130, 132-134, 136-140, 142, 144, 147, 161, 169, 256, 297, 314, 375
Névroptères, 41, 197, 280, 314, 365, 367, 374
New York, 278
Nicholls, Beth, 128, 337
Niño, El, 206
Nitrates, 103, 178, 183
Nitrocellulose, 179
Nitroglycérine, 179
Norvège, 349, 380
Nosema bombi, 144
Nosema ceranae, 144, 195, 196
Nouvelle-Zélande, 12, 53, 104, 188, 189, 190, 191, 193, 227, 228, 229, 233, 238, 322

O

Obésité, 271, 284, 329, 335
Oiseaux
  Alouette, 228, 333
  Balbuzard pêcheur, 35
  Bouvreuil, 228
  Bruant, 139
  Chardonneret, 157
  Corbeau, 44
  Coucou, 80, 90, 158
  Engoulevent, 80
  Épervier, 35
  Étourneau, 35, 228, 302
  Faisan, 38, 292
  Gobe-mouche, 80
  Héron, 35
  Hirondelle, 52, 80, 269
  Huppe, 44
  Lagopède, 362
  Martinet, 52, 80, 269
  Mésange, 222, 302, 314
  Moa, 229
  Perdrix, 38, 80, 158
  Pie-grièche, 80
  Pigeon, 90, 109, 272
  Pinson, 228
  Râle des genêts, 100, 102
  Rapace, 114
  Rossignol, 80, 228, 362
  Tourterelle, 362
  Troglodyte, 58, 222, 302
  Vanneau, 90
OMS, 249
On the Verge, 317, 318, 378
Opabinia, 21, 22
Ophryocystis elektroscirrha (parasite), 259
Orthoptères, 30
Orvet, 51, 269
Osaka, 278
Ouragans, 204, 278
Oxford Junior Dictionary, 302, 352
Ozone, 183, 274

P

PAC (Politique agricole commune), 347
Palmiers à huile, 97, 98
Papillons de jour
  Argus bleu-nacré, 102
  Argynnini, 73
  Azuré, 105, 172, 173, 211, 212, 312, 385
  Belle-dame, 26
  Citron, 55, 302
  Grand mars changeant, 362

Terre silencieuse

Grande tortue, 235
Hespéridé, 36
Mégère, 181
Mélitée, 100
Monarque, 13, 26, 71, 72, 157, 220, 258, 259, 260
Myrtil, 73
Paon-du-jour, 73, 90, 286
Papillon à ailes d'oiseaux, 13
Petit sylvain, 100
Piéride de la rave, 41, 326
Piéride du chou, 41
Thècle de l'orme, 235
Theclinae, 73
Papillons de nuit, 11, 29, 36, 42, 56, 62, 75, 76, 159, 222, 223, 225, 236
Atlas, 11
Calyptre du Pigamon, 56
Écaille martre, 159
Fausse teigne, 187
Goutte de sang, 11
Grand paon de nuit, 11
Hemiceratoides hieroglyphica, 56
Papillon lune, 11
Papillon du paresseux, 56
Petit paon de nuit, 36
Psychidae, 263
Pyrale du buis, 231
Sphinx, 182, 244
Xanthie topaze, 236
Parasites, insectes, 12, 16, 40, 44, 59, 93, 112, 145, 149, 172, 186, 187, 192, 194, 196, 197, 231, 234, 280
Parasitoïdes, 41, 197, 326
Parcs nationaux, 237, 357, 359
Parlement européen, 121
Partage ou préservation (débat), 107, 330
Pays-Bas, 76, 85, 86, 99, 134, 136, 181, 347
PBDE (polybromodiphényléther), 241
PCB (polychlorobiphényle), 115, 241
Pelouses, 313, 314, 317, 318, 323, 363, 372

Pembrokeshire, 101
Pennsylvanie, université, 317
Perce-oreille, 13, 41, 53, 150, 152, 194, 270, 303, 314, 350, 365, 369, 388
Perkins, Rosemary, 141
Permaculture, 341, 342, 345, 346, 365, 379, 381, 383
Permafrost, 279
Pesticides / Insecticides
Aldrine, 111
Avermectines, 112, 148, 149
Bacillus thuringiensis, 112
Chlorpyriphos, 111
Clothianidine, 132, 142
DDT, 110, 111, 112, 114, 115, 116, 126, 142, 146, 235
Dieldrine, 111, 235
Extincteurs de gènes, 252
Fipronil, 112, 140, 141, 147, 375
Imidaclopride, 116, 118, 119, 123, 126, 132, 135, 140, 141, 142
Imidazole, 112
Néonicotinoïdes, 39, 112, 116-127, 129, 130, 132-134, 136-140, 142, 144, 147, 161, 169, 256, 297, 314, 375
Organophosphorés, 111, 115, 116
Parathion, 111
Phosmet, 111
Pyrimidine, 112
Spinosad, 112
Thiaméthoxame, 132, 142
Triazole, 112
Phasmes, 58
Phosphates, 175, 176, 177, 178, 271
Phosphore, 174
Photosynthèse, 174
Piège à fourmis, 375
Pilliod, Alberta & Alva, 168
Plantes disparues, 160
Plantes exotiques, 230

Plantes herbacées
Baldingère faux-roseau, 237
Cenchrus cilié, 237
Chiendent, 155, 157
Dactyle pelotonné, 180
Éleusine, 269
Ivraie, 180
Plantes invasives, 42, 237
Plastique, 60, 241, 270, 294, 307, 315, 316, 317, 323
Plaw Hatch, ferme biodynamique, Sussex, 344, 345
PLoS ONE (revue en ligne), 67
Pluie acide, 274
Plymouth, 181
Poireaux, 267, 268, 339
Poissons, 14, 25, 34, 35, 38, 61, 65, 88, 92, 136, 150, 232, 261, 276, 281, 360
Anguille, 38, 136
Éperlan, 38, 136
Gambusie, 232
Saumon, 35, 38
Truite, 38
Poissons d'argent, 25, 34, 150
Politiciens, 16, 55, 138, 275, 276, 296, 297, 300, 306, 328, 339
Pollard, Ernie, 73
Pollinisation vibratile, 189
Pollution de l'air, 207, 243, 244
Pollution de l'eau, 182
Pollution lumineuse, 221, 222, 224, 255, 377
Pommes, 40, 48, 231, 267, 268, 273, 339, 340
Population humaine, 214, 221, 274, 329
Potasse, 178, 179
Potassium, 174, 178
Poutine, Vladimir, 219
Poux, 109
Powney, Gary, 78, 79, 86
Prairies, 4, 13, 16, 69, 79, 100, 101, 102, 107, 180, 184, 209, 211, 301, 316, 318, 324, 342, 363, 372, 376, 377, 378

Index

Ptérosaures, 25
Pucerons, 13, 35, 42, 55, 75, 76, 109, 149, 213, 231, 269, 287, 314
Punaises, 36, 56, 76, 231
Purvis, Andy, 358

Q

Quammen, David - *The Song of the Dodo*, 106

R

Radiofréquence, 247, 250
Ramsar, sites, 357
Rats, 65, 228, 233, 272
Rayonnement électromagnétique, 247, 248, 249
Réensauvagement, 16, 363, 364, 365, 374, 382, 383
Régime alimentaire, 36, 39, 40, 272, 335, 351, 360
Renards, 229, 292
Reptiles, 35, 65, 88, 289
Réseaux sociaux, 200, 295, 297, 371
Réserves naturelles, 66, 67, 69, 104, 125, 183, 211, 215, 221, 275, 311, 324, 327, 330, 336, 357, 358, 359, 363, 365, 387
Résilience, 260, 261, 262
Révolution verte, 179
Rio de Janeiro, Brésil, 214, 219, 278
Convention de Rio, 219
Rivières (pollution), 14, 99, 103, 104, 114, 126, 134, 141, 144, 150, 182, 206, 273, 348, 361, 365, 387
Ronds-points, 15, 241, 311, 318, 324, 364, 378
Roszak, Theodore, 320
Rothamsted, station expérimentale, 75, 177
Rouille, 143, 193, 230
Roundup (herbicide), 146, 154, 155, 156, 166, 168, 251
Roundup Ready, 156, 251
Routes, bas-côtés, 15, 89, 97, 154, 180, 211, 241, 284, 292, 294, 311, 315, 318, 324, 364, 377, 378
Royal Horticultural Society, 312
Royal Society for the Protection of Birds (RSPB), 356
Rumsfeld, Donald, 240, 241, 253
Rundlöf, Maj, 121, 123
Russie, 218
Rutherford, Daniel, 178

S

Sahara, désert, 24, 178, 204, 279
Salisbury, 101, 102, 234
Sánchez-Bayo, Francisco, 83, 84
Saskatchewan, université, 134
Sauterelles, 13, 26, 29, 35, 36, 55, 58, 62, 80, 90, 100, 102, 109, 355, 388
Scandinavie (voir aussi Danemark, Suède, Norvège), 209
Schieffelin, Eugene, 228
Schrader, Gerhard, 111, 115
Schulze, Svenja, 299
Science (revue), 67, 120
Sécheresse, 47, 105, 204, 206, 212, 246, 251, 272, 279, 285, 376
Seibold, Sebastian, 69, 70
Shanghai, Chine, 205, 278
Sharlow, Matt, 132
Shortall, Chris, 75
Sibérie, 207
Sites d'intérêt scientifique particulier, 357, 358, 365, 385, 386
Sluijs, Jeroen van der, 134
Söder, Markus, 299
Soja, production, 97, 98, 158, 258, 361
Sols, 14, 15, 16, 22, 23, 26, 42, 46, 50, 76, 93, 98, 100, 103, 104, 106, 114, 117, 118, 125, 126, 128, 129, 132, 134, 142, 148, 149, 150, 159, 162, 173, 174, 176, 179, 181, 183, 191, 203, 206, 262, 268, 270, 271, 273, 276, 277, 279, 280, 283, 291, 294, 305, 330, 333, 334, 336, 337, 338, 339, 340, 341, 342, 344, 346, 347, 350, 353, 358, 359, 361, 362, 364, 379, 382
Érosion, 103, 276, 291, 340, 342, 353, 382
Somerset Levels, 101
Steiner, Rudolf, 343
Stirling, Écosse, 118, 317
Strepsiptères, 58
Subventions agricoles, 300, 305, 338, 347, 379
Suède, 172, 207
Sumatra, 206
Surveillance des papillons, 73
Sussex, université, 13, 127, 128, 132, 143, 147, 158, 175, 236, 344, 361
Syndrome de la référence changeante, 88
Syngenta, 118, 122, 171
Syrphes, 13, 16, 41, 78, 79, 86, 103, 190, 197, 257, 260, 270, 280, 313, 314, 317, 318, 324, 341, 365, 372, 373, 374, 385

T

Taillis, 100
Tamise, estuaire, 101
Tasmanie, 190, 237, 343
Taxes agrochimiques, 349, 352, 380
Taxonomie, 386
Téléphones mobiles, 117, 248, 249
Tempêtes, 204, 206, 212
Termites, 29, 30, 38, 40, 198
Neocapritermes taracua, 198
Texas, université, 160, 237
Thunberg, Greta, 293
Tiques, 23

Tourbières, 52, 99, 206, 278, 362
Traitement antipuces, 141, 142, 375
Tranchées ferroviaires, 15, 311
Trenberth, Kevin, 246
Trinitrotoluène (TNT), 179
Trichoptères, 35, 76, 135, 182, 263, 367
Tritons (voir amphibiens)
Trump, Donald, 218, 300
Trypanosomes, 187
Tuncak, Baskut, 171

U

UICN (Union internationale pour la conservation de la nature), 83
Utrecht, université, 134

V

Varroa destructor, acarien, 117, 192, 193, 194, 195, 196
Véganisme, 307, 351

Vergers, 112, 267, 328
Vers à soie, 36, 46
vers luisants, 32, 224, 227
Vers luisants, 225, 227
Viande (consommation), 15, 37, 272, 329, 335, 351, 359, 361, 363, 382, 383, 384
Victoria, reine d'Angleterre, 52
Vin de primevère, 180
Virus, 12, 124, 186, 187, 192, 193, 194, 195, 214, 256
Virus des ailes déformées, 124, 193, 194, 195, 196, 259

W

Wagstaff, Aimee, 168
Warren, Martin, 209
Weta géant, 53, 233
White, Gilbert, 356
Whiteside, Mark, 245
Wildlife and Countryside Act (1981), 385

Wildlife Trusts, 295, 356
Wilson, E. O., 30, 33, 46, 97, 319, 360, 389
Winston, Robert, 34, 53
Woodcock, Ben, 122, 123
Woodlands Trust, 357
World Scientists' Warning to Humanity, 274, 292
Wright, Geri, 130
WWF (Fonds mondial pour la nature), 65
Wyckhuys, Kris, 83, 84

X

Xerces Society, 72

Z

Zhang, Luoping, 168
Zones mortes océaniques, 274
Zones spéciales de conservation (*Special Areas of Conservation*), 357
Zooplancton, 136, 137

Votre livre est fabriqué en France sur un papier certifié PEFC,
pour une gestion durable de la forêt.

Ouvrage réalisé par Cédric Cailhol Infographiste

Achevé d'imprimer sur Roto-Page
en décembre 2022 par l'Imprimerie Floch à Mayenne.

Dépôt légal : février 2023 – Numéro d'impression : 101745
ISBN : 978-2-8126-2407-0

Imprimé en France